世代間利害の経済学

*

井口 泰

八千代出版

はしがき

　本書は、世代間の利害調整を現代社会の最重要課題の一つとして掲げ、雇用・労働市場の変化、社会保障の危機、少子化のメカニズムなどを通じ、世代間利害調整の困難な課題を論じたものである。そして、世代間の利害調整を進めつつ、いかなる人も社会の底辺に滞留せず、一人ひとりが社会に対し貢献し、同時に、積極的に義務を負って生きられる社会を実現するための政策のあり方を議論するものである。

　もともと、本書は、現代経済学を基礎とした新たな社会政策のための中級の教科書を想定し、基本的な問題を議論することを目的としていた。ところが、現代の論争的なテーマについて、様々な研究成果と政策論議を盛り込んだ結果、次第に国際経済的な視点を踏まえた労働経済学の専門書としての特徴を持ち合わせるものとなった。したがって、世代間の利害調整に問題関心を持ち、この問題に現代経済学を活用することに興味を持つ方々であれば、学生であるか社会人であるかを問わず、広範な人々に活用していただけると考えている。

　日本では、過去20年間に、世代間利害対立を反映する様々な問題が深刻となった。それは、雇用や社会保障だけでなく、家族の絆や地域コミュニティの崩壊にも影響を及ぼしている。世代間利害の対立が、根底において日本社会から連帯の精神と自信とを失わせ、経済のみならず、社会全体の活力をそいでいる可能性があると考えている。

　したがって、世代間利害調整を研究することは、世代間の連帯の

精神と社会全体の活力を回復する方策を究明することにもつながるはずである。

　振り返ってみれば、日本は、1985年のプラザ合意後の円高と、1980年代の経済バブルと1990年のバブル崩壊によって、その後、「失われた20年間」を経験することになった。これは、世界経済における日本の地位の低下を招いただけではなかった。その結果、特に、この時期に生まれて育った若年層の意欲をそぎ、夢を奪い、その能力を伸ばす機会をも得られなくしてしまった可能性がある。

　そこで、私たちは、世代間利害が対立するメカニズムを究明することを土台として、次の世代に希望のある日本を託すための戦略を考えねばならない。このように、世代間利害調整の問題は、国内問題としての年金や社会保障の問題を超え、国際社会における日本の将来にもかかわる大きな広がりを持った問題になるはずである。

　近年、世代間利害対立が表面化した最大の理由の一つは、学卒の雇用機会が狭められ、非正規雇用の拡大によって、半数近い若年者が自分の成長できる職場で働く機会を得られなくなったことにある。そして、それが少子化を加速させる危険をはらんでいる。

　加えて、世代間利害対立が日常的な問題になったもう一つの理由は、年金の給付と負担の関係をみて、老後世代が過去に支払わず受け取ることができる給付の額、つまり「過去債務」が膨大な額に達し、これが、様々な世代会計の計算手法によって明らかになってきたからである。

　そもそも、日本経済は、21世紀の成長センターである東アジアという絶好の位置にありながら、中国と伍し、東アジアの有力な経済大国として発展のイニシアチブをとり続けようとする勇気と意欲を失いつつあるのではないか。実際、個々のサラリーマンのレベル

では、仕事に疲れ、自分を取り返す余裕も失い、競争が大きなストレスになっている。こうした中高年世代の姿をみて、若年世代は、人生の幸せや意義を感じとることができなくなってしまう。こうして、自分だけの安定や、自分だけの安心を求め、冒険をしない若者が増加するのである。

こうしたことから、本書は、雇用問題から説き起こすことにした。特に、労働市場における労働需給ミスマッチが複雑化し、深刻化しているという点を強調したい。それは、従来の労働市場の仕組みだけでは対処できなくなっている。

したがって、労働需給ミスマッチの中味を深く問い直すことが、雇用や所得保障だけでなく、住宅や福祉を含む複合的な地域行政の仕組みを設計するための基礎的な作業になるだろう。

奇しくも、2010年のノーベル経済学賞を受賞したMITのピーター・ダイアモンド教授と2名の学者は、労働市場に需要と供給がありながら需給ミスマッチが存在することおよびサーチ行動を解明する研究が受賞の理由であった。

グローバル経済化の急速な進展は、労働需要の構造を急激に変化させている。これに対し、家庭内の分業、教育訓練システムや個人の価値観などは、迅速には変化できない。その結果、労働需給ミスマッチは、これまで想像できなかったほどに、多様化し拡大する。

この労働需給ミスマッチは、異なる世代に対して、異なる影響を与える。こうして、雇用面でも、社会保障面でも、世代間に多くの格差や利害対立を生じさせる。また、若年者の経済力低下を背景とする超少子化は、世代間利害の調整をますます困難にする。

最近では、多くの経済学者が超少子化を抑制することに対し悲観的な見解を持っている。しかし、超少子化の抑制を語らずに、世代

間利害の調整を語ることは不可能である。このため、手遅れになる前に、総合的な家族政策を構想しなければならない。

　世代間利害の調整が少しずつしか進展しないなかで、若年層、シングルマザー、外国人、障害者など、日々、社会の底辺に落ちそうになる人々の権利を守り、自ら義務が遂行できるように支援する施策が必要である。それが社会統合政策である。このために、国と自治体やNPOなどが協力し、市町村レベルで、就業、住宅、医療・介護、福祉などが協働する新たな仕組みを作り出す必要がある。これと同時に、長年、正規・非正規雇用の格差拡大を許容し、間接差別を規制してこなかった労働法令に、方向転換をもたらす必要がある。

　市町村レベルの社会統合のための施策は、すでにわが国の地域経済を支える存在となっている外国人労働者とその家族に対する先駆的な取組みのなかで、その重要性が明らかになってきた。こうした施策は、制度的インフラへの投資と呼ぶべきものであり、これを安易に放棄したり削減したりすると、将来時点でもっと大きな社会的コストが発生する。そのことについて国民の理解を得なければならない。

　国内の地域で社会統合政策を進める前提となるのは、東アジアにおける工程間分業の一部を成し、グローバル経済化の影響を受けやすくなっている地方経済を今後とも持続的に発展させ、雇用を創出・維持することである。こうした条件のもとで国内の地域で社会統合政策を具体化し、時間をかけても世代間利害調整を進めることが可能になる。したがって、日本一国を超えて、東アジアにおける経済統合の形成に積極的にかかわり、その社会的側面を重視する政策を展開する必要がある。そのことを、本書は最終的に読者に訴えてい

るのである。

　本書執筆の最大のきっかけになったのは、1999年から2004年まで、一橋大学経済研究所が実施した「特定領域」研究の「世代間利害調整に関する研究」であって、筆者は幸いなことに、関西学院大学のチームの研究分担者として参加を許された。その後も、日本学術振興会の科研費による「経済統合、少子化及び外国人労働が世代間利害に及ぼす影響と対策に関する研究」（2005〜2008年度）および厚生労働省の科研費による「経済統合及び人口減少下における雇用戦略と社会保障の連携及び家族政策の可能性に関する国際比較研究」（2009〜2011年度）を実施し、それら成果の一部をもとに、本書を構想したのである。

　したがって、ここでは一橋大学経済研究所の高山憲之先生に、改めて厚く感謝の気持ちを伝えたい。また、共同して研究し、あるいは研究を側面から支援してくれた関西学院大学少子経済研究センターの藤野敦子さん（京都産業大学准教授）、西村智さん（関西学院大学准教授）、志甫啓君（関西学院大学准教授）、長谷川理映さん（関西学院大学大学院）には、この場を借りて厚く御礼を申し上げたい。

　これに加え、学校教育の現状、子どもたちの直面する困難、若い人たちの就職や家族形成の問題に関し、筆者の妻・恵と3人の子どもたちのおかげで視野を広めることができた。これが、本書の執筆を支える大きな力となったことを心から感謝している。

　本書の完成が間近になった2011年3月11日に、東日本大震災が発生し、東日本の広範な地域が、巨大地震と津波により被災し、2万5000人以上の人命が失われた。それに加え、福島第1原子力発電所の原子炉が制御困難に陥り、東日本を中心に、広範な放射能汚染の危機に直面している。

幸い、多くの人々は冷静に行動しており、全国の地域・自治体から、被災した地域への連帯の輪が広がっている。わが国が、この未曾有の危機を克服し、世代間の連帯ある社会として復興するために、本書が少しでも役立つように願っている。

2011年4月

筆者しるす

目　　次

はしがき　i

序章　グローバル経済化のリスクと世代間利害 …………… 1
1　問題の所在　1
2　経済統合の進展と東アジア　8
3　先進諸国における雇用危機の広がり　10

第Ⅰ部　世代間利害調整の諸課題

1章　拡大する需給ミスマッチと労働市場政策の役割 ………… 19
1　複雑化する労働需給ミスマッチ　19
2　ミスマッチ失業の拡大　19
3　「サーチ市場」としての労働市場　22
4　多様な需給ミスマッチの可能性　23
5　高卒者の進学率上昇および職種別ミスマッチ　26
6　大卒以上の専門職市場の需給ミスマッチ　28
7　労働需給ミスマッチの長期的動向　30
8　労働市場の不均衡モデル　31
9　労働市場改革の理念　33
10　雇用戦略の策定・実施プロセス　40
11　労働市場政策の効果：実証分析　42
12　問題解決の方向性　48

2章　雇用をめぐる世代間利害調整 ……………………………… 49
1　若年層だけが雇用不安の被害者か　49
2　「内部労働市場」としての労働市場　50
3　若年者雇用対中高年齢者雇用：ミクロ的視点　56
4　若年者雇用対中高年齢者雇用：マクロ的視点　60
5　世代間利害を反映した「フリーター」概念　62

6 中高年齢層の危機　66
7 問題解決の方向性　70

3章　社会保障をめぐる世代間利害調整　73

1 「過去債務」をいかに負担するか　73
2 公的年金に関する不安と世代間利害　76
3 過去債務の処理をめぐる世代間利害：年金論争　78
4 年金の「賦課方式」対「積立方式」をめぐる経済学的論争と帰結　80
5 世代間利害調整への経済理論的接近　82
6 公的年金の「スウェーデン方式」の登場　85
7 民主党の年金改革　87
8 医療サービスと福祉サービス　89
9 医療保険の改革と介護保険の分離　91
10 問題解決の方向性　93

4章　少子化のメカニズムと家族政策の可能性　97

1 「超」少子化は克服できるか　97
2 先進国の「超少子化」の動向　98
3 「人口減少経済」論の誤解　104
4 少子化のメカニズムに関する社会学・経済学的仮説　106
5 先進諸国の「家計就業モデル」と少子化対策の特徴・評価　115
6 総合的家族政策の構想　122

第Ⅱ部　格差の拡大と社会統合

5章　人口減少下の経済格差と非正規雇用　131

1 日米で異なる経済格差の要因　131
2 経済格差拡大の実態：国際比較　134
3 最低所得保障と「貧困の罠」：理論的検討　139
4 長期失業問題に対する日独仏の対応：実地調査に基づく検討　148
5 問題解決の方向性　155

6章　正規・非正規雇用の格差と差別禁止政策　………………159

1. 正規・非正規雇用の格差はなぜ放置されたのか　159
2. 正規・非正規雇用の間の賃金・労働条件格差　160
3. 正規・非正規雇用の選択に関する経済モデル　164
4. 正規・非正規雇用の間の共通ルールの可能性　166
5. 正規・非正規雇用格差の是正と差別禁止法制　171
6. 欧米の雇用差別禁止法令　173
7. 雇用差別に関する経済学的説明と政策的含意　174
8. 差別禁止政策の可能性　176
9. 問題解決の方向性　177

7章　人口減少下の社会統合と外国人政策　………………179

1. 地域・自治体から始まった外国人政策の改革　179
2. 世界経済危機の影響　180
3. 日本人雇用と外国人雇用の関係　184
4. 外国人政策の改革：多文化共生の制度的インフラの構築　189
5. わが国外国人受入れシステムの基本的欠陥　191
6. 外国人政策改革の長期展望　195
7. 外国人政策の改革の方向性　197

8章　人口減少下の産業再生と地域雇用　………………201

1. 東アジア経済統合と国内の産業集積の関係　201
2. 21世紀初頭における製造業「国内回帰」の実態　204
3. 工程間分業および産業の国内回帰の理論的考察　211
4. 製造業の「国内回帰」に関する計量分析　214
5. 地域産業と地域雇用の活性化に向けて　217

第Ⅲ部　東アジア経済統合とその社会的側面

9章　東アジア経済統合と労働市場の展望　………………223

1. 東アジアの労働供給の長期的変化　223
2. 東アジアの人口学的配当と人口転換　224

- 3 東アジアの労働市場の発展：労働市場の転換点　226
- 4 東アジアの国際移動の活発化　229
- 5 先進国型の労働供給の理論と将来推計の課題：日本　229
- 6 東アジアの移動ビジョン　237

10章　東アジア経済統合の社会的側面の強化に向けて　……241

- 1 東アジアの経済統合の現状　241
- 2 経済法および経済理論上の経済統合　243
- 3 先進国の福祉国家の類型と東アジア　246
- 4 東アジア経済統合の社会的側面強化の必要性　249
- 5 世代間利害調整と社会統合を基盤とする社会政策　252

主要参照文献　261

索　引　271

序章

グローバル経済化のリスクと世代間利害

1 問題の所在

　科学技術が進歩し、様々な疾病が克服され、世界大戦は60年以上勃発していないにもかかわらず、現代人は、実に様々なリスクにさらされている。最近では、人間の安全保障という用語も使用され、安全保障も伝統的な概念をはるかに超え、新たなリスクに注意しなければ生き抜くことが困難な時代である。

　そこで、本書においては、グローバル経済化や人口減少などマクロ的な要因のみならず、疾病、災害、加齢、失業、教育、住宅の喪失、家族形成の失敗など多様なリスクから個人・家族を守る政策体系を「社会政策」と呼ぶ。この定義は、伝統的な「社会政策」の定義とは大きく異なる。それは、本書の学問的な基礎が、現代経済学とその実証研究にあり、併せて、現代社会学の豊かな研究成果の一部を取り込もうとしたためである。

　したがって、本書の目的は、わが国における世代間の様々な経済的利害を可能な限り調整しつつ、少数者が社会の縁辺に脱落するのを防ぐため、地域・自治体、国それに広域東アジアを含めたビジョンを展開し、新たなリスクに対応する社会政策の方向を見出すことにある。

　ここで利用する世代間利害調整の概念について簡潔に表現するな

らば、現在、一国内で多数を占める世代が、自分たちにとってベストだと考えて政策を決定し、これを実施した結果、現在、少数者である世代、政治的な参加が許されない世代や、さらに、現在まだ生まれていない将来の世代の経済的福祉を、結果として損ねてしまうことが生じ得る。そのような場合には、世代間利害の対立があると考える[注]。

同時に、現在、存命中の様々な世代の間にも利害対立がある。現在、世代を占める多数者が実施する政策が、同じ世代の少数者の利害を損ねることも少なくない。

そこで本書では、現在存命している同一世代の間または異なる世代との間で相互に利害を調整し、少数者が社会の縁辺に脱落したり、堆積したりするのを防ぐ政策を「社会統合政策」と呼ぶ。この概念は、障害者政策や外国人政策で用いられる概念より抽象的だが、より一般性の高い概念になる。

最近における世代間利害の対立の具体的な例として、経済力の低下する若年層と、比較的安定し経済的に豊かな老後世代の関係を思い起こすことができる。近年の長引く経済停滞と高失業の持続に伴い、わが国でも、若年層の失業と雇用の非正規化が進み、その経済力を著しく低下させている。年収200万円以下の若年の低所得世帯が増加するだけでなく、非常に不安定な生活を余儀なくされるリスクが若年層を中心に高まり、家族形成にもマイナスの影響が生じている。

ただし、研究者として自戒すべきなのは、これへの対応策をしっかり提示することなく、事実のみを提起して世代間対立をあおることである。

また、世代間利害関係を、現在の経済的条件のもとで調整するこ

とが困難とわかったときこそ、真剣に実施しなければならない対策が、本書の社会統合政策である。それは、社会の底辺に低落する人たちを決して見捨てず、その人たちを底辺から引き上げる施策の体系をさす。これには本人と政策当事者の双方向的な努力が必要とされる。そこでは、行政の施策を改善するだけでなく、施策の対象となる人たちが果たすべき義務を強調する。その意味では、従来型の社会政策や救貧政策では不十分である。

したがって、本書では、新たな社会政策として、①世代間利害調整のための施策と②社会統合のための施策を中心に論じる。しかし、それだけでは完結しないのである。世代間の利害を調整するには、わが国の経済発展のフロンティアを広げて、あとの世代に経済的リスクを克服できる能力を継承することが不可欠である。

そこで、本書の新社会政策の視野には、③東アジアの経済統合によるわが国の経済成長率の改善や、域内の経済危機の予防や域外の経済危機の伝染の防止、それに、東アジア域内の経済統合の社会的側面を強化する施策の展開が含まれることになる。なぜなら、国内でどんなに、雇用や失業、貧困リスクを減らす努力をしても、経済のグローバル化がもたらす巨大なリスクが大きくなり、経済危機が再発すれば、10年以上をかけた地道な政策努力さえ、一瞬にして無に帰するからである。

以上のような意味で、新しい社会政策は、グローバル経済の不安定性を十分に考慮したものとならねばならない。

本書の概要を、以下で簡潔に説明しておきたい。第Ⅰ部の経済のグローバル化と世代間利害調整、第Ⅱ部の経済格差の拡大と社会統合政策からなっており、図0-1の通り、グローバル化から出発し、東アジア経済統合に戻ってくる構成としている。

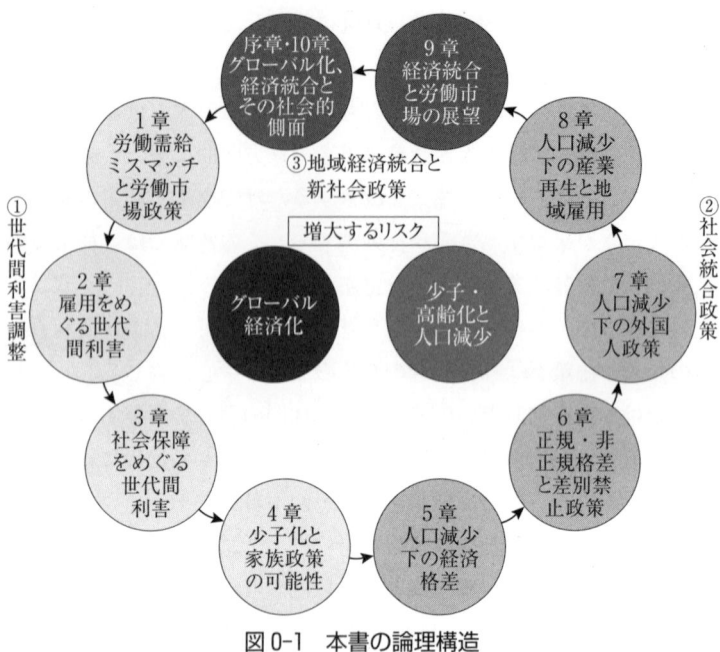

図0-1　本書の論理構造

　第Ⅰ部は、世代間利害調整に関するものである。まず、経済のグローバル化の進展に伴い、労働需要の構造が急速に変化し、国内の労働供給は柔軟に対応できない。これが大きな背景となり、国内外で、労働市場の需給ミスマッチが傾向的に拡大する危険性について論じている（1章）。

　また、雇用に関する世代間の利害の対立が、企業レベル（ミクロ）では統計的に検証されている。人口構造の変化を含めて国レベル（マクロ）でみると、高齢層も若年層も、雇用削減の影響を受けている。世代間の利害対立は必ずしも若年層の雇用問題の原因といえない（2章）。

また、社会保障に関する世代間利害の対立は、公的年金制度で顕著にあらわれている。老後世代の「過去債務」が巨額に上るために、これをいかに処理するかが問題の焦点となる。ところが、健康保険や介護保険でも、高齢者が若年層の数倍の給付を受給するのに、過去にそれに応じた負担をしていない構造に違いはない。そこで、若年層の家族形成を支援することは、過去債務の処理の円滑化に資する（3章）。

　これらの世代間利害が先鋭化する背後に、急速な少子化を進展させるメカニズムが存在する。そこで、①若年層の経済力低下に伴う両親からの自立および自らの家族形成の遅れ（同居理論）、②夫婦当たり子ども数の抑制（家計生産理論）の両面を検討しなければならない。各国は、それぞれ、独特の「家計就業モデル」を有する。わが国と異なる「家計就業モデル」に適合した労働政策や家族政策を、安易にわが国に導入しようと意図しても、その政策は効果をあげられない。わが国の場合、女性の両立支援（最近では、ワークライフ・バランス）政策に、多くの政策努力が傾注されてきた。しかし、経済危機下で、現実のワークライフ・バランスは改善せず、若年層の自立は促進されない。重要なのは、家族構成員が増えても家族全体の生計費は、それほどに増加しない「規模の経済」を強化し、人数の多い家族を経済的に支援する価格メカニズム（家族料金制度）が存在していないことである（4章）。

　第Ⅱ部は、経済格差の拡大と社会統合政策に関して論じている。まず、わが国で社会保障や税制の所得再分配機能が機能せず、1990年代を通じて、相対的貧困率が上昇し、特に、シングルマザーや非正規労働者の貧困率が上昇している点を重視する。就労の意欲と能力のある人たちに対する生活保護制度を、高齢と疾病のため所得を

得られない人たちに対する生活保護制度から分離し、自治体とハローワークが協働する新たなジョブ・センター（仮称）を設置し、非正規就労で再就職した場合も、住宅支援を与えるなどにより生活の安定を図り、さらに、非正規雇用者が正規雇用に転換するのを促進する仕組みを導入するよう提案している（5章）。

1985年に男女雇用機会均等法は制定されたが、男女のみならず、国籍、年齢、障害の有無などによる差別禁止法令は、わが国では比較的遅れた状況にある。ここでは、特に、正規労働と非正規労働の間の処遇の格差は、どこまで正当化できるのか、正規労働者と非正規労働者の雇用ポートフォリオ（組合せ）を決定する要因は何なのかを、理論的および実証的に議論する。正規労働と非正規労働の格差に対し、間接差別の法理を本格的に適用するには、まだ時間がかかると予想される。しかし、非正規労働が増加するなか、非正規労働を戦力化する必要性から、非正規労働から正規労働への転換を認める仕組みの必要性は高まるだろう（6章）。

続いて、地域における外国人流入と社会統合政策の課題を論じる。世界経済不況の影響で、外国人人口は流出超過だが、日本国内に定住する外国人は2009年に218万人に達し、うち94万人は永住権を有する。若年人口が減少する地域で、外国人労働者や家族は、地域の持続的発展に不可欠な存在である。高失業の時期に外国人が就労するのは、労働力の需給ミスマッチの存在を示している。

そこで重要なのは、労働移動が自由な外国人は、一般的に日本人の雇用・賃金に悪影響を与えていないという統計的事実である。また、専門職外国人を雇用する事業所と雇用しない事業所を比較すると、専門職外国人を雇用する事業所における新規学卒者を採用する確率は、これを雇用しない事業所の3倍近くに達する。また、日欧

比較から、外国人受入れの社会的コストを抑制する投資として、日本語講習など制度的インフラ整備の重要性を指摘している（7章）。

世界経済危機後の2008年10月から2009年7月頃にかけて、派遣・請負労働者を中心に、有期雇用契約の雇止めや中途解約が多発した。雇用調整は、21世紀冒頭に、愛知県、静岡県など、製造業の産業集積が進んだ地域で顕著であった。

世界経済危機後、これらの地域は産業集積を形成する条件を失ってしまったのだろうか。実証的にみると、対アジア域内通貨の為替安定や、工業用地価の低下、それに柔軟な労働力の存在が、製造業の国内立地の重要な決定要因であった。今後、製造業の国内立地を確保する上で、アジア域内の通貨安定に向けた努力を強化するだけでなく、柔軟な労働力の確保と併せ、派遣・請負労働者の雇用条件の改善も急務と考えられる（8章）。

第Ⅲ部は、東アジア全体に視野を広げ、経済統合と同時に、社会的な側面について論じている。まず、経済発展のなかで、出生率低下が目立つようになった諸国の人口転換と、それに加え、労働供給が無制限的な状態から制限的な状態に移行する労働市場の転換点を考察し、労働市場の供給関数の推計に必要な変数を特定する。続いて、過去における労働供給の長期予測が抱えてきた問題点を議論する（9章）。

最後に、東アジアの経済統合が、経済理論上と国際法上、どのような段階にあるかを検討する。その上で、東アジア各国市場の統合が進めば、人口が減少する日本の国内市場の縮小を補って、需要面から経済成長率を高める効果が期待される。また、工程間分業の再編に伴い、国内に製造業の生産拠点と雇用を維持できるかどうかが左右される。同時に、東アジア諸国が共同市場を形成し、労働とい

う生産要素の自由移動を保障する段階に至らない場合、東アジアでは、域内諸国に共通した出入国管理政策や雇用政策を実施する必然性がない。しかし、高度人材を中心に、労働移動に制約の少ない空間を形成し、外国人雇用によって日本人の雇用も生み出す工夫が必要である（10章）。

2　経済統合の進展と東アジア

　先進諸国は、経済のグローバル化が進むなかで、ひとたび経済危機が発生すると大きな影響を受け、労働市場においては、失業者の増加や失業の長期化を招きやすい状況になっている。さらに、失業の堆積と労働力の無業化が進み、先進国内に経済的格差が広がっている。1990年代半ば頃から、欧州のみならず、北米・南米などの地域においても、自由貿易協定や関税同盟の締結などにより、地域の経済統合が進んだ。東アジアでは、二国間自由貿易協定はほとんどなかったが、1997年のアジア通貨危機後に、経済統合による追加危機の予防や相互協力の必要性が理解され、統合の動きが加速した。

　2008年9月の世界経済危機後においては、東アジア各国が協調して景気浮揚のためのマクロの総需要喚起政策を実施した。財政・金融面から内需を刺激しても、相互依存関係にある域内各国から輸入増加をもたらしても、国内経済の需要喚起や雇用創出には限界がある。したがって、域内で経済政策の協調を強化するとともに、将来は、域内の為替変動を極力抑制し、域内の貿易や投資を促進することが重要な課題となるだろう。

　しかし、地域における経済統合が進んだからといって、国によって経済政策の選好ないし方向性が、類似したものになるとは限らな

い。その上、国内政治のプロセスを経るうちに、経済政策の方向づけは、自国中心的ないし保護主義的となりやすく、国際協調の視点を失うことはしばしばである。金融統合や通貨統合の進んだEU(欧州連合)においても、財政政策の国際協調の欠落は、経済統合を進める上のアキレス腱とされている。

その結果、景気後退期には、輸出促進による景気回復を図るため、事実上の為替切り下げ競争が発生し、域内の国際分業の構造が不安定化し、持続可能な経済成長の実現が困難になるリスクが発生する。

EUと東アジアを比較すると、EUは、1999年にはすでに通貨統合を達成し、2004年と2007年に加盟国を拡大し、2009年の改革条約で政治統合も新たな段階を迎えている。これに対し、東アジアでは、2010年1月、アセアン(ASEAN：東南アジア諸国連合)10ケ国は、日中韓のそれぞれと自由貿易協定(FTA)または経済連携協定(EPA)を本格的に発効させた(表0-1)。

表0-1 拡大東アジア圏の自由貿易協定の交渉・締結状況

	日本	韓国	中国	アセアン	インド	豪州	NZ
日本	—	×	△	◎	◎	○	—
韓国	×	—	△	◎	◎	△	△
中国	△	△	—	◎	△	○	○
アセアン	◎	◎	◎	◎	○	○/◎	○/◎
インド	◎	◎	△	○	—	—	—
豪州	○	△	○	○/◎	—	—	◎
NZ	—	△	○	○/◎	—	◎	—

注：◎調印または発効、○交渉中、△研究中、×交渉中断。
　　NZはニュージーランドの略。
資料出所：外務省および各国資料(2011年1月現在)に基づき筆者作成。

また、EU 域内の域内貿易依存度は 70％に達しているのに対し、アセアン＋3ケ国の域内貿易依存度もすでに 50％を超え、北米自由貿易協定（NAFTA）域内の域内貿易依存度を上回るまでになっている。日本の対米貿易依存度をみても、1950 年代の 40％台から 2009 年には 10％台となり、逆に、中国など東アジアとの貿易依存度が 50％に達している。

　このように、東アジアの経済統合は、二国間協定を中心に進展してきたが、様々な弱点をも抱えている。第 1 に、経済統合を進める諸国が、欧州や北米のように安全保障面では同盟関係になく、未解決の領土問題を抱えていて、何かのきっかけで軍事的緊張が高まりやすい。第 2 に、議会制民主主義の政治体制以外に、共産主義体制や軍事政権など様々な国々が含まれ、政治的な意味で基本的な価値観の共有がない。第 3 に、アセアンのイニシアチブによる経済統合であり、日本、中国、韓国の相互の間では交渉に進展がない。第 4 に、アメリカの東アジア経済統合への関与の仕方を含め、経済統合の構想がますます乱立してきている。

　東アジアにおける安全保障の問題や価値観共有の欠如のため、経済統合が進んでも、超国家的組織に主権の一部を委譲し、各国が協調して経済政策を実施する基盤が形成しにくい。近年は、中国経済の躍進が著しいが、同時に中国の軍備拡張の動きが顕著になり、東アジア海域で周辺国との国境紛争がしばしば発生している。こうして、再び中国脅威論が台頭し、東アジアの経済統合の動きを阻害することも懸念される。

3　先進諸国における雇用危機の広がり

　世界経済危機が各国に広がった経緯として、2008 年 9 月、アメ

リカの投資銀行リーマン・ブラザーズの破綻が、世界中に巨額の不良債権をばらまいたとされている。しかし、それに先だつ2007年12月には、イギリスのノーザン・ロック銀行が破綻を引き起こし、欧州の金融機関にも信用不安が拡大した。これが引き金となり通貨ポンドが暴落し、南欧諸国などで不動産バブルも崩壊した。

金融危機の影響が、比較的軽微だったアジアでも、対欧米諸国向けの国際貿易が急減して、日本は先進国最大の実質GDP成長率の低下を経験し、一時期はマイナス成長に陥った（図0-2）。

金融危機は、2008年には、スペインやイタリアなど南欧諸国に波及し、金融部門でリストラが発生した。金融危機の拡大は、自動車ローンの停止などから、自動車の販売や輸出の減少をもたらし、建設業の受注減少や支払いの遅滞から建設工事が止まった（European Commission 2009a、OECD 2009、Asian Development Bank 2009）。こうし

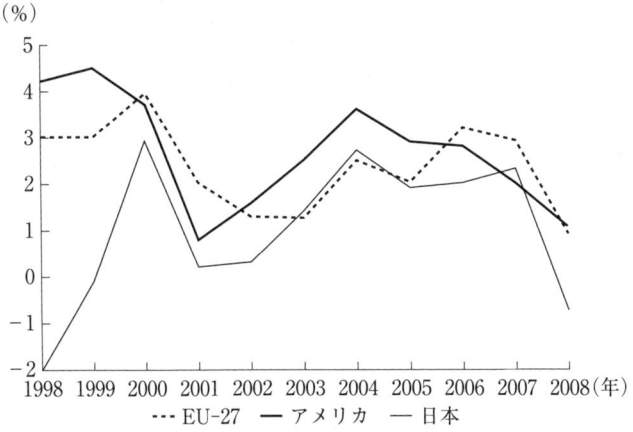

図0-2 日米欧における実質GDP成長率の推移
資料出所：European Commission（2009a）。

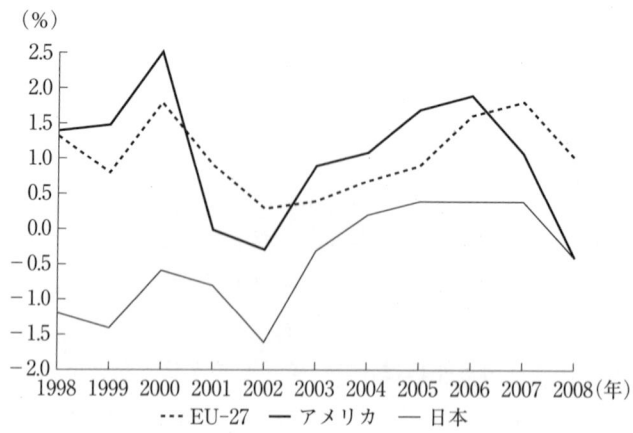

図 0-3　日米欧における雇用増加率の推移
資料出所：European Commission (2009a)。

た動きは、欧米のみならず日本でも、製造業や建設業などに影響を及ぼし、急速に雇用が減少した（図 0-3、図 0-4）。

こうして、日米欧の失業率は、2008 年から上昇をはじめ、2009 年には上昇が顕著になった。2010 年 5 月時点のデータによれば、アメリカとユーロ圏の失業率は 10％台に達し、日本でも 5％台の高水準となった。失業者のうち、失業 1 年以上の長期失業者の割合を、日本と EU27 ケ国で比較すると、今世紀になって欧州で低下傾向であったため、2008 年時点では日欧とも 35％前後と、ほとんど違わなかった。なお、欧州では失業給付期間が 2 年前後だが、日本では最長 1 年程度である点も考慮する必要がある。欧州においては、世界経済危機前には、経済回復と雇用増加のなか、労働市場政策の効果もあり、持続的な就業率の上昇がみられ、長期失業者が減少している（図 0-5）。しかし、経済危機は、この動きにブレーキをかける

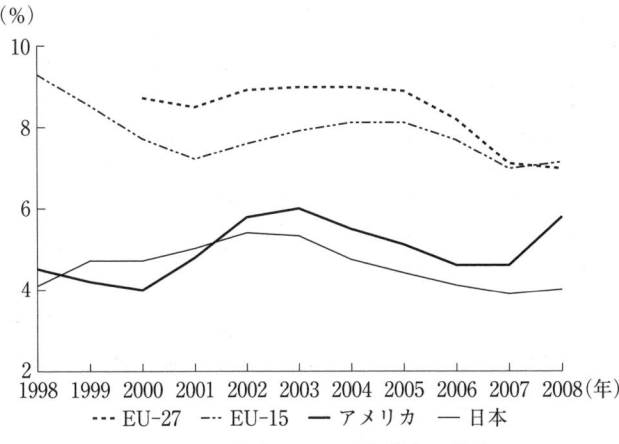

図 0-4 日米欧における失業率の推移

資料出所:European Commission (2009a)。

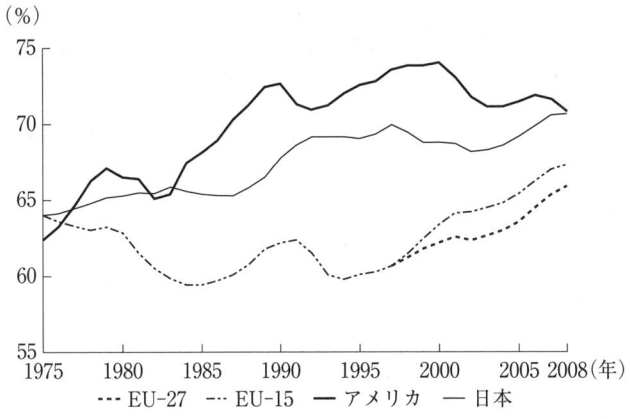

図 0-5 日米欧における就業率の推移

資料出所:European Commission (2009a)。

結果となった。

　世界経済危機から1年数ケ月を経過した2010年1月、新興国経済における経済成長を牽引役として、日本を含めた東アジアの主要国でV字型の景気回復がみられた。しかし、欧州では、単一通貨ユーロ参加国の財政赤字が拡大し、通貨不安が再燃した。

　こうしたなか、日本でも、世界経済危機を契機に雇用・失業情勢の急速な悪化に対応し、緊急雇用対策が実施された。これに対し欧州では、世界経済危機の前から、労働市場政策の中長期的な視点からの改革を継続してきたが、これら改革のさらなる推進によって、経済危機に伴う雇用危機に対処している。

　今後、世界経済の相互依存関係がさらに高まる結果、ひとたび経済危機が発生すると、多くの国または経済が同時にリスクにさらされ、その雇用、賃金・労働条件などが大きな影響を受ける可能性がある。また、各地で失業が顕在化し、国内で経済格差が拡大し、社会全体を不安定化する懸念が増加する。

　こうした問題に対処するには、経済統合を進めて経済の活性化を図るだけではなく、経済統合の社会的側面への対応を進め、域内の分業体制や雇用の安定化を図る視点が不可欠になる。また、労働市場政策の効果を評価しながら、労働市場の改革を推進することは、先進国共通の課題となっている。

　今こそ私たちは基本にかえり、労働市場政策によって、着実に長期失業の滞留を防ぎ、社会の底辺にいる人たちの増加を抑制し、貧困の拡大を防止するシステムの構築を考えねばならない。労働市場政策に、そのような大きな役目を果たす能力があるのだろうか。そのことを問い直すためにも、現代において労働需給ミスマッチとは何なのかを再検討し、そして、地域における労働市場行政の仕組み

そのものの改革のあり方を考える必要がある。大事なことは、人口減少下では、本問題は雇用面での世代間利害の対立のみならず、社会保障面の世代間利害対立の問題をはらんでいる点である。これらには、少子化の急速な進行を緩和するための整合性ある戦略なしには、対処しきれないと考えられる。

そこでまず、第Ⅰ部では、世代間利害調整の視点から、雇用・社会保障をめぐる政策課題を論じ、少子化対策を超えた総合的な家族政策の可能性を議論する。

注）雇用をめぐる世代間利害対立に関する厳密な定義については、井口ほか（2002）で定式化した。

第 I 部

世代間利害調整の諸課題

1章

拡大する需給ミスマッチと労働市場政策の役割

1 複雑化する労働需給ミスマッチ

　労働市場における需給ミスマッチは、現在においては、非常に複雑なものになっている。また、労働市場には、公的職業紹介機関（日本では、「ハローワーク」と呼ばれる）が存在し、これが需給ミスマッチの改善に、どこまで機能しているのかが問われてきた。実際、長期失業者の場合、雇用機会がないだけでなく、住宅や健康や多重債務などに問題を抱え、ハローワークと自治体や NPO が協力して対処しなければ、再就職を果たすことが困難な場合が少なくない。

　本章では、ミスマッチ失業の概念を拡張し、様々な需給ミスマッチを、高卒や大卒労働市場との関係で考察する。世界経済危機の影響で、学卒市場は冷え込んでいても、高校や大学を卒業後、養成機関を経由してしか供給されない技能職や専門職の市場では、需給ミスマッチが拡大している。

　その上で、労働市場政策の改革の考え方について検討する。最後に、公共職業紹介機関が、失業率を低下させるためにどの程度効果を発揮しているかを多変量解析によって検証してみたい。

2 ミスマッチ失業の拡大

　欧州の労働市場では、1970 年代から、景気後退のたびに失業率

水準が高まり、景気が回復しても失業率は前の水準にまで低下しないという現象が繰り返されてきた。

一般的に、失業の概念は、①需要不足による失業（景気循環的失業）と、②摩擦的・構造的失業（ミスマッチ失業）に分けられる。需要不足による失業は、景気循環に伴って、企業経営が悪化し、雇用調整が行われて、解雇者や希望退職、有期雇用契約の更新の停止（いわゆる雇止め）などによって発生する。

しかし、実際の労働市場においては、好景気であろうと、不況であろうと、失業が存在し、同時に、企業には、充足されない求人が存在する。それは、現実の労働市場では、常に、雇用を増加させる企業があり、新たに起業することで雇用が創出されながら、企業倒産によって解雇者の発生が同時に起こるためである（摩擦的失業）。

さらに、労働市場において、企業が求めている技能・技術を持った労働者が存在しないか、地域的に離れたところに居住し移動が困難な場合などに、企業に欠員がありながら失業が発生することがある（構造的失業）。

労働需要と労働供給の双方が存在しながら失業が存在するわけで、これらを総称して、「ミスマッチ失業」と呼ぶ。

本来、景気循環的失業と摩擦的失業は、お互いに独立した概念である。ところが、これらの間にも、統計的に何らかの関係が発生することが少なくない。例えば、景気の悪化を背景に、企業から解雇されまたは雇用を失った人たちが、なかなか再就職できない場合がある。こうして、失業が長期化し、いつまでも仕事につけないことが、本人の就労の意欲や能力を低下させることがある。このような事態は、労働経済学的には、人的資本の磨滅とみなされるほか、社会学的にみても、長期失業者に対する「ラベリング」によって、企

業側の先入見または差別が助長される可能性がある。

したがって、景気循環的理由で発生した失業者が、失業の長期化の結果、ミスマッチ失業に転換してしまうことは語義矛盾ではない。経済学では、時間の経過とともに生じる動学的変化を「履歴効果」と呼び、経済モデルの内生的な変化とみなすことができる。

実際に観測された失業率(U)と欠員率(V)を図1-1に表現すると、UVの間に一定の関係があることがわかる。UVの間のトレードオフの関係を示す曲線を、ベバリッジ・カーブ（またはUVカーブ）と呼んでいる。本章では、ベバリッジ・カーブで表現されているミスマッチ失業に焦点をあてて、これを改善するため労働市場政策の

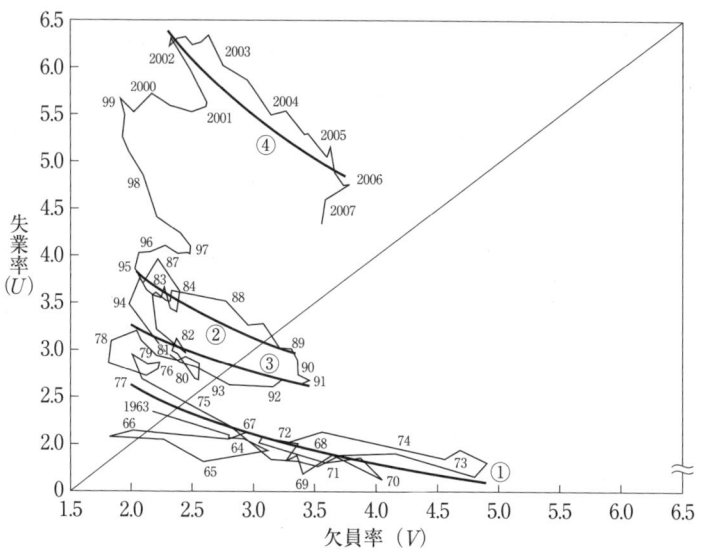

図1-1　測定されたベバリッジ・カーブ

資料出所：労働政策研究・研修機構（2008）。

役割や効果を検討する。

3 「サーチ市場」としての労働市場

労働市場は、経済学では「サーチ市場」の一つとされている。この市場は、情報が極めて不完全で「非対称的」（asymmetric）であることが特徴となっている。このため、需給をマッチさせるには、的確な情報を提供し、時間をかけてサーチ行動を支援しなければならない。

しかし、労働力需要と供給をマッチさせるには、高い不確実性が存在している。そもそも、労働市場では価格情報だけではマッチングしない。こうした、「サーチ市場」の代表格としては、労働市場のほか、不動産市場や結婚市場などが存在する。

「サーチ市場」の特徴として、仲介者（middleman）が介在し得ることがあげられる。仲介者は、需要者と供給者の間にはいり、適切な情報を提供することによって、「サーチ行動」を円滑化する（Yavas 1994、Walwei 1996）。

そこには、民間の職業紹介機関のみならず、公的職業紹介機関が存在する。公的職業紹介機関は、ほとんどの先進国では、程度の違いはあれ、全国的な労働市場のインフラとして機能している。求人・求職情報について、労働市場の広域化や労働移動の円滑化のためには、全国ネットワークを維持する必要がある。職業紹介事業は、民営事業者によっても実施されるが、民営事業者が「範囲の経済（economy of scope）」を実現することが困難であるために、結果として、公的な紹介システムが存在すると考えることもできる。民営職業紹介事業者が多く存在し、労働市場の情報が民営紹介事業者ごとに分断されてしまうと、労働市場のマッチング機能が低下する可能性も

指摘されている（Walwei 1996）。

これと同時に、仕事を有しない個人が「サーチ行動」を持続するには、失業状態であっても生活を維持しなければならない。先進国の労働市場では、「失業する自由」を保障する必要があり、そのために失業保険（日本は雇用保険）の整備が不可欠である。

失業給付の期間が長期化すると、失業率が上昇するという関係は、統計的には明らかではあるが、失業給付が失業を生み出すと理解するのは早計である。

例えば、失業した個人は、精神的な打撃から、すぐには次の仕事を探すことができない場合が少なくない。しかも、労働市場で、前職と同様の高い処遇を受けられる仕事には、なかなかめぐり合えない場合が少なくない。このため、失業給付の終了する1～2ケ月前にならないと、就職行動が本格化しない（これを「駆け込み効果」と呼ぶ）。

失業給付は、本来は、具体的に求職活動を行う失業者にしか支給されない。実際には仕事を探さず、就職する意思のない失業者には「モラルハザード」の疑いが生じ、制度的には不正受給となるので、給付制限を実施せざるを得ない。しかし、当該地域の雇用機会が払底している場合は、求職活動は、受給権を維持するための手続きにすぎなくなる。高失業時には、ハローワークに雇用保険の失業給付の受給者があふれかえっていても、就職する者が少ないのは、そのためである。

4 多様な需給ミスマッチの可能性

それでは、需給ミスマッチの概念を、経済理論通り失業と欠員が共存する場合だけに限定してよいだろうか。最近のわが国の労働市

場の実態に照らして、かなりの議論があり得よう。

第1に、近年は非正規雇用が増加しているが、正規雇用を希望する者が失業者の大半を占めているため失業者が再就職できない。このような場合、広い意味で、需給ミスマッチが生じていると考えていいのではないか。

確かに、多様な就業機会を生み出すことは、就労者のニーズに応える面がある。しかし、雇用の非正規化そのものが、需給ミスマッチを生むのである。例えば、正規雇用を希望しながら、パートタイムやアルバイトとして就労しているフリーターの場合、そのような雇用自体がミスマッチの結果であると主張できよう。

また、子どもを育てている片親（多くは、シングルマザー）の場合、小さな子どもを養育するにもかかわらず、十分な両立支援を受けられないことが就労の障害になる。また、遅刻や欠勤を理由に正規雇用をやめざるを得ない。結局、低賃金のパートでしか就労できなくなるので、雇用されているとはいえ、そこに深刻な需給ミスマッチがあると考えることができる。

第2に、若年の無業者の増加についても、現在、就業を希望していない場合でも、経済的自立を目指すはずの若年者が就労の希望を失ったとすれば、これも、需給ミスマッチの一種と考えることができるのではないか。

特に、ニート（NEET：雇用されず、教育も受けず、訓練も受けていない者）と呼ばれる者の3分の2程度は、かつては就労の経験がありながら、現在は就労していないとみられる。それらの者が、就労先で、十分な指導や訓練を受けないまま、苛酷な仕事に従事させられ、多くのストレスを背負って働いたために、労働市場に参入する意欲を失うことが少なくない。その場合、企業の雇用管理自体に問題があ

り、需給ミスマッチが生じ、無業化したと考えるべきである。

第3に、近年、小・中学校の不登校者、高校の不就学者および中退者の存在が次第に明るみに出ている。学歴不足などが原因で、需給ミスマッチが拡大していると考えることができるのではないか。その多くが無業のまま、あるいは、フリーターで就労しているとみられるからである。

小中学校でも、学校内のいじめの増加で、登校できない児童・生徒が発生しても、教員の不登校への理解が不足しているため、十分な対策も立てられない場合が少なくない。教員自身が、不登校・不就学となった児童・生徒を怠慢だとして差別的な扱いをしている場合もある。こうして、学校に行かないまま、義務教育を自動的に修了させられる子どもたちがいる。

高校の場合も、文部科学省の数値では、中退者は2％台ということになっているが、事情が不明の者などを含めた非卒業者は、5～8％以上に達しているとの推計が可能である。

これらの生徒は、高校卒業の学歴を有しないことにより労働市場で需給ミスマッチを起こしてしまう。これらの人たちに、後からでも高校を卒業できる機会を提供してきた定時制高校が、最近どんどん統廃合されている。定時制を活用した、「チャレンジ校」を設けているのは、一部の都府県にすぎない。

このほか、大学卒業者を含め、就職困難だった年次の就職者には、その後、転職する潜在的な可能性が高いことも検証された（「世代効果」）。また、就職活動の前に、社会で生きていくのに必要なこころざしがなく、自分を表現する社会的スキルもなく、需給ミスマッチを起こす可能性の高い大卒者が増加することが懸念される。

5　高卒者の進学率上昇および職種別ミスマッチ

　1990年代半ば以降、若年層の減少傾向が続くなか、高卒者の労働市場には非常に大きな変化が生じている。この時期は、日本から中国への直接投資が急増したなか、国内の生産拠点や雇用機会が減少した時期とも重なっている。また、正規雇用がパート雇用や請負・派遣労働に置き換えられ、良好な正規雇用の機会が少なくなった。

　こうしたなかで、高卒者の大学等進学率が顕著に上昇して、全国平均で53.9％になっている（2009年）（図1-2）。すでに、高卒者の就職率は10年前より10％ポイント低い20％前後にまで低下した。

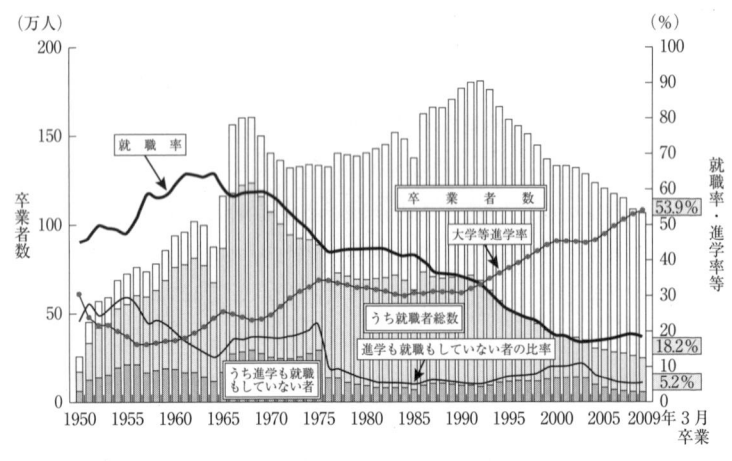

図1-2　高卒者の就職と大学進学の状況

注：1　「進学も就職もしていない者」は、家事手伝いをしている者、外国の大学等に入学した者または進路が未定であることが明らかな者である。
　　2　1975年以前の「進学も就職もしていない者」には、各種学校、公共職業能力開発施設等入学者を含む。
　　また、2003年以前には、「一時的な仕事に就いた者」を含む。
資料出所：文部科学省。

同時に、大学進学者数は、当時から現在まで、概ね60万人台を維持し、むしろ、近年は、大学学部の増設への規制が緩んだため、大学生の数も増加気味である。

このような高卒市場の急速な変化は、一見すると、東アジア域内の産業再編成や高卒市場の雇用の質的低下に対して、高学歴化を進めることによって、適切に需給調整が行われたようにみえる。

しかし、若年層または高卒就職者の減少が、新たな需給ミスマッチを引き起こしている。高校を卒業後、養成学校を経て、2～3年後に就職する専門職（テクニシャン）の労働市場の職種別の需給ミスマッチである。近年、多くの養成施設が、無線・通信、土木・建設、電気・電子、情報処理や、美容・理容、自動車整備などの職種では、低い場合は3割程度、高い場合でも6割程度しか定員を充足できなくなっている（表1-1）。

ハローワークにおける職種別の有効求人倍率をみても、類似の職種において求人倍率が高くなっており、労働市場における需給ミスマッチの存在が確認できる。これら職種では、毎年平均年齢が1歳

表1-1 専門学校入学者充足率の推移

分野	2007年度 定員数	入学者数	充足率	2008年度 定員数	入学者数	充足率	2009年度 定員数	入学者数	充足率
自動車整備	14,329	11,097	77.44	14,954	9,977	66.72	13,989	8,906	63.66
測量	1,095	359	32.79	1,090	362	33.21	915	340	37.16
土木・建築	11,319	5,670	50.09	10,729	4,887	45.55	9,566	4,345	45.42
電気・電子	3,957	1,627	41.12	3,521	1,397	39.68	2,945	1,337	45.40
無線・通信	1,007	299	29.69	1,065	416	39.06	1,115	347	31.12
機械	1,080	736	68.15	1,020	609	59.71	1,040	620	59.62
情報処理	30,003	15,376	51.25	26,124	12,992	49.73	24,205	12,188	50.35
製菓製パン	7,480	5,345	71.46	8,086	5,240	64.80	8,289	5,042	60.83
美容	35,030	23,277	66.45	34,432	21,624	62.80	33,256	18,674	56.15

資料出所：全国専門学校協会のデータによる。

近く上昇し、将来にわたって、それらの生産やサービスが十分に供給できるのかどうか不安が高まる。

なお、近年、少子化のもとで大学進学率が上昇しているドイツやフランスなど欧州諸国でも、類似の傾向がみられ、長期的な視点から対策を講じる必要性が高まってきた。

6 大卒以上の専門職市場の需給ミスマッチ

概ね大卒以上で国家資格の取得を必要とする専門職（プロフェッショナル）の市場にも、様々な需給ミスマッチが広がっている。ここでは、医師・看護師、専門医師・専門看護師、弁護士などを考えてみよう。

プロフェッショナルの労働市場では、原則として、公的資格取得が参入の条件となる。ただし、無資格者に活動制限のない介護福祉士は、厳密な意味ではこれに該当しない。公的資格の取得を参入条件にするのは、経済学的には、プロフェッショナルのサービスが「公共財」の性質を有することや、消費者が当該サービスの質を正しく評価できないような情報の非対称性が存在するためと考えられる。

現実には、プロフェッショナルの養成施設の定員や、資格試験の合格水準が、労働供給を制限する働きをしている。供給制限が厳しいほど、市場賃金は、長期的に高めに維持される。このような権益を守るため、同業者の団体が参入規制を厳しく維持するための政治的な圧力団体になる場合もある。

医師や看護師の需給については、5年ごとに推計が実施され、養成計画などに反映されてきた。高齢化の進展にもかかわらず、1990年代には、医師・看護師の供給は過剰であると判断され、養成定員は抑制されてきた。

近年、医療訴訟を背景として、インフォームドコンセントや書類

整備などの業務が増加し、さらに外来や夜勤が過重な負担となっており、医師や看護師の需給は実質的にひっ迫し、労働力の需給ミスマッチが拡大しているとの批判が強まっている。

特に、近年、医師の場合、初期研修医制度の導入で、大学医局による地方病院への人材配分機能が低下している。また、看護師の場合、看護師1人にベッド数7の場合、1対12などの場合より、高い診療報酬が導入された。この結果、都市部の大病院が人材を集め、地方や公立の病院は極度の医師・看護師不足に陥る事態が深刻化となった。なお、資格を有しながら就労しない看護師は2009年現在、55万人（就労中の者は130万人）、参考までに、就労しない介護福祉士は20万人（就労中の者は26万人）と推定される。

医師、看護師、薬剤師などは、国家試験に合格すれば、就労する診療科・専門分野を選ぶ自由度が与えられている。近年、評価認定機構が、学会や看護・薬剤師団体などと協調し、専門研修を受け資格審査や試験に合格した場合、これら団体が認定する者を専門医、専門看護師などと定義した。医師だけでも、その分野数は50以上ある。ただし、専門医や専門看護師などと称しても、診療報酬が高くなるとは限らない。

司法試験については、改革実施後、ほぼ2000人ずつの合格者が出ているが、なかなか増えない。この理由を、法務省は、法科大学院の教育の質が十分でないためと説明している。しかし、日本の法律専門家志望者は、法科大学院の入試と司法試験で二重に選抜されている。法科大学院の定員は合格者数の倍以上と大きいが、授業料は高価である。年齢制限や受験回数の制限も厳しい。入口は厳しくても出口ではほとんど合格する欧米のロースクールに比べると、供給制限は依然として厳しく、受験者のリスクが高い。

7 労働需給ミスマッチの長期的動向

わが国では、2005年から人口減少が始まっているのに、失業率は低下するどころか、上昇する兆しすらみられる。この一見すると逆説的な現象の謎を解くには、需給ミスマッチの分析を行うことが不可欠である。

そこで、縦軸に失業率、横軸に欠員率（未充足求人率）をとったベバリッジ・カーブを用いて、この問題を議論してみたい（図1-1）。

測定されたベバリッジ・カーブをみると、UVのトレードオフ関係は、1964～1977年から1982～1990年に原点から遠くなり、1992～1995年には、若干ながら原点に近くなったあと、UVのトレードオフ関係がみえなくなり、ようやく、2002年から2007年になって、原点からかなり遠くに移動したことがわかる。

ベバリッジ・カーブの移動については、以下のように考えられる（図1-3）。まず、ベバリッジ・カーブが原点から遠くなることは、同じ欠員率Vに高い失業率Uが対応することとなり、労働市場の需給ミスマッチが拡大していることを意味する。その要因は、需要または供給にあるのが通例だが、その背後にある経済・社会の構造的な変化が、受給ミスマッチに影響した可能性もある。

ベバリッジ・カーブが原点から遠くなるときは、多くの場合、長期失業者が多くなり、人的資本が磨滅したり、制度的な硬直性から、失業者の再就職が困難になっていることを示す。また、原点に近くなるときは、多くの場合、長期失業者が少なくなり、人的資本の磨滅は少なく、制度的な柔軟性が高いため、再就職が円滑に行われる。

実際の経済がたどる経路がUVカーブ上でなく、景気循環によって、やや離れた点を、回転する場合が観察される。景気回復期には、

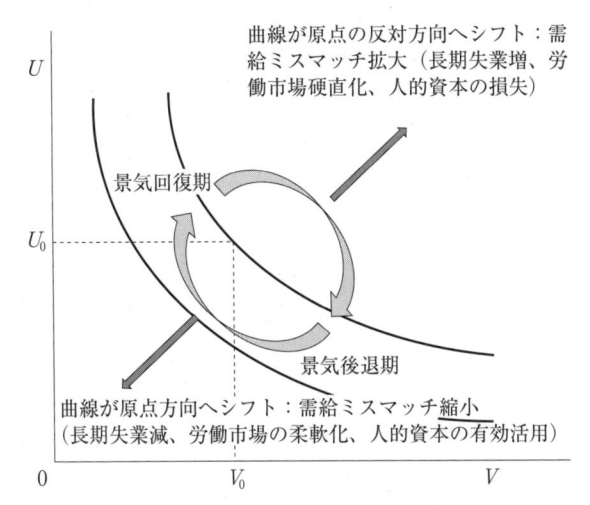

図 1-3 のグラフ:
- 縦軸 U、横軸 V
- 曲線が原点の反対方向へシフト：需給ミスマッチ拡大（長期失業増、労働市場硬直化、人的資本の損失）
- 景気回復期
- 景気後退期
- 曲線が原点方向へシフト：需給ミスマッチ縮小（長期失業減、労働市場の柔軟化、人的資本の有効活用）
- U_0, V_0

図 1-3　ベバリッジ・カーブのシフトおよび景気循環の影響
資料出所：筆者作成。

失業率は変わらずに欠員率が次第に高まり、その後、欠員率が上昇しながら、失業率は低下する。景気後退期には、欠員率は変わらずに失業率が上昇し始め、その後、欠員率が低下し、失業率は上昇する。

8　労働市場の不均衡モデル

このように常時、労働市場に不均衡が発生するメカニズムを説明するのが、レイアール・ニッケルによる不均衡モデルである（Layard & Nikkel 1986）（図 1-4）。

このモデルでは、労働市場は、労働組合などの要求する賃金水準と労働供給の関係を示す右上がりの賃金曲線（WW）と、賃金水準に対し企業の雇用需要を示す雇用需要曲線（DD）の交点で、まず賃

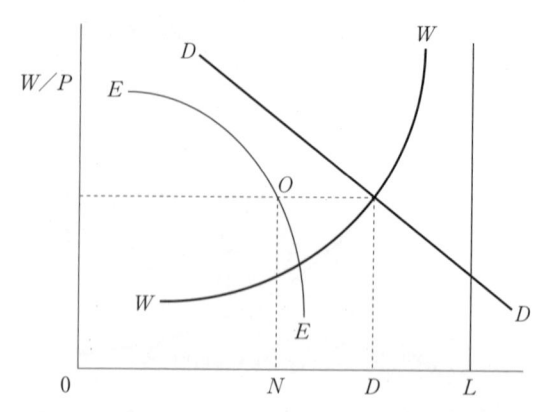

図1-4 標準的なレイアール・ニッケル・モデル
注：N：雇用者数（DDとWWの均衡点Oにおける）
　　$L-N$：失業者数
　　$u=(L-N)/L$：NAIRU（インフレ率を加速しない失業率）
　　$v=(D-N)/N$：NAIRUに対応する欠員率
資料出所：Bellman & Jackmann（1996）をもとに筆者作成。

金水準が決定されると考える。実際の労働供給は、短期的には変化せず、労働供給曲線は、Lから垂直の直線であらわされている。

しかし、決定された賃金水準が、労働需給を均衡させる保障は全くない。労働市場では、そもそも賃金水準以外の様々な要件が合わない限り、マッチングが困難だからである。雇用可能曲線（EE）は、与えられた賃金水準のもとで生じる雇用需要よりも少なくなり、DDの左側に位置することになる。こうして、EEの上で、実際の雇用量が決定され、当該雇用量と労働需要の差は、欠員（未充足求人）とみなすことができる。

この賃金と雇用・失業水準においては、賃金上昇率は安定し、失業率水準は、「インフレを加速しない失業率」（non-accelerating inflation rate of unemployment：NAIRU）と呼ぶ。なぜなら、企業側と労働

側の間に、この賃金水準を変更する意思を持たないという意味で、需給ミスマッチが存在するにもかかわらず、均衡が成立するのである。

また、このモデルでは、労働供給は短期的には一定と仮定され、そこでは、雇用量と労働供給の差が失業となる。このように失業と欠員が同時存在する不均衡が説明される。

確かに、労働供給を一定とする仮定はあまりに限定的であるかもしれないが、このモデルは、労働市場政策の発動で、労働供給が変化した場合の政策効果を説明することを目的とすることを理解すべきである。つまり、労働供給を短期的に一定とすることで、労働市場政策の効果を単純で明快に説明することができる。さらに、このモデルを応用して、雇用可能曲線を、正規労働と非正規労働とに分けたモデルを組み立てることが可能である。

9 労働市場改革の理念

失業者の生活を保障するとともに、積極的に失業を予防したり、労働需給のミスマッチを解消したりすることを目的に「積極的労働市場政策（active labor market policy）」が1960年代のスウェーデンで発展した。その後、1969年のドイツの雇用促進法の制定にみられるように欧州諸国に広く普及している。

日本でも、1974年の雇用保険法の成立と1977年の雇用安定資金の発足が、わが国における本格的な積極的労働市場政策の法的基礎となった。

積極的労働市場政策の考え方は、失業者に所得を受動的に保障するよりも、その財源を生かして、労働市場の柔軟性を高め、雇用を維持・創出する方向に振り向けようとするものである。

しかし、時代の変化とともに、財政金融政策による景気刺激が困難になり、経済統合やグローバル化で、財政金融政策の効果が低下するなか、労働市場政策に対する政治の期待が、ますます高まる結果になっている。

特に、経済統合が進み、各国の経済政策の効果が地域に流出してしまう欧州諸国だけでなく、巨額の財政赤字で景気対策の打てなくなった日本でも、労働市場政策による失業率の抑制効果に期待が高まった。

実際には、政府が積極的労働市場政策のもたらす効果として事前に公表する雇用創出や失業率低下などの目標数値は、実施後になっても十分に検証されず、政策効果は評価されず、政治的宣伝に使用されただけのことが多い。そもそも、積極的労働市場政策の効果は限られているという悲観的な見方もある。それは、雇用給付金を中心とする労働市場政策の財政支出が、以下のような理由で、効果を発揮しないためである。まず、①「持逃げ効果」は、雇用給付金がなくても、企業が雇用を増やしていた場合、雇用給付金を支給しなくても効果は同じであったということを意味する。また、②「代替効果」は、給付金を受けた企業では雇用が増えるが、給付金を受けない企業では雇用が減るために、経済全体としては、雇用に代替が生じたに過ぎないという見方である。さらに、③「置換効果」は、企業は一方で給付金を受けて雇用を増やしながら、他方で雇用を減らすなどの措置をとることがあり、それを阻止できない場合には、雇用給付金の効果は実質ゼロになるとする（Walwei 1996）。

積極的労働市場政策の効果を測定するため、各国の集計データをプールして多変量解析を実施した結果によれば（Bellman & Jackmann 1996）、これらの政策が、長期失業者を減らすという効果は検

証できたが、失業率全体を下げるほどの効果はなかった。ただし、こうした測定は、対策の効果を個々に分離して判定したものであって、「雇用戦略」として同時に発動された場合の相乗効果を反映しているわけではない。こうしたなかで、先進諸国では、公的な職業紹介システムのパフォーマンスを高めることを目的に、いくつもの労働市場政策の改革モデルが提起されてきた。

1) 労働市場の柔軟性 (labor market flexibility)

石油危機後の1980年代において、景気回復に伴い、アメリカでは順調に雇用回復がみられたのに、欧州では高失業率が低下せず、次の景気後退でさらに上昇し、失業率の高原化が生じていた。こうしたなかで、OECDなどを中心に、欧州には、労働市場の柔軟性が欠如しているとの批判がなされた。労働市場の柔軟性は、①数量的な柔軟性 (numerical flexibility)、②労働時間 (working hours) の柔軟性、③賃金 (wages) の柔軟性、④機能的柔軟性 (functional flexiblity) などによって評価される (OECD 1989など)。

こうした視点からは、アメリカは、数量的な柔軟性や賃金の柔軟性に優れているのに対し、欧州の労働市場は、労働時間の柔軟性に優れ、日本は、労働時間の柔軟性のみならず、機能的柔軟性の面でも優れているという評価がなされた。

さらに、欧州の労働市場では、安定的な雇用層における社会保険料や福利厚生など非賃金労働費用 (non-wage labor cost) が高く、それが、労働市場の硬直性をもたらしているという議論が説得力を得るようになっていった。

このようにして、労働市場の柔軟性を評価し、これを活用するとともに、労働市場の柔軟性を高める改革を実施することこそ、雇用当局が取り組むべき課題ということになる。

2) 公的職業紹介「独占」モデルから民間職業紹介機関との「共存・協力」モデルへ

労働市場の柔軟性をめぐる論争は、突出した法的地位を有した公的職業紹介システムが、当時の労働市場において、本当に効率的に機能しているかという議論に発展した。すでに述べた通り、労働市場における仲介者は、求人者と求職者の間にあって、効果的なサーチを可能にし、効果的な需給マッチングを実現すべき存在である。

しかし、公的職業紹介システムは、戦後長く、先進諸国の雇用行政により、無料職業紹介機関として運営され、失業保険制度とともに全国的なネットワークとして位置づけられた（Walwei 1996、井口 1997）。

これにより、1970年代以降、各国で雇用の多様化が進むとともに、管理職や専門職の労働市場が成長した。こうしたなかで、民営の有料職業紹介事業や労働者派遣事業も成長した。公的職業紹介システムは、サービスが官僚的で、顧客満足度が低いなど、次第に批判の対象となっていった。

国による公的職業紹介機関は、ILO（国際労働機関）第88号条約（職業安定組織の構成に関する条約、1948年）に基づいて設置・運営されてきた。また、この条約を補完して、ILO第96号条約（有料職業紹介所条約、1949年）がある。同条約を批准する加盟国は、営利を目的として経営される有料職業紹介所の漸進的廃止などの規制を定める同条約第2部の規定を受諾するのか、あるいは、有料職業紹介所の規制を定める旨の第3部の規定を受諾するかを明記しなければいけなかった。国の公的職業紹介機関と民間の職業紹介機関との役割分担を見直そうという流れのなかで、一部諸国でILO第96号条約の第2部の規定を破棄するという問題が浮上した。それは、職業紹介を

法令上、国の独占として位置づけてきた従来の考え方から、国と民間の職業紹介機関が共存し協力し合う関係を築くという新たな考え方に転換するものであった。

こうした動きのなかで、1997年には、ILO第96号条約の改正条約としてのILO第181号条約（民間職業仲介事業所に関する条約）が採択され、国による民営紹介業（労働者派遣業を含む）に対する規制の内容が定められ、公共職業安定機関と民間職業紹介所の協力を促進することが併せて明記された。こうして、先進諸国では、公的職業紹介事業の「独占モデル」から、民営職業紹介事業との「共存・協力モデル」に移行する傾向が顕著になった。

3)「仕事への復帰」(activation) モデル

1993年のOECDの雇用研究によれば、欧州の失業率は、景気循環的失業ではなく摩擦的・構造的失業（ミスマッチ失業）が、全体の8割を占めた（OECD 2009、OECD 1993、European Commission 2008）。

同時に、欧州の労働市場は、1990年代にはいると、国によって雇用面のパフォーマンスの格差が拡大した。特に、デンマークやオランダなど、比較的小さな諸国で、失業率が高水準を続けたフランスやドイツをしり目に、失業情勢が改善した。

実は、デンマークやオランダなど諸国の取組みにおいて、イギリスで実践されてきた労働市場政策の経験が生かされていた。それは、若年者への「求職者給付」の支給にあたって、職業訓練への参加を義務づける「ニューディール」政策である。これにより、若年者に対する多面的な支援措置を備えた新たな安定所「ジョブ・センター・プラス」を設置し、集中的なカウンセリングが実施された。その結果、イギリスの若年就業率は着実に上昇し続けて、21世紀になるとEUのなかでも高い水準に達した。

こうした政策は、その後、ドイツ・フランス両国にも影響を与えて、失業者に対する最低所得保障を維持しつつ、労働市場から引退し、無業化することがないよう、労働市場政策と社会保障の連携を強化する「仕事への復帰」政策を推進させた（Bender *et al.* 2009、Eichhorst *et al.* 2009、Barbier 2006）。

わが国では、生活保護扶助額の引下げと連動して、様々な就労支援事業が拡充され、社会保障財政の緊縮が進められたが、その際に、欧州の政策モデルが安易に転用された感がある。

しかし、もともと「仕事への復帰」モデルは、給付カットなど狭い目的のために考案されたわけではなかった。むしろ、就労意欲を生かした社会づくりのために役立てなければならない。

4）「労働市場の柔軟性と生活の安定性」（Flexicurity）

今世紀になると、欧州委員会は、先進的な「積極的労働市場政策」を進めた諸国の経験を参考に、労働市場の「柔軟性」と労働者の生活の「安定性」を同時に実現する改革を目指すことを宣言した。

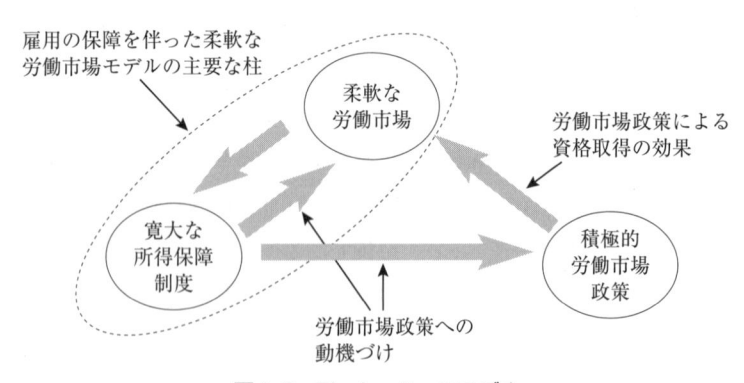

図1-5　Flexicurityのモデル

資料出所：European Commission（2008）。

この改革の原型になったデンマーク・モデルには、様々な解釈がある。基本的には、柔軟な労働市場と寛大な所得保障とは対立する要素でなく、相互補完的であるという考えを基礎にしている。そこに、積極的労働市場政策を加え、雇用促進または積極的な職業能力開発を、寛容な所得保障を享受するための条件とすることにより、積極的労働市場政策の効果を高めることを目指している（図1-5）。

　ただし、デンマーク・モデルにおける柔軟な労働市場の形成は、EU域内の産業立地をめぐる競争激化に対応し、デンマーク国内に産業立地を維持することを重要なねらいとしている。このため、解雇制限の緩和などによる「数量的な柔軟性」の拡大を許容するものとなっており、雇用の不安定化を懸念する労働組合関係者の強い批判を招きやすい側面がある。

　現在では、flexicurityは、厳密な意味のデンマーク・モデルとは区別され、広く多くの国が採用している。それは、ドイツ型flexicurityであったり、フランス型flexicurityであり得るのである。

5）社会的排除の是正 (social inclusion)

　2008年、EUは「社会的排除を是正する積極的戦略（Active inclusion strategy）」を採択している。その背景となる認識は、高水準の貧困や労働市場からの排除が持続する事態に対して、各国政府が、人々の直面する複雑かつ増大する困難に適切な対策を講じることができていないということである。また、仕事への復帰、所得の確保および社会参加の促進を実現するのに、従来の労働市場の仕組みだけでは対応できないことに他ならない。そこでは、①適正な所得の支援、②排除の克服を可能とする労働市場（inclusive labor market）、③高質な地域サービスへのアクセスが、人々の社会的統合の前提条件になると指摘する。これら3つの柱を実現するため、地域・自治

体、国および EU が連携し、地域・自治体レベルで、3つの柱を連動させる必要がある (Commission of European Communities 2007)。

10 雇用戦略の策定・実施プロセス

労働市場政策の改革の推進とともに、先進諸国では、「雇用戦略」を策定し、雇用政策の目標を掲げ、様々な雇用対策を実施した上で、実績を評価するようになっている。

EU は、1999 年に向けて通貨統合を進展させてきた過程で、各国がマーストリヒト条約に基づく基準を達成するために財政緊縮を進めた結果、雇用問題の深刻化を招いた。このため、1997 年のアムステルダム条約では、EU レベルで「雇用戦略」を実施し、そのガイドラインに基づいた雇用政策の目標を、各国が労働市場政策を動員して達成することが、新たな重要課題として浮上した。例えば、そこには、各国の就業率全体を 70％に引き上げ、女性就業率を 50％に引き上げるなどの数値目標が設けられた。

こうした数値目標を達成するため、EU 各国は、域内の労働市場政策のベスト・プラクティスを各加盟国の「国別雇用計画」に反映させ、国内改革を進め、労働市場政策を推進するよう求められる。しかも、その推進状況は、EU レベルのプロセスを通じて評価される (Council of Europe 2008、Gouvernement Francais 2008、Bundesregierung 2008)。

EU における雇用戦略は、域内諸国のベスト・プラクティスを普及させる機能を持つ。特に所得保障に依存した失業者の労働市場への復帰による就業率向上のため、現場のノウハウを積み上げようとするねらいもある。

わが国でも、2009 年 6 月に、自民・公明連立政権下で、厚生労

働省が「新雇用戦略」を公表し、人口減少下での就業率引上げの目標を掲げたことがある。ただし、当時において、目標は掲げても、それに必要な手段が十分備わっているわけではなかった。その上、安定所や地域の工夫を基礎としたベスト・プラクティスを見出し、これを応用し普及させるアプローチではなかった。

目標達成が可能かどうか、また現場の当事者たちの目標達成へのモチベーションが高められるかは不明である。少なくとも、国が雇用対策の目標を宣言するという意味で、「雇用戦略」は、政治スローガンとして重要な役割を果たしていることは間違いないであろう（厚生労働省 2008、内閣府 2010）。

さらに、「雇用戦略」は、「経済（成長）戦略」の一環として策定されるようになった。これは、EUでも「新リスボン戦略」（2006年）以降の流れであり、日本でも同様の対応がみられる。民主党政権下では、2010年6月の「新成長戦略」のなかに「雇用・人材戦略」が設けられ、20～64歳の就業率を74.6％から80％に引き上げ、20～34歳の就業率を73.6％から77％に、25～44歳の女性就業率を66％から73％に引き上げることが目標とされている（Council of Europe 2008）。

しかし日本では、安定所における労働市場政策の実施体制を強化することや、国の自治体との連携の推進、労働市場政策と社会保障政策との連結などの取組みが弱い。例えば、自治体や出先機関の工夫で、地方独自の雇用対策を試行的に実施したり、試験的な雇用対策を行って効果を検証したり、ベスト・プラクティスを発見し普及を図る柔軟な仕組みに乏しく、今後改善すべき点は少なくない。

11 労働市場政策の効果：実証分析

これまでみてきたような様々な労働市場政策の改革を経た結果、公的職業紹介機関は、労働市場におけるミスマッチ失業を改善する効果を発揮できるのだろうか。あるいは、職業紹介と失業保険、それに積極的労働市場政策は、実際に、失業率、長期失業率または非労働力率に対し、期待される政策効果を発揮してきたのだろうか。

積極的労働市場政策が失業率などに与える効果を測定することは、細かいデータの入手が困難なため、一般的に非常に難しい。こうした制約を踏まえつつ、1990年代における先行研究にならって（前掲 Bellman & Jackmann 1996）、21世紀以降のデータを使用した多変量解析により、日欧の積極的労働市場政策の効果を測定してみよう。

まず、欧州で労働市場政策の改革が進行した21世紀初頭の国別の経済および労働市場のデータをプールし、多変量解析を試みる。日本についても、地域別のデータにより、可能な限り類似の分析を実施して比較する。こうして労働市場政策が需給ミスマッチに対しどのような影響を与えることができたかを検証する。

欧州について労働需給ミスマッチ関数を、以下のように定式化する。

$$Y = a_0 + a_1X_1 + a_2X_2 + a_3X_3 + a_4X_4 + a_5X_5 + a_6X_6 + a_7X_7 + a_8X_8 + a_9X_9 + a_{10}X_{10} + a_{11}X_{11} + a_{12}X_{12} + a_{13}X_{13} + \mu$$

とする。ここで μ は残差項である。

被説明変数 Y は、失業率のほか、長期失業率および非労働力率とする。これは、失業率で示される需給ミスマッチが長期化し、就労意欲を失った場合に生じる効果を明らかにするためである。

説明変数には、完全な外生変数のみならず、政策変数や内生変数

も含まれる。すなわち、

X_1 は、実質 GNP 成長率とする。経済成長は雇用を増加させ、失業率を低下させると考えられる。

X_2 は、労働生産性上昇率とする。生産性上昇は、規模の経済が働く場合は、雇用増加と整合的であり、失業率を低下させると考えられる。

X_3 は、名目賃金上昇率とする。名目賃金の改善は、労働市場における人材集積の結果であり、失業率を低下させると考えられる。

X_4 は、GDP デフレータ上昇率とする。物価上昇または下落は、フィリップス曲線の想定により、失業率を下落または上昇させると考えられる。

X_5 は、若年層（15 〜 24 歳）の就業率とする。この変数は内生変数であり、積極的労働市場政策が、若年層の雇用を促進することを想定している。

X_6 は、成年層（25 〜 54 歳）の就業率とする。この変数は内生変数であり、積極的労働市場政策が、成年層の雇用を促進することを想定している。

X_7 は、高齢層（55 〜 64 歳）の就業率とする。この変数は内生変数であり、積極的労働市場政策が、高齢層の雇用を促進することを想定している。

X_8 は、パートタイム労働比率とする。雇用に占めるパートタイムの比率の上昇は、フルタイムを希望する失業者には就職が困難なため、失業率は上昇すると考えられるためである。

X_9 は、有期雇用比率とする。雇用に占める有期限雇用の比率の上昇は、期限のない雇用を希望する失業者には就職困難であるため、失業率は上昇すると考えられるが、期限ある雇用を利用して、無業

から脱出しようとする場合は、非労働力率は低下すると考えられる。

X_{10} はサービス産業雇用比率とする。サービス産業の急速な雇用創出は失業率を低下させると考えられる。

X_{11} は製造業雇用比率とする。製造業の急速な雇用創出は失業率を低下させる。

X_{12} は、積極的労働市場政策支出額(対 GDP 比)で、政策変数である。積極的労働市場政策が強化されると、失業率を低下させると考えられる。

X_{13} は、失業給付・手当等支給額で、政策変数である。失業給付など、失業者に対する手厚い給付は、失業期間を長期化させ、失業率を上昇させると考えられる。同時に、非労働力率については、無業者が失業給付を受給して失業者に転換する結果、低下すると考えられる。

ここで、日本の労働需給ミスマッチ関数を、以下のように定式化する。

$$Y = a_0 + a_1 X_1 + a_2 X_2 + a_3 X_3 + a_4 X_4 + a_5 X_5 + a_6 X_6 + a_7 X_7 + \mu$$

とする。ここで μ は残差項である。

日本については、データセットを構成する地域データの計算で、長期失業率が得られないため、被説明変数 Y は失業率と非労働力率のみとする。

説明変数には、同様に、外生変数のほか、政策変数や内生変数が含まれる。

X_1 は、GDP デフレータ変化率とする。物価上昇または下落は、フィリップス曲線の想定により、失業率を下落または上昇に対応すると考えられるためである。

X_2 は、製造業雇用比率とする。製造産業の急速な雇用創出は失

業率を低下させると考えられるためである。

　X_3 はサービス産業雇用比率とする。サービス産業の急速な雇用創出は失業率を低下させると考えられるためである。

　X_4 は、一人当たり雇用者報酬とする。一人当たり雇用者報酬の増加は、労働市場における人材集積の結果であり、失業率を低下させると考えられるためである。

　X_5 は、雇用者数とする。この変数は内生変数であり、積極的労働市場政策が、雇用を促進することで、失業率を低下させると想定している。

　X_6 は、有効求人数に占めるパート求人数の割合とする。求人に占めるパートタイムの比率の上昇は、フルタイムを希望する失業者には就職が困難なため、失業率は上昇すると考えられるためである。

　X_7 は、雇用保険受給者の公共職業安定所による紹介就職率とする。紹介就職率があがると、就職する失業者が増えて、失業率は低下すると考えられるためである。

　単純最小二乗法による計量方程式の推定結果は、欧州（EU15ヶ国）については表1-2、日本については、表1-3の通りである。

　欧州の失業率の決定要因に関しては、高齢就業率、パートタイム労働比率、積極的労働市場政策支出額、失業給付・手当等支給額について有意な結果は得られなかった。しかし、GDP デフレータ上昇率を除き、多くの仮説は支持された。特に、積極的労働市場政策支出額と失業給付・手当等支給額は、失業率に明らかな影響を及ぼしてはいないが、積極的労働市場政策を通じて、若年就業率および成年就業率を引き上げることに成功すれば、失業率は全体として低下すると考えられる。

　長期失業率の決定要因についてみると、労働生産性上昇率、高齢

表1-2　EU15ケ国における労働需給ミスマッチの決定要因に関する分析結果（2002～2008年）

被説明変数 説明変数	失業率 係数	失業率 T値	長期失業率 係数	長期失業率 T値	非労働力率 係数	非労働力率 T値
実質GNP成長率	−0.280***	−3.352	−0.156***	−2.151	0.160***	2.538
労働生産性上昇率	−0.330***	−3.195	0.075	0.836	−0.153*	−1.959
名目賃金上昇率	−0.640***	−4.880	−0.406***	−3.553	0.368***	3.717
GDPデフレータ上昇率	0.467***	4.425	0.211***	2.296	−0.175***	−2.205
若年就業率	−0.055***	−4.007	−0.065***	−5.401	−0.128***	−12.337
成年就業率	−0.275***	−7.132	−0.025***	−6.697	−0.512***	−17.616
高齢就業率	0.016	1.276	0.007	0.695	−0.180***	−19.296
パートタイム労働比率	0.005	0.260	0.053***	2.891	0.029*	1.812
有期雇用比率	0.187***	10.998	0.015	1.022	−0.108***	−8.421
サービス産業雇用比率	−0.036	−1.048	−0.132***	−4.355	0.012	0.455
製造業雇用比率	−0.288***	−5.336	−0.265***	−5.690	0.129***	3.184
積極的労働市場政策支出額	−0.631	−0.411	0.102	0.284	−0.169	−0.546
失業給付・手当等支給額	0.888	0.283	0.626***	2.546	−0.478***	−2.243
定数項	38.684***	7.565	37.810***	8.490	78.970***	20.491
サンプル数	105		105		105	
自由度調整済決定係数	0.791		0.681		0.980	

注：*は10％水準で有意。***は1％水準で有意。
資料出所：井口・長谷川（2010）。

表1-3　日本の労働力需給の決定要因に関する分析結果（2002～2008年）

被説明変数 説明変数	失業率 係数	失業率 T値	非労働力率 係数	非労働力率 T値
GDPデフレータ変化率	0.029*	1.748	0.000	0.951
製造業雇用比率	1.836	1.216	−0.225***	−5.080
サービス産業雇用比率	8.271***	5.511	−0.084*	−1.909
一人当たり雇用者報酬	−0.000***	−2.679	−0.000	−0.307
雇用者数	−0.000**	−2.277	−0.000***	−3.462
有効求人数に占めるパート求人数の割合	−3.680***	−3.946	0.126***	4.608
雇用保険受給者の公共職業安定所による紹介就職率	−0.305***	−10.265	−0.000	−0.508
定数項	−0.494	−0.258	0.455***	8.106
サンプル数	329		329	
自由度調整済決定係数	0.650		0.368	

注：*は10％水準で有意。**は5％水準で有意。***は1％水準で有意。
資料出所：井口・長谷川（2010）。

就業率、有期雇用比率、積極的労働市場政策支出額について有意な結果が出なかった。しかし、GDP デフレータ変化率を除き、概ね仮説は支持された。積極的労働市場政策支出額は、長期失業率に明らかな影響を及ぼしたとはいえないが、ここでも、積極的労働市場政策を通じ、若年就業率および成年就業率の引上げをもたらせば、長期失業率も低下させられると考えられる。

さらに、非労働力率の決定要因についてみると、実質 GNP 成長率、パートタイム労働比率、サービス産業雇用比率では、有意な関係はみられなかった。名目賃金上昇率、有期雇用比率、製造業雇用比率、失業給付・手当等支給額では、反対の仮説が支持された。しかし、これ以外の仮説は概ね支持された。特に、若年、成年、高齢の全ての就業率の上昇は、非労働力率そのものを低下させる。

日本の需給ミスマッチ関数に関し、最も重要な点は、雇用保険受給者の公共職業安定所による紹介就職率の上昇は、失業率および非労働力率を低下させることが検証できた点にある。つまり、地域労働市場において、安定所の雇用保険受給者に対する積極的な職業紹介活動は、失業率を低下させる効果を発揮している。ただし、その効果は、非労働力の動きには影響を与えず、無業者を減少させるような効果はみられない（長谷川 2009a）。つまり、雇用対策は、無業者にまで届いてはいない。

このほか、失業率の決定要因については、GDP デフレータと有効求人に占めるパートタイム求人の比率は、仮説とは正反対の効果を発揮し、物価の低下やパート雇用の増加すらも、失業率を下げる効果をもたらしている。第 2 次産業比率については有意でなかったものの、一人当たり雇用者報酬や雇用者数などについて、予想された仮説は支持された。

また、非労働力率の決定要因については、GDPデフレータと紹介就職率に関し有意な結果は出ていないが、それ以外については、概ね仮説は支持された。

一般的に、積極的労働市場政策が、失業率、長期失業率および非労働力率に与える影響を、計量的に立証することは簡単でない。それにもかかわらず、今回の多変量解析においては、日欧のいずれについても、安定所の直接または間接の関与が、需給ミスマッチ指標の改善をもたらしたと推論できる証拠が得られた。

12　問題解決の方向性

本章では、経済のグローバル化のもとで、経済危機に伴う雇用不安に対処するため、労働市場政策について、基本的な改革への努力が続けられていることをみてきた。さらに、近年において、日欧の労働市場政策が、就業率や失業率・失業期間などに、直接・間接に影響を与えてきたことを検証した。同時に、労働市場政策は、労働市場の需給ミスマッチの改善に何らかの影響を及ぼすべきものであるが、置かれた経済的、社会的条件によっては十分な効果を発揮できず、労働市場全体の制度的インフラを改善することが必要になる。

いずれにせよ、長期失業が増大しつつある今日では、経済格差の拡大が、社会的な不平等を拡大するような事態を防止する上でも、最低所得保障制度の改革や国・自治体の新たな協力関係の構築などを通じ、労働市場政策を改革することは重要な課題となるだろう。

また、需給ミスマッチの概念は、失業と欠員という狭い定義でのみ考察されるべきではない。広い意味での労働市場における不均衡の実態を把握し、その改善を図るための努力が積み重ねられるべきである。

2章

雇用をめぐる世代間利害調整

1 若年層だけが雇用不安の被害者か

　本章では、わが国で若年失業問題が注目を浴びるようになる過程で、その原因が、高齢者の雇用保障が原因であると主張された問題を取り上げる。雇用における世代間利害対立が、本当に存在するのかどうかを、企業のマイクロデータを使用した研究と、人口と雇用変動に関するマクロのデータを使用した研究で比較しながら検討する。同時に、1990年代初頭において、「フリーター」という用語が流布した背景に、中高年層の仕事の仕方や人生に対する若年層の批判的な見方が反映されていたのではないかという視点からも検討する。

　こうした検討に先だって、「企業内労働市場」において、長期雇用の従業員と有期雇用の従業員が、なぜ異なる処遇を受けることになるのかを、ラジアーの定年理論をもとに、理論的に検討したい。

　さて、1990年代以降若年失業が悪化し、2003年に5.5％に達し、2006年6月時点には、15〜24歳層の完全失業率は8％台、年齢計の完全失業率は季節調整済で4％台前半に達した。

　その後、世界経済危機に伴い、15〜24歳層の完全失業率は9％程度に高まり、年齢計の完全失業率も5％台となり、深刻な雇用情勢が続いている。しかし、55歳以上の高年齢者の失業率は6％台と

意外なほど低く、若年層の失業率の高止まりが顕著である。

最近に至るまで、高齢者の失業問題と比べて、若年者の失業問題は深刻でないという見方が根強く存在したことは事実であろう。それは、若年失業の理由の多くが、自発的な退職であったことが背景にある。ただし、自発的な退職といえども、その原因に、若年者の側でなく雇用主側の問題が指摘されることも多い。

現在では、若年失業者の増加が、高齢失業の増加以上に、社会の不安定化をもたらすという危機感が高まっている。地域別の失業率と若年犯罪の相関が高いという研究もあるなど、若年層の活力を社会が活用できないことによる損失は中長期的にみても、小さくない。また、若年層の経済力の低下が少子化の急速な進展の要因となっているという指摘も無視することができない。

35歳未満の若年層を中心とする「フリーター」が高水準で推移し、大きな社会問題になって久しい。2002年に、厚生労働省の定義で209万人に達した。2005年には、フリーターは201万人へと小幅ながら減少した。2009年時点で、178万人程度のフリーターがいると推定されている。また、若年ニート（NEET：教育を受けず、就業もせず、教育・訓練も受けていない者）も62万人程度に達すると推定されている（厚生労働省 2010a）。

さらに、若年層を中心とする非正規雇用の増加が顕著な結果、年金など社会保障制度への未加入者が増加し、社会保障制度そのものが不安定化することへの懸念は、ますます深刻になっているといえよう。

2 「内部労働市場」としての労働市場

労働市場はもともと情報の不完全な市場と考えられ、「サーチ市

場」の一つであることは 1 章で説明した通りである。そこでは、経済理論上は、労働供給と労働需要の一致した点で賃金が決まると考えられている。

　実際、情報の不完全性は、常に、労働市場の重要な弱点の一つであるし、賃金以外の情報、例えば、労働時間、通勤時間、教育訓練、福利厚生や社会保険加入の有無に加え、企業風土やコミュニケーション、上司のマネジメント能力など、多くの要因が再就職に影響するであろう。

　これに対し、企業組織は、こうした情報の不完全性を克服し、適材適所の人員配置を実現しようとする。それは、「市場の原理」でなく、「組織の原理」によって運営される。「組織の論理」によって形成され、雇用された従業員の配置転換や内部昇進のための人事異動が行われる労働市場を、「企業内労働市場」と呼ぶ。「企業内労働市場」に対し、一般の労働市場を、「外部労働市場」と呼んで区別することもある。

　企業内労働市場は、経済開発の初期の時代において、企業が海外から新技術を導入して経営を行おうとする際、その技術を使いこなす労働者を外部労働市場で調達することができないため、企業内で養成し、離職を防止して長期勤続を促す形で発展してきた。

　つまり、人的資本投資の観点から、企業内でしか得られないまたは使用されない「企業特殊的熟練」と、外部労働市場でも広く存在している「一般的熟練」に分けて考えることが重要になる（Becker 1964）。

　「企業特殊的熟練」については、企業自体が従業員に対して教育訓練を行う必要がある。それが、新技術で一般に普及していなかったり、企業が独自に開発した技術である場合、人的資本の形成のコ

ストは企業自体が行わねばならない。

　しかし、「一般的熟練」については、基本的には、従業員が自分の負担で教育訓練を受けなければならない。実際は、「一般的熟練」といえども、企業が従業員の資質向上のために、積極的に支援することがあり得る。

　例えば、アメリカの大企業は、大卒の社員が、MBAを取得するため、大学院に行く場合の費用を支援し、学位を取得後に転職した場合は費用の返還を義務づけるといった方法をとることがある。

　また、労働者の熟練や労働能力は、企業内労働市場において、正規雇用の労働者を中心に、企業内で教育訓練を受けるだけでなく、実際に就労することによって高まる。仕事をしながら行う訓練（OJT）によって、仕事のなかで人的資本が形成されるという事実は極めて重要である。もちろん、仕事を離れて行う訓練（Off-JT）を体系的に、あるいは必要なときに実施する必要がある。

　非正規雇用の労働者も、仕事を通じて熟練形成が期待される。しかし、近年、非正規雇用の仕事はマニュアル化が進み、マニュアル通りに行う以上のことを、非正規雇用の労働者に期待しない傾向がある。その場合、非正規雇用の増加とは、人的資本投資が行われにくい就業形態の増加を意味する。

　「人的資本理論」は、教育訓練によって人間の能力が向上すると考え、その労働に対する対価が上昇するので、通常、右上がりの賃金カーブを想定することができる。しかし、その傾きは、「一般的熟練」と「企業特殊的熟練」では異なる。また、訓練の量によって、賃金カーブも異なる。

　日本の企業では、事務管理労働者ばかりでなく生産労働者についても、勤続に伴い賃金カーブの上昇がみられる。欧米の企業では、

事務管理労働者の賃金カーブは右上がりでも、生産労働者については、一定水準まであがると頭打ちになる場合がほとんどである。

生産労働者を含めて、従業員の右上がりの賃金カーブを説明する上で、「知的熟練仮説」が重要な意義を持っている。小池和男教授は、職場には、「ふだんの仕事（usual operation）」と、「ふだんと違った仕事（unusual operation）」があるとした。労働者は、前者に習熟するだけでなく、後者、すなわち、ラインの変更や異常に対応する能力、すなわち「知的熟練」を形成する必要がある。「知的熟練」は、わが国では、事務管理労働者のみならず、生産労働者にも重要であり、それが賃金カーブに反映していると考えられる（小池 2005）。

また、長期雇用における人的資本形成と賃金の関係、あるいは、長期雇用における賃金インセンティブについて、経済学者 E. P. ラジアーの定年理論において次のように説明している（Lazear 1995）。

ここで、図2-1および図2-2は、横軸に経験年数をとり、縦軸に賃金ないし産出高を表示している。この労働者が、短期的に雇用される場合の生産性は、V'であらわされ、勤続年数の影響は非常に小さい。これに対して、定年まで雇用されるという長期雇用を暗黙の了解として雇用され、職場で様々な教育訓練を受けて、最大限に生産性を高めた場合の生産性はVであらわされる。しかし、労働者が、そのような高い生産性を自動的に発揮するかどうかわからない。高い生産性を発揮できるように、日常から監視していればいいが、それでは、コストがかかりすぎる。監視していないと、本人はずるけてしまうかもしれない。

長期雇用の労働者に、高い監視費用をかけずに、その生産性を最大限に発揮させるために、企業は、Wという右上がりの賃金カーブを提供する。もし、生産性を最大限に発揮できていれば、賃金曲

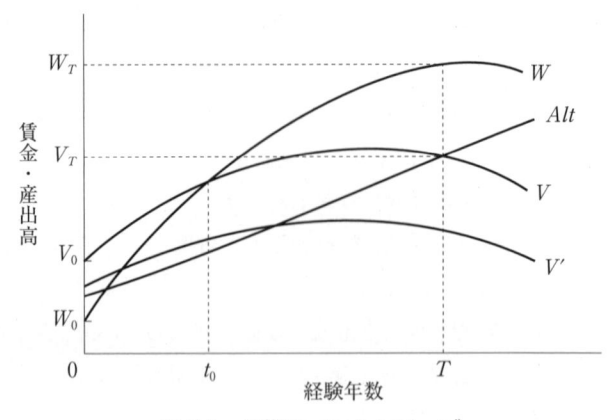

図2-1 長期のインセンティブ

線 W は、当初は生産性曲線 V を下回っているが、長期に勤続することによって、W が V を上回ることになる。もし、途中で、労働者がずるけて、低い生産性の V' しか実現できない場合、アメリカにおける解雇事由の原則を前提とすれば、みつかった時点で雇用を失い、労働者は損をする。なぜなら、当初、生産性が賃金を上回っていたので、そこで受け取れなかった賃金を、定年まで勤続することで取り返さなければならないからである。そこで、この労働者は、監視されていなくても、常に高い生産性 V で生産を行うことが自分にとってベストの行動となる。企業は、右上がりの賃金カーブを設定してインセンティブを与えた上で、長く生産性を上回って賃金を払いすぎないようにするため、生産性より賃金が低かった部分 A と賃金が生産性より高くなる部分 B が一致する点 T で、自動的な退職年齢を設定すればよい。なお、Alt は、この労働者の留保賃金（これを下回る市場賃金では就労しない水準の賃金）をあらわしている（図2-1）。

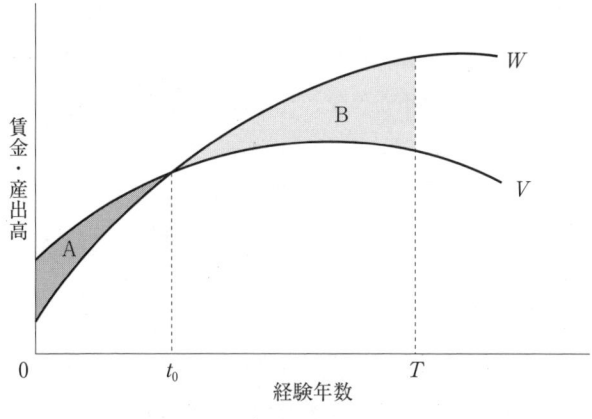

図2-2 暗黙の負債と見返り

　このような説明は、途中での解雇の可能性が仮定されるなど、あまりにアメリカ的な労働市場の前提を基盤としているようにみえる。確かに、労働者がずるけているだけで解雇されることは、日本の整理解雇の四要件では認められていない。しかし、わが国の賃金は、依然として職能資格制度が中心で、通常、年に1または2回は労働者の勤務評価が実施される。そこでは、勤務評価を抜きにし自動的で年功的な昇給をしてきたわけではない。このように考えると、長期雇用における賃金インセンティブに関しては、アメリカと共通した面があると考えてよいであろう。

　長期雇用慣行に属する労働者の比率が低下し、正社員比率も低下し、パートタイム、請負・派遣などの比率が上昇しているが、正社員と非正社員の間には、雇用慣行の違いが、大きな賃金面の格差を生み出しているのである。決して、日本から「長期雇用慣行」が完全になくなってしまうとは思えない。それは、主要先進国でも「長

期雇用慣行」を長年維持してきた大企業が存在するからである。

　長期雇用のもとでは、①情報の不完全性を克服し、個人の能力評価が行いやすく、②雇用が保障されるので、技術革新が導入しやすい。また、「外部労働市場」よりも高い生産性と賃金水準を実現することができる。このように、長期にわたる人材育成機能は、「内部労働市場」の重要なメリットであることも評価されねばならない。

　したがって、長期雇用慣行は、縮小する場合はあっても、決して消滅することはない。日本のみならず、先進国には、専門・技術労働者を中心とする長期安定雇用層は厳然として存在するが、非正規雇用層の比重の増加で二極化と経済格差の拡大が進む。それは、先の図のなかで、同じ勤続年数でも、VとV'の曲線による賃金水準に相違が発生していることからもわかる。勤続期間の長い長期安定雇用層と勤続年数の短い非正規雇用層との間で、賃金面でも大きな格差が生じてしまうのである。この論点については、6章で再度詳細に論じることにしている。

3　若年者雇用対中高年齢者雇用：ミクロ的視点

　若年失業者の多くは自発的な離職者によって占められるため、若年失業に対する見解は見方によって大きく分かれていた。企業の若年者の雇入れ抑制を最大の原因とみるのか、自発的に離職する若年者の職業意識の欠如や適応力の欠如を最も重要な原因と考えるかによって、異なった見方が生じたのである。

　前者は、1990年代のバブル崩壊後の経済停滞、また、後者は、少子化による兄弟の減少など家庭環境の変化や受験戦争などの教育環境、生活の利便性の向上、面倒なことを忌避する傾向など、若年層をとりまく経済社会の変化など、広範な要因が背景にあるとみる。

就職した学卒者の離職状況をみると、就職して3年後に、中卒は7割、高卒は5割、大卒は3割が離職してしまう現象は、当時から現在に至るまで、統計的にほとんど変化がみられない。

　こうしたなかで、若年雇用の減少は高齢者の雇用保障が原因だという過激な主張があらわれ、労働基準法への解雇事由の明確化の論議にも、微妙な影響を与えた。

　玄田（2001）は、企業のマイクロデータを使用した確率決定モデルにより、中高年比率の高い企業では若年者の雇入れがみられないという関係を指摘して、若年者の失業問題を解決するには、高齢者の雇用保障（など既得権）を解体すべきだと主張して論争を起こした。

　同時に太田（2001）は、学卒者の就職時期が不況であった場合、不本意就職が増加するため、その後の離職者が増加する「世代効果」の存在を実証し、若年層の自発的離職は、企業の雇用意欲の低下が原因であるとした。

　しかし、若年層への対策の必要性についてはともかく、高年齢者雇用対策の必要性まで否定していいと考えた関係者はほとんどなかったようである。

　筆者の研究グループは、兵庫県西宮市の事業所の個票データを使用して、中高年齢者の雇用比率の高い事業所と学卒採用の関係を分析したところ、玄田（2001）同様の結果を、繰り返し検出している。しかし、これと同時に様々な事実が発見されたことを報告しておかねばならない。定年制がある企業では、定年制がない企業より学卒採用は活発で、中高年労働者を雇用調整した企業は、学卒採用も不活発である（井口ほか 2002）。

　したがって、中高年層を解雇すれば、若年層が雇用されるという単純な解釈は、もともと成り立たず、高齢者の既得権を解体すべし

という過激な主張を本気にした人々はあまり存在しなかった。

また、2009年7月の兵庫県の事業所の個票データを用いて、学卒採用の有無を被説明変数とするロジスティック回帰分析を実施したところ、事業所規模が大きいほど、外国人雇用の経験があるほど、高卒技能労働者の不足感が高いほど、学卒採用の確率が高くなり、45歳以上の従業員比率が高いほど、学卒採用の確率が低くなった（表2-1）。

これらの分析は、企業または事業所のマイクロデータを用いた場合に得られる結果である。マクロの人口変動やデフレなどを十分に

表2-1 企業の学卒採用関数（multi-nominal logistic model）

変数	学卒採用の有無			
	係数	ワルド	有意確率	オッヅ比
事業所の規模	1.044***	39.208	0.000	2.842
45歳以上従業員の比率	-1.787***	5.151	0.023	0.167
専門的・技術的外国人労働者の雇用経験	1.095***	4.218	0.040	2.990
それ以外の外国人労働者の雇用経験	0.963***	6.165	0.013	2.620
専門的技術的労働者の不足感	0.186*	3.747	0.053	1.205
サービス労働者の不足感	0.272***	6.187	0.013	1.312
高卒技能労働者の不足感	0.737***	35.068	0.000	2.090
中途採用者の採用の有無	-0.062	0.059	0.808	0.940
パート労働者の採用の有無	-0.010***	5.726	0.017	0.990
派遣労働者の採用の有無	-0.001	0.353	0.553	0.999
海外子会社・支店等の有無	0.125	0.062	0.803	1.133
定数	-2.465***	36.126	0.000	0.085
サンプル数	611			
(-2) 尤度	440.151			
ネーゲルケルク2乗	0.476			
コックスシェル2乗	0.357			
χ^2乗	5.52			
ホッスマー・リムショー・テスト	0.701			

注：＊は10％水準で有意。＊＊＊は1％水準で有意。
資料出所：筆者推定。

考慮した議論ではない。ミクロ経済学としての労働経済学では、企業データに反映されないマクロ変数も、すべてミクロ変数に反映されるというフィクションの下に結論を導いている。しかし、そのようなフィクションが実際に成り立っているとはいえない。要するに、ミクロ経済学的な結論を、社会全体に適用して主張をすることには限界があるといえよう。

人口変動全体をみると、若年層の急速な減少と、高齢層の着実な増加が進んでおり、若年雇用は、若年人口の減少によって、マクロ的には減少を余儀なくされる。人口変動の影響以上に、企業が高齢者を優遇して雇用し、それ以下に若年層の雇用を減らしたのでなければ、世代間の利害対立が証明されたとはいえないであろう。

さて、今世紀になってから、製造業でも非正規雇用の増加が顕著にみられた。これは、製造業の国内回帰の動きと軌を一にしていた。国際競争にさらされた主要メーカーや関連企業は、作業をマニュアル化し、雇用を非正規化し、労働生産性を急速に高めた。これは、雇用のジャスト・イン・タイムといわれる現象である。

これには、改正労働者派遣法により、2004年から、生産部門への労働者派遣が認められるようになったことも、影響を与えた。ただし、それ以前の段階で、わが国の製造業は、業務請負（ここでは、生産請負）への依存を高めていた。当時の請負労働者の規模は、全国で150万人（うち20万人は外国人）に達したとみられる。請負労働者に対する需要は、潜在的には200万人に達していたが、労働供給が追いつかなかったと考えられる。こうした労働者派遣の拡大に伴って、雇用機会の不足に直面していた若年フリーターが、労働者派遣業に流入してきた。

しかし、世界経済危機が、派遣労働に従事する若年層から、雇用

および住宅を一度に奪った。問題は、有期雇用契約に対する労働法上の保護規定が欠如し、社会保険加入も限られ、住居に関しては何らの最低保障も制度的に存在しないことであった。

そもそも、緊急経済対策で措置されたハローワークの住宅支援は時限的である。低家賃住宅である県営住宅は、近年の財政支出の抑制のなかで老朽化が進み、東京都では、近年、公営住宅は一戸も新設されていないという。老朽化する住宅は利便性が悪く、自治体も住宅を改修する予算がなく、入居希望者は住宅に困っている外国人ばかりという県・市もみられる。

その間も、高齢者に対する雇用保障は機能してきた。その意味では、高齢者の雇用保障が、直接的に若年雇用の減少の原因であるとは考えにくい。そもそも、政府の高年齢者雇用対策自体は、若年雇用対策を強化するなかで、あまり大きな影響を受けてはいない。

4　若年者雇用対中高年齢者雇用：マクロ的視点

先に述べたミクロ経済学的な議論では、マクロの人口変動を考慮することができない。

もし、人口変動の影響以上に、企業が高齢者を優遇して雇用し、それ以下の水準にまで、若年雇用を減らしているのでなければ、世代間の利害対立が証明されたとはいえない。

そこで、次の式を用いて、人口変動が雇用変動に及ぼす影響を分解する研究を実施した。そこでは、雇用者数（E）・労働力人口（L）・総人口（N）の3つの変数を用い、男女別に年齢を15〜24歳、25〜49歳、50歳以上の3つに区分した。すると、男女および年齢階層別の雇用者数は、同じ階層別の人口に、雇用率と労働力率を乗じたものとしてあらわされる（詳細は、井口ほか 2002）。

$$E_i = \left(\frac{E_i}{L_i}\right) \times \left(\frac{L_i}{N_i}\right) \times N_i$$

$$\binom{\text{男女・年齢区分別}}{\text{の雇用者数}} = \binom{\text{男女・年齢区分別}}{\text{の雇用率}} \times \binom{\text{男女・年齢区分別}}{\text{の労働力率}} \times \binom{\text{男女・年齢区分別}}{\text{の人口}}$$

雇用率や労働力率も変動するので、人口の変動が、雇用の変動を、直接的にもたらすわけではない。ここでは、こうした途中経過を省略し、雇用変動と人口変動の関係のみを、1991年から2002年と、2002年から2009年に分けて示した（表2-2、2-3）。

ここで、純雇用変動率というのは、雇用変動率から、人口変動率を引いたものを意味し、雇用変動から人口変動の影響を差し引いたものである。

これをみると、若年層（15～24歳）は、1990年代も、21世紀になってからも、男性でマイナス2.6％、マイナス4.9％、女性でマイナス4.4％、プラス0.6％となっている。これに対し、高齢層（50歳以上）では、男性でマイナス7.3％、マイナス8.6％、女性ではプラス17.9％、マイナス3.9％と、男性中心に大きく切り込まれている。

このように、人口変動との関係からみれば、女性を除く高齢層と若年層は、いずれも人口変動を差し引いた純雇用は減少していることがわかる。なお、女性雇用は、高齢層ではもともと少なく、成年層と同様に、パートタイム雇用の増加がほとんどを占めており、正規雇用で女性雇用の増加がみられるフランスとは内容に大きな隔たりがある。

以上のような結果から、高齢層と若年層で、一方が加害者で、他方が被害者という議論はここでは成立しにくいと考えられる。過度に世代間の対立をかきたてるような主張は、マクロデータからは読み取り難いと結論できるだろう。一般論としては、労働市場の変動

表2-2 純雇用変動率（1991〜2002年）(%)

		雇用変動率(A)	人口変動率(B)	純雇用変動率(A)−(B)
15〜24歳	男性	−23.3	−20.7	−2.6
	女性	−24.7	−20.3	−4.4
25〜49歳	男性	−2.7	−2.7	−0.0
	女性	11.6	−3.0	14.6
50歳〜	男性	26.6	33.9	−7.3
	女性	49.3	31.36	17.9

注：データは総務省統計局「労働力調査」による。
資料出所：筆者作成。

表2-3 純雇用変動率（2002〜2009年）(%)

		雇用変動率(A)	人口変動率(B)	純雇用変動率(A)−(B)
15〜24歳	男性	−19.3	−14.4	−4.9
	女性	−14.3	−14.9	0.6
25〜49歳	男性	−1.5	−1.7	0.2
	女性	3.2	−2.4	5.6
50歳〜	男性	1.5	10.1	−8.6
	女性	4.7	8.6	−3.9

注：データは総務省統計局「労働力調査」による。
資料出所：筆者作成。

のなかで、因果関係を発見する上では、企業のマイクロデータだけに頼らずに、人口変動やデフレなどマクロ要因にも、配慮することが望ましいといえよう。

5 世代間利害を反映した「フリーター」概念

さて、若年失業が増加した背景を考えると、①不況期に学卒者と

なった世代が、良好な雇用機会が乏しく不本意就業して離職しやすいことのほか、②企業が職業経験のない若年層の教育訓練をおろそかにし、十分な定着努力をしなくなっていることなどもあげられる。そうしたなかで、フリーターは、学卒後、就職できなかった者および、就職したが、短期間で離職してしまった人たちの受け皿として機能してきたのである。

フリーター（35歳未満でパート・アルバイト就業または失業している者）という用語は、1990年代初頭に、民間シンクタンクによってつくられた用語で、ある種の世代間対立を反映している。残業もいとわず、転勤も拒否せず、休暇もとれない会社人間の生き方を拒否し、フリーターは、自由に働き、生活する労働者であったためである。

これは、バブル期において、パート・アルバイト市場で賃金が高騰して、これらの層の所得が急増したことを反映し、正社員の賃金上昇は、低く抑えられていたからである。統計上は、フリーターは、15〜34歳であって、学生や主婦でなく、パートまたはアルバイトなどの非正規雇用者であるか、失業している者をさす。

ただし、フリーターには、先に紹介した厚生労働省の定義に対し、内閣府は広い定義を採用している。内閣府と厚生労働省の定義の主たる違いは、若年の全失業者を含めるか（内閣府）、パートまたはアルバイトとしての就労を希望する失業者に限定するか（厚生労働省）の違いである。

さらに、派遣労働者の扱いも異なり、一方はフリーターに派遣労働者を含める（内閣府）のに対し、他方は派遣労働者は除外する（厚生労働省）という違いがある。

1990年代初頭に考案されたフリーターの概念には、正社員をむしろ忌避する若年層の考え方が反映されていたので、厚生労働省の

考え方が、実態に近かったといえよう。

しかし現在では、できたら正社員になりたいというフリーターが過半数を占めている。すると、内閣府の定義の方が実態に近くなる可能性がある。

問題なのは、フリーターの実態が、本当の意味で「フリー」な生活ではないことである。すなわち、①仕事が単純なため、職業能力が身につかず、経験も評価されない、②収入が少ないので、いつまでも親と同居して生活し、自立できない、したがって、③当面、結婚せず、10年後における婚姻率も低くなる、④親が死んだ場合や、自分の老後への備えがないということになる。

こうしたフリーター関連の対策として、有識者の提案には次のようなものまである。①親と同居する学卒者には、親からの贈与があったとみなして課税し、独立した者には給付金を支給する、②サラリーマンにもフリーターにもならない若年者の独立開業（自営）を支援する。

これらの提案は、国の対策には反映されていない。こうした提案が、フリーターを過度に悪者とみている点も否定できない。

近年、青年層で増加してきたニートへの対策をめぐって、行政のみならず、NPOが地域で新しい取組みを行っている。

そもそも、ニートの概念はイギリスに発し、15〜34歳であって、就労せず、教育も訓練も受けていない者をさしている。しかし日本では、ニートから、就労を希望する者（失業者）を除外している。

イギリスのキール大学では、若年層の発達過程を7つほどのルートに分類して考察しており、そのなかに、ニートの概念が含まれる。そこでニートは、失業者を含む無業者をさす。つまり、イギリスでは、日本でフリーターに分類される人たちの一部が、ニートに含め

られているのである。

　EUは、こうした若年無業者を減少させることを、雇用対策の重要な柱としている。わが国でも無業者については、内閣府の調査で、①「非希望型」、②「非求職型」、③「求職型」に分けており、内容が非常に複雑であることを示している。

　このように、日本型ニートは、「非希望型」と「非求職型」を併せた範囲を意味している。そして、1992年から2002年までの間、「非求職型」が増加し、「非希望型」は数値上はあまり変化していなかった。最近になるほど、就業経験のある「非希望型」が増え、内容は変化している。

　「非希望型」は、最初から全て家庭に引きこもっているわけではなく、就業から不就業に転じ、さらに、就業の希望を持たない無業者に転換した場合が少なくない。

　最近の中高年齢者の危機が、フリーター問題にも投影されている。それは、中高年齢層の生き方に対する若年層の暗黙の拒否である。中高年齢者が直面する危機は、後述するように、雇用不安のみならず、サービス残業や、自殺（過労自殺を含む）など多岐にわたっている。こうした滅私奉公型の中高年の働き方に魅力を感じない若年層は、仕事や人生にも、あまり希望を感じなくなっている。そのことについて、中高年自身が気づかないでいることが、最大の悲劇というべきかもしれない。

　若年者のなかには、フリーターになって、自分の人格が否定された、自分の人生は失敗だ、自分の人生は無意味だという意識にとらわれる者もおり、これらから、何としても脱出することが必要である。

　多くのフリーターの所得では、例えば、都市部で賃貸住宅に居住

して8万円も支払うと、手元に残る資金は3～4万円と極めて少なくなり、生きるために働くぎりぎりの生活を強いられる。そのままでは、自分のパートナーをみつけて結婚し、家族を形成する道は閉ざされよう。

しかし、フリーターには別の面もある。失業せず、失業給付に依存せず、何とか就労する機会を得ている。こうした苦しい経験を超え生きる若者が、生かされる社会をつくる必要がある。このためには、意欲ある非正規従業員を正規雇用に転換する道を開くことが最低限必要である。若年層が自分の人生を肯定し、自分は人生の敗北者であるかのような意識から脱出し再スタートできる仕組みを整備することが重要である。

6 中高年齢層の危機

中高年齢者の危機は、雇用不安に関連するものだけでもサービス残業や自殺など多岐にわたる。

特に1998年以後、中高年齢層に生じた雇用不安の実態について整理すると、次のようなものになろう。①大企業からの出向による雇用維持に飽和状態がみられた、②中高年の能力は1990年代にかなり陳腐化し、「内部労働市場」と「外部労働市場」で供給過剰になった、③転職には、会社からの斡旋があるかないかで、雇用安定、職務、労働条件に大きな違いが生じた、④自助努力による能力開発にも、転職（早期退職の応募）にも限界があった。

こうしたなかで、日本人の自殺件数は、1997年までは年間2万人あまりだったが、1998年以後に急増して3万人に達し、現在に至るまで、毎年同じような水準で推移している。このうち、8000人～1万人が、企業などで就労している人たちである。自殺者の7

割は男性で、40〜50代が中心で、30代でも増えてきている。

こうした自殺者のなかに、労働者災害補償保険制度において、過労死（長時間労働や休日不足による働きすぎで、慢性的に疲労が蓄積したり、大きなストレスが生じた結果、生じる突然死）の認定を受けた人たちが含まれている。

過労死は、そのほとんどが急性心筋梗塞（80%）や急性心不全など心臓の病気で、次いでクモ膜下出血、脳出血、うつ病、PTSD（ストレス障害）などが原因とされている。2000年に36件にすぎなかった労災認定件数は、2004年には130件に、2008年には269件に達した。

うつ病など精神障害の労災認定も100件以上に達している。これらの人たちは、極度の心理的負荷により精神障害を発症し、自殺を思いとどまることができなかったと考えられている。その内訳は、男性管理職が最も多く、次いで、運輸通信職、営業事務職、専門技術職の順に発生率が高い。

なお、統計上、うつ病であった者の過半数が女性となっている。うつ状態になった男性は心の悩みを自分だけで抱えて自殺してしまうことが多いが、女性は、医師の治療を受ける人が多く、うつ病として記録されやすいことの反映とも考えられる。

現在の精神障害の認定基準は、①精神障害を発症し、②発症1ヶ月前に100時間超の時間外労働または発症2〜6ケ月前に、月平均80時間超の時間外労働をし、「仕事による強い心理的負荷」があり、③これらが、個人的事情で発生したとはいえないことである。

従来、具体的な雇用喪失や減給などの結果を予想できない、上司による度重なるハラスメントがあっても、「仕事による強い心理的負荷」があると認定されても、労災認定に至らなかった人たちが多

かった。しかし、厚生労働省または労働基準監督署の決定が覆るケースが増えた結果、厚生労働省は、ようやく認定基準の見直しに動き出した。

過労自殺は、1999年に、厚生労働省によって精神障害に関する認定基準が出され、申請件数が増加した。ただし、過労自殺した従業員の家族が、労災認定に必要な立証を行うのは並大抵ではなく、業務統計は全てのケースを反映しているとは考えられない。

厚生労働省は、今世紀になってから、サービス残業の集中的な摘発に乗り出した。しかし、サラリーマン自身が、自分の企業が生き残るためなら、サービス残業も甘受するという心情では、問題が深刻化すると危惧される。

ほとんどの大企業では、いわゆる成果主義賃金制度(注)を、2004年までに本格導入し、試行錯誤の段階で、まだ評価は難しい。ただし、成果主義賃金制度は、教育訓練制度などによって補完されないと、必ずしも従業員のモチベーションを高めないという実証結果もあり、運用方法によっては、職場のストレスを増幅してしまう可能性がある。

ストレス過剰の職場には、次のような企業の問題が発生する。①長い休業期間と欠勤が発生する、②能率が低下し、ミスが増加する、③歪んだストレス解消法に走る人々が出るなどである。その結果、正社員のモチベーションは低下し、非正社員の離職が増加すると考えることができる。

わが国は、1970年代から労働時間短縮が叫ばれ、1980年代に銀行週休二日制が導入され、1990年以降、改正労働基準法により週40時間労働制が段階的に導入された。しかし、総実労働時間短縮の背後で、恒常的な残業時間の存在が推定でき、労働力調査（個人

調査)と毎月勤労統計調査(事業所調査)の実労働時間の格差から、不払い労働時間が、製造業より、卸・小売業や金融業などで顕著に存在することも推定することができる。主要労働組合の調査では、その80％以上で不払い労働の存在が報告されていた。

労働基準法の裁量労働制の導入に伴い支払われるようになった裁量労働手当が、裁量労働でなければ支払われたはずの残業手当額を下回るケースが多数報告されている。

こうした不払い労働時間を度外視しても、1990年代には、正規労働における長時間労働と、非正規労働における短時間労働という「労働時間の両極化」現象が顕著になったとされている。長時間労働者の比率は、30歳代前半層で、特に高くなっている。

1990年代後半のリストラの影響は、従業員のモラール低下のみならず、企業に残った労働者の長時間労働をもたらしていることが顕著にみてとれる。月間の時間外労働時間が50時間を超えると、半数以上がストレス増加を訴え、80時間を超えると、3分の2程度の従業員が、ストレスを多く感じている。もっとも、残業が、ストレスを引き起こすのではなく、所定労働時間で仕事を仕上げることができない結果と解釈することもできる。また、長時間労働が、ストレスを高める重要な背景になると理解することも可能である。

厚生労働省は、こうした観点から労働基準法の改正を提起し、2010年4月から、月間の時間外労働時間が60時間を超える場合の時間外割増手当を50％以上に設定するよう義務づけた。

以上のようなことから、雇用をめぐる世代間の利害調整は、中高年の職場に魅力と活気を取り戻し、若年層の就労と生活への意欲をかきたてるものでなければ不可能である。そこでは、雇用の質が問われているからである。デフレ経済下で、日本企業は非正規雇用に

過度に依存する体質になってしまった。正規雇用における人材育成の強化や、非正規雇用から正規雇用への転換の機会を拡大しなければ、日本企業の本来の強みを発揮することはできないであろう。

7 問題解決の方向性

　従業員構成が高齢化している企業では若年者の採用が少ないという事実発見は、若年雇用問題に一石を投じる重要なできごとであった。しかし、それが、マイクロデータの分析という制約のなかで得られた結論だということがどこまで真剣に認識されているかは疑問である。

　マクロとミクロの視点の違いで、同じ現象が異なった因果関係にあるようにみえるということは、決して、異常なことではない。

　雇用をめぐる世代間利害を考える場合、定年制や年齢別賃金の実態を考慮しなければならないし、企業をとりまく経済全体の潜在成長率や人口動態を無視することはできないのである。

　したがって、雇用をめぐる世代間利害に関しては、データによる発見だけを根拠に、中高年に対する雇用保障を解体すべきという主張を展開するのは無理がある。

　雇用をめぐる世代間利害の緩和を考える際に、学卒一括採用と定年制を廃止する提案もあり得る。その場合、完全な実力主義の世界で、職業経験のない若年層がさらに深刻な失業状態を経験する可能性も高いのである。そのことは、学卒者が中途採用者と競合する欧米の労働市場をみれば明らかなのではないだろうか。そのような提案に現実性があるかどうか疑問である。

　非正規雇用が増加する傾向のなかで、非正規雇用を悪者扱いせず、正規・非正規雇用に可能な限り共通のルールを適用した上で、これ

コラム

わが国の賃金制度の種類と変遷

　賃金（wages）は、基本的に労働への対価で、同時に生活保障機能も併せ持つ。賃金は、仕事給と属人給に分かれ、仕事給には、①職能給（ability-based pay）、②職務給（job-based pay）がある。戦後の1950年代まで、わが国では年功給（seniority-based pay）や年齢給（age-based pay）など属人給が中心であった。その典型が「電産型賃金」（～1960年代）である。戦後の窮迫した経済状況を背景に、年功給の経済的合理性として、①生活費保障仮説、②熟練形成仮説などが主張された。1960年代以降の技術革新と、1970年代の欧米諸国から能力主義的管理の導入で、「職能資格制度」を基礎とする職能給が年功給にとって代わった。1990年代、IT分野を中心に職務給を重視する傾向が強まり、年棒制、目標管理制、コンピテンシー（能力、業績と行動特性を考慮した人事評価）の導入が始まった。また高齢化による総労働コスト抑制の要請もあって、2004年には代表的企業のほとんどで「成果主義」賃金が制度化された。2009年時点で30人以上の企業の7割程度には「成果主義」賃金を含む職務給体系が併用されている。

　なお、欧米諸国では職務給中心の賃金体系が主流であり、近年、業績・能力などを考慮し賃金を一定範囲（wage range）で変化させる「職務グレード制」が広くみられる。

を雇用対策に生かし、さらに非正規と正規の橋渡しを構想していくかということの方が、雇用における世代間利害調整の現実的な方向ではないだろうか。

注）わが国で典型的な「成果主義」の定義については、以下を参照されたい（奥西 2001）。
・賃金決定要因として、成果を規定する要因（知識、技能、努力など）よりも、成果そのものを重視する。
・長期的成果よりも、短期的成果を重視する。
・実際の賃金により大きな差をつける。

3章

社会保障をめぐる世代間利害調整

1 「過去債務」をいかに負担するか

　本章は、社会保障をめぐる世代間利害調整について、年金制度の給付と負担の関係に関する世代会計の計算結果や、1990年代における年金をめぐる経済学的論争を踏まえて、現在の社会保障制度における世代間利害調整の可能性を考える。

　ここで、老後世代が受け取る給付に対し、過去に支払わなかった負担額を「過去債務」と呼ぶ。また、社会保険において、モラルハザードを抑制し、適正な給付と負担の関係を維持する機能を「保険者機能」という。

　社会保障制度の内部における世代間利害調整は、多くの場合、「過去債務」の処理と「保険者機能」の強化を必要とする。最終的には、過度の少子化を食い止め、一人当たり所得の着実な改善を進めなければ、社会保障制度の内部だけで、世代間利害を調整することは不可能である（小塩 2005）。

　それにもかかわらず、世代間の利害をどう調整するかは、常に社会保障制度改革の焦点になっている。実際、人口の少子・高齢化に伴い、何度も改革を繰り返したはずの年金制度が、給付引下げと保険料の引上げを繰り返してきた。このような改革が、結果的には、社会保障制度に対する国民の信任を失わせるという皮肉な結果を招

いてきた。これは、日本だけでなく、先進諸国が繰り返した過ちであり、そこから抜け出して、世代間利害の調整が可能な仕組みを目指すことが重要になっている。

わが国では、2004年の年金改革法は、年金をめぐる世代間利害調整の問題に対し、自民・公明連立政権の出した重要な解答であった。この改革は、先進国で長年進められてきた年金改革論議のうち、特に「スウェーデン方式」から、その適用可能な部分をすでに取り込んでいた。「スウェーデン方式」は、本来、若年層の年金制度に対する信頼を回復するだけでなく、出生率の回復が年金制度を安定化し世代間利害の調整を容易にする関係を、制度に明示的に埋め込んでいた。

しかし、わが国の2004年年金改革法は、国民に出生率回復への動機づけを与える役割は全く果たせなかった。その意味では、この改革も、国民にとっては、給付と負担のつじつま合わせをする技術的改革にとどまり、国民自身の努力と奮起を促すものにはならなかった。しかも、同政権下では、「年金記録問題」や、旧社会保険庁の腐敗が、国民の年金不信を一層悪化させてしまい、制度に対する信任は地に落ちてしまった。

民主党が、2009年の総選挙のマニフェストに、最低保障年金や制度一元化を含む新たな改革案を提起したとき、そこには、「スウェーデン方式」のうち、2004年の年金改革法で実現できなかったものが前面に出ていた。しかし、それらは、日本の税・社会保障の制度的な現状からみて、すぐには実施困難なことばかりであった。日本では、なかなか実施が困難だからこそ、2004年の年金改革法に盛り込めなかったといってもよい。

「スウェーデン方式」は、過去16年以上にわたる公的年金制度の

「賦課方式（pay-as-you-go system）」と「積立方式（funded system）」の優位性をめぐる経済学的論争の全てを踏まえた「みなし掛け金建て方式」の提案である。そこでは、「過去債務」をどう負担し、これを後の世代に転嫁できるのかが最大の問題であったはずである。

この議論は、年金保険に限らず、完全に「賦課方式」で運用されているはずの医療保険や介護保険にも適用可能である。すでに医療保険は大きな赤字を抱え、国庫補助によってまかなえない部分は、特別会計の借入金として調達しており、これこそが、老後世代が自分で負担していない債務、すなわち「過去債務」にほかならない。

民主党は、「後期高齢者医療制度」を、高齢者に対する差別だとして、年齢による垣根を廃止することにした。これは、制度を「分離方式」から、「統合方式」に戻そうとするようにみえるのだが、そう簡単にはいかない。健康保険加入者が、引退後に国民健康保険に移行する実態に変更がないなら、結局、後期高齢者において発生する国民健康保険の巨額な負担を制度間の支援で支える仕組みを存続せざるを得ないからである。

給付に税金を投入すればするほど、負担と給付の関係はあいまいになる。それにもかかわらず、「保険者機能」をどうやって強化するか。この問題は、給付の濫用を防止し、費用の発生を抑制して世代間利害を調整する上で重要であることに変わりはないだろう。

同時に、「サービス供給体制を健全化」することも深刻かつ緊急の課題となっている。特に、医師、看護師、介護福祉士などの労働条件に改革のメスをいれ、医療・介護サービスの提供体制を健全化しなければならない。現在も、医療・介護機関からの人材流出とともに、医療・介護現場の崩壊が生じているからである。

これらの問題に対する民主党の様々な改革提案は、世代間利害調

整という点からみると、決して一貫したものではなく、実効性や財政的裏づけの面でも、議論が全く不足していたと思われる。

本章では、社会保障をめぐる世代間の利害調整に関する基本的な議論を確認し、その利害調整を緩和するため、どのような対策が可能かを検討する。

なお、年金・健康保険と並び、生活保護の改革については、失業給付を受給できない長期失業者に対する制度改革と併せて、第Ⅱ部で論じる。

2 公的年金に関する不安と世代間利害

旧社会保険庁の年金記録のうち5000万件以上の不備が指摘され、このことが同時に公的年金に対する不信を高める結果となった。しかし、公的年金に関する不安は、少子化の進行に伴い、保険料引上げと給付引下げを繰り返してきた先進各国に共通した問題であり、そこには、世代間利害が深く関係している。

また、いわゆる保険料の未納問題は、特に国民年金の第1号被保険者について生じているが、受給権発生に25年を必要とする要件自体の見直しも必要になってきた。

さらに、厚生年金や健康保険についても、非正規雇用による加入の回避の問題から目をそむけるわけにはいかない。長年の間、雇用契約が2ケ月以下の者は、厚生年金と健康保険に加入しなくていいことになっているからである。

厚生年金保険は、従業員の給与からの天引きで徴収されている。しかし、そこでも、雇用の非正規化で正社員数が減少し、加入者数が減る傾向にある。また、転職・失業などの際には、社会保険に非加入になるリスクが高まる。

そもそも、国民年金や国民健康保険の保険料は、自営業者を想定していたため、非常に割高になっていることも、年金加入回避の直接的な理由になっている。厚生労働省もそのことには気づいていて、失業者について減免を拡大しているものの、とても十分な解決策になってはいない。

　旧社会保険庁は、保険料徴収率をあげる運動をしてきたものの、保険料の不正免除問題が全国で20万件以上も発生し、多数の職員が処分されるなどの事態を招いたのは記憶に新しいことである。

　国民年金の積立金は、すでに10兆円を下回り、国庫負担率の引上げは不可避であるのに、将来の消費税率引上げの見通しも立たない。負担と給付の関係が、さらにみえにくくなり、保険料負担者が、保険料未払者と同等にしか扱われないような制度設計になると、制度への信用はさらに失墜するであろう。

　厚生年金については、国民年金の給付相当の基礎年金と報酬比例部分からなり、労使折半となっている。ただし、将来予測において、極端な場合を除けば、労働者個人が払う保険料総額よりも給付総額が少なくなることはないとされている。しかし、国民は、そのこと自体を疑っているように思われる。

　2004年年金法において、厚生労働省は、2017年までに、国民年金保険料を、1万6900円に（当初1万3800円）、厚生年金保険料を、18.3％（当初13.75％）まで段階的に引き上げ、その後は固定するかわり、労働力人口の減少などの動向を反映し給付を段階的に引き下げることによって、収支を均衡させるようにした（マクロ経済スライド）。

　しかし、このままでは少子化の進展で、約束した通り所得代替率を50％以上に維持することが難しくなっている。せっかく導入したマクロ経済スライドは、自動的に厚生年金保険の収支を均衡させ

るための道具としか考えられていない。国民は、出生率が下がっていくと、将来の自分たちの年金水準も下がることを意識していない。マクロ経済スライドは国民に、出生率の回復に真剣になって取り組むことを促すものでなければならない。

3 過去債務の処理をめぐる世代間利害：年金論争

　社会保障制度における世代間の利害を経済学的にみれば、その基本問題は、「過去債務」を、世代間でどのように負担するかという問題に帰着する。年金保険制度は、発足時点で保険料を支払っていない世代に給付をしなければならないし、十分な保険料が払われなければ、過去債務が必ず発生する。このため、各国の公的年金制度は「賦課方式」または「修正積立方式」であり、完全な積立方式は少ない。医療保険制度は、基本的に「賦課方式」であるが、高齢者の医療費や高額医療費が増加するなど、単年度に赤字になると、国庫補助によらない部分は、特別会計の借入金でまかなわざるを得ない。このように累積した赤字は、事実上の「過去債務」にほかならない。

　ここで、厚生年金保険について、現在の年金受給者と将来の年金受給者について、年金債務がどのように調達され、または不足しているかをみてみたい（図3-1）。2000年年金改革の時点で、一橋大学高山憲之教授が行った推定（高山 2002）では、厚生年金保険の積立不足の「過去債務」は、450兆円で、わが国GDPのほぼ90％に相当するとしていた。そこでは、公的年金制度の積立金170兆円相当は、過去に支出した国庫負担金100兆円とともに過去債務に充当したとして計算する。

　その場合でも、将来発生の予想される受給権のうち、当時の厚生

	過去	現在	未来
支出	財源手当がされていない部分 450兆円（過去債務）	財源の手当がなされていない部分　80兆円	
		将来の年金保険料収入　1170兆円（保険料13：58％で計算）	
	積立金　170兆円		
	国庫負担金 100兆円	将来の国庫負担金　180兆円	
収入	過去に納付された保険料で支払を保障した年金現価額 720兆円	これから支払われる保険料に基づいて約束される年金現価額　1430兆円	

図 3-1　厚生年金の給付現価と財源の構成

注：賃金上昇率 2.5％、物価上昇率 1.5％、割引率年 4％、国庫負担率を 3 分の 1 と想定している。

資料出所：高山（2002）をもとに、筆者作成。

年金保険料で調達可能な債権（1170兆円）と今後、発生の予想される国庫負担金（180兆円）を除くと、将来の積立不足は80兆円にとどまるとされた。

以上のように、厚生年金保険料をあげなくても、現役世代は、将来の自分の年金原資に相当する分を概ね積み立てることができたということは、厚生年金の世代間利害の対立として、現在の老後世代が過去に非常に低い保険料しか支払わずに、多額の給付を約束されているという点に発していることを意味する。この事実を知ることなしには、年金制度または社会保障制度におけるいかなる世代間利害調整を構想しても、世代間の理解を得ることは不可能であろう。

年金制度における「過去債務」は、制度が発足した時点で、過去に保険料を拠出していない国民にも受給権を保障する場合には、必ず発生するものである。同時に、年金制度を、「賦課方式」から、

「積立方式」に移行させる提案を実現する際には、「過去債務」の存在が大きな障害になることは明白である。

4 年金の「賦課方式」対「積立方式」をめぐる経済学的論争と帰結

1994年、世界銀行は、「賦課方式」の年金制度は長期に維持できないとし、所得比例部分の「積立方式」への転換と民営化を柱とする改革を提唱した。この提案は、途上国を念頭に置いたもので、累積債務を抱え、外貨準備が少なく、世界銀行の融資に依存せざるを得ない途上国は、構造調整の一環として年金制度の改革を求められるという危惧が広がった。その際、先進国は、世界銀行に改革を要求されたわけではなかったが、実際には、先進国を巻き込んだ本格的な年金論争が始まった（高山 2002）。

世界銀行の提案の背景には、

① 途上国の財政赤字の大きな要因に、年金制度の赤字があること、

② 途上国では特権階級のみが高額の給付を受け取る構造がみられること、

③ 途上国の貧困層は年金制度の恩恵に浴せず、貧困が拡大していること、

④ 経済開発に必要な貯蓄を確保するには、積立方式の年金が好ましく、民間の金融市場の発展を促す必要があることがあったとされている。

世界銀行は、年金制度を3本柱とし、

① 貧困対策としての公的に最低保障年金を設け、税金（または保険料）による賦課方式でまかない、

② 所得比例年金は全て掛け金（保険料）による積立方式とし、民間に運営を委ねて金融市場で運用する、

③ それ以上の上乗せ年金は、個人が任意に貯蓄することを主張した。

このうち、②の所得比例年金の扱いについて、途上国のみならず、先進国でも大きな論争が起きた。

ILOが、ほぼ1年後に世界銀行に反論した内容は以下の通りであった。

① 掛け金建ての年金制度を民間に運営させると年金制度が「市場の暴力」にさらされる、

② 高齢化が進むと、資金市場で供給が需要を上回り、市場金利が低下して、期待した運用収入が得られるとは限らない、

③ 賦課方式から積立方式への移行の費用として、「二重の負担」が生じ、現役世代は現在の老後世代のための負担と、自分の老後のための負担を強いられるなどを主張した。

当時、世界銀行が注目していたのは、チリとシンガポールの年金制度であった。チリは、賦課方式から積立方式に、長い期間をかけて移行した。それは、高い成長が維持でき、「二重の負担」のための巨大な財政支出が可能であったことも背景にある。シンガポールは、被用者準備基金（CPF）のなかで、積立式の年金制度の機能を有している。ただし、チリと異なり、民間でなく国によって運営された。また、これは財産形成の目的を兼ね備えているので、年金制度と呼べるかどうかは議論がある。

この間、年金制度をめぐる論争では、経済学者の間で次のような合意が形成された。

① 「積立方式」において、経済成長率に見合った率で資金運用

できる場合、「賦課方式」と「積立方式」のパフォーマンスはほぼ一致する（賦課方式の有利性の否定）。

② 「積立方式」の有利性として、金融市場の運用利回りが得られる点があげられるが、高齢化とともに社会全体の市場金利が低下する危険も増す（資金運用に関する「合成の誤謬」）。

③ 運用利回りが経済成長率より高くても、「移行費用」を考慮すると「賦課方式」でも「積立方式」でも年金負担の面では無差別同等になる（同等定理）。

以上のことから、経済的な面をみる限り、「賦課方式」に比べ「積立方式」が、特に有利であるということはできない。

5 世代間利害調整への経済理論的接近

ここでは、賦課方式が積立方式より有利になるというP.サミュエルソンの主張を整理する。当時、積立金を持たない賦課方式の年金制度は不健全だという考えが広がっていた。しかし、次のモデルによって、一定の条件では、両者は全く同じになることが証明された（Samuelson 1958、高山 2002）。

仮定として、社会構成員を2世代からなるものとし、第1世代は現在働き、第2世代は現在は引退して年金で生活しているとする。単純化のため、第1世代は、全て同一の賃金を得ていると仮定する。

第2世代が受給する年金額は、第1世代の所得の一定割合100a%（所得代替率に該当）とする。賃金と人口は、それぞれ100g%、100n%ずつ増加するとする。

1）積立方式の場合

各人は2期にわたって生活し、第1期はじめに賃金Y_1を稼ぎ、第2期は年金を受給して生活する。年金負担率は100c%（保険料率

に該当)、運用利回りを100r％とすると、年金積立金は、第2期はじめに

$$c(1+r)Y_1$$

となる。他方で、年金受給額は、次の世代の勤労所得 $(1+g)Y_1$ の100a％と決められているので

$$a(1+g)Y_1$$

となる。年金積立額が受給額と等しければ収支は均等するので、

$$c(1+r)Y_1 = a(1+g)Y_1$$
$$c = a(1+g)/(1+r) \quad (式1)$$

となる。

2) 賦課方式の場合

年金受給額は、1) 同様に $a(1+g)Y_1$ で与えられるものとし、賦課方式の下での負担率（保険料率）を100t％とすると、人口が100n％で増加するので、年金受給者（第2世代）一人当たり

$$t(1+n)(1+g)Y_1$$

相当額が徴収されることになり、したがって

$$a(1+g)Y_1 = t(1+n)(1+g)Y_1$$

で収支均等となるので、

$$t = a/(1+n) \quad (式2)$$

となる。

そこで、式1と式2を比べて

$$c = t \Leftrightarrow n+g = r$$

ただし、nとgはほぼゼロに等しいと仮定している。あるいは

$$c > t \Leftrightarrow n+g > r$$
$$c < t \Leftrightarrow n+g < r$$

以上の結論としては、人口成長率と所得増加率の和と利回りが一

致する場合には、賦課方式の年金負担率は積立方式の年金負担率と一致することとなる。

人口成長率と所得増加率の和が利回りを上回る場合には、賦課方式の年金負担率は積立方式の年金負担率を下回ることになり、賦課方式が優位になる条件が示されたことになる。

なお、次に論じる「スウェーデン方式」の「みなし掛け金建て方式」では、運用利回りは、公的年金制度は計算上は積立方式で運用される。そこで、人口成長率と所得増加率の和が利回りを上回り、積立方式の保険料率が、賦課方式の保険料率より低くなることが条件になるとの指摘がある（権丈 2009）。

しかし、この条件を人口成長率がマイナスの場合に満たすことは容易でないと考えられる。みなし掛け金建て方式が機能するために、

コラム
賦課方式・積立方式・みなし掛け金建て賦課方式

年金制度の設計においては、賦課方式と積立方式は、対照的なシステムと考えられている。賦課方式（pay-as-you-go system）は、毎年、現役世代が支払う保険料で、その年の老後世代の給付をまかなう仕組みである。また、積立方式（funded system）は、現役世代が、自らの老後のために積み立てた保険料を資金として、老後にこれを取り崩して給付を支払う仕組みである。

しかし、各国の公的年金制度は、制度発足時点で、積み立てていない過去債務のある高齢層を抱えることがほとんどであるので、積立方式に賦課方式を併用する、修正積立方式となる場合が多い。

スウェーデンの年金改革では、現役世代は、帳簿上は、自分の支払った保険料を積み立てて支払う年金額への請求権を保障される。実際には、そうした積立金は存在しないため、毎年、現役世代の支払った保険料で、老後世代に年金給付を支払う仕組みで、「みなし掛け金建て賦課方式」と呼ばれる。

人口成長率のマイナス幅をできるだけ小さくするか、むしろプラスに転換させないと、条件を充足しない場合が多いと考えられる。

その意味でも、出生率を回復させることと、年金制度における世代間利害調整を図ることは、不可分の関係にあると考えられる。

さて、先に掲げた「同等定理」とは、一定の条件の下では、年金制度を賦課方式から積立方式に移行させても、世代間の負担には変化が生じないことを主張している。そこで、賦課方式から積立方式への移行に伴う「二重の負担」のうち、過去債務部分を全て国債で賄うことを想定し、現役世代は、国債利子部分を負担するものの、老後に同等の利子相当を受け取ると考えれば、世代間の負担は変化しないことが証明されている（高山 2002）。

しかし、国債の利子負担を現役世代が現在支払い、将来利子を老後世代になって受け取るという前提はどこまで成り立つのか、そもそも、過去債務の大部分を国債で補填することについて国民の合意が得られるかどうかが問題の結論を左右する。

6 公的年金の「スウェーデン方式」の登場

「スウェーデン方式」とは、1999年のスウェーデンの年金改革の考え方をいい、様々な要素から構成される。

① 「基礎年金」と「所得比例年金」の「所得比例年金」と「保障年金」への再編

② 「みなし運用利回り」による「みなし掛け金建て年金」すなわち、「掛け金建て賦課方式」採用

③ 年金保険料の長期固定化

④ フレキシブルな受給開始年齢

⑤ 年金財政のマクロ自動安定化装置の導入など

なお、みなし運用利回りが市場金利を下回ったり、自動調整条項によって給付削減が大幅になると、加入者の不満を抑制できる保障はない。それらの事態を招かないことも、制度維持のための制約条件ということができる。

日本の2000年および2004年の年金改革は、スウェーデン方式の一部をすでに取り込んでいるが、全てを取り込むことはできなかった。すなわち、

① 保険料固定ではなく、引き上げた上で固定することになっている。このため、負担と給付の連動が不十分である。

② 自動調整条項は導入されたが、年金受給開始年齢は一律になっている。

③ 依然として給付建て賦課方式に変わりはなく、掛け金建てにはなっていない。

④ 基礎年金の上に所得比例年金を載せており、基礎年金の空洞化問題を解決しなければならない。

もともと社会保険制度は、19世紀後半のドイツで初めて導入され、大陸欧州を中心に普及した。その結果、現在でも、欧州諸国の社会保険制度は、基本的には給付建ての所得比例年金を保険料でまかなう方式である。社会保険は、給付と負担の関係を明確にする点で優れている。しかし、社会保険方式でも、不足財源を一般財源に依存する国々が多く、相互の関係はあいまいになってしまっている。

ところが、社会保険方式には別の視点からの分析が重要である。つまり、労働コストの側面である。ドイツと同様、日本の社会保険料は、労使折半で負担することになっている。しかし、使用者負担の増加は、一人当たり労働コストを上昇させることになる。

その上限は、ドイツの年金では所得の20％程度に設定されている。

これを守るために、追加的な社会保険制度の負担が必要な場合は、エネルギー税や消費税などを投入している。

賃金を基礎に課せられる社会保険料は、「非賃金労働費用」と呼ばれ、「雇用へのペナルティ」の性格を有する。特に、社会保険料負担の上限を議論する必要があるのは、社会保険料が高くなると、雇用創出に影響が出るからである。社会保険料の上昇を抑制し、社会保障の費用を、消費税などの間接税に求めることは、高齢社会において雇用創出力を維持するためにも不可欠である。

社会保険原理では、社会保険料と給付の間の連動性が認識されるという利点がある。これに対し税では、この連動性がみえなくなってしまう。

そこで税を社会保障に活用する場合、「過去債務」の償却に充当することで社会保険料を抑制し、現在の社会保険料と将来の給付については連動性を高めるべきだという議論があり得る。同時に、現役世代の所得水準を勘案して、老後世代の再配分後の所得が高くなりすぎないように、給付側の抑制を進めることも不可避と考えられる。

基本的には、少子化による人口高齢化の速度を緩和する問題と組み合わせて、年金制度の設計を考えなければならないことは間違いがない。実際には、これらの施策は、国民に正確に理解されることが少なく、利害の対立だけを招くことが少なくない。

7　民主党の年金改革

民主党を中心とする現政権の年金改革構想は、野党時代の国会論戦で少しずつ明らかになったものの、2009年の総選挙のマニフェストなどで、詳細は公表されていなかった（民主党 2008）。実際

2004年の年金改革は、スウェーデン方式のいくつかの要素を取り込んでいたので、民主党の構想は、2004年年金改革が取り込まなかった論点が中心になったと考えていいだろう。

① 年金制度を一元化する。
② 所得が同じなら、同じ保険料とし、「所得比例年金」を創設する。
③ 消費税を財源に「最低保障年金」を創設する。
④ 税と保険料を徴収する「歳入庁」を創設する。年金保険料の未納を減らす。
⑤ 所得を把握するため、税・社会保険共通の番号制度を導入する。
⑥ 年金手帳で将来の年金受給権を明確化する。

この構想の成否は、⑤による全ての所得の把握が実現し、④により、公平に税・保険料の収納ができるかに依存するとみられる。

同一所得に同一保険料を課す場合、自営業者やフリーターは、サラリーマンが払う本人負担と事業主負担を合計した率で支払うこととなり、その負担は急増が必至である。このため、所得を申告せず保険料を逃れる誘因が高まると予想される。

また、最低保障年金の財源に、現行の消費税を全て投入する結果になりかねず、少子化対策などの財源や地方消費税および地方交付税相当分は、別途財源を確保しなければならない。

民主党が、「みなし掛け金建て賦課方式」の実現を意図していたのかどうかは、あまり明白ではない。もし、「みなし掛け金建て賦課方式」を長期に維持するのであれば、経済成長率と人口成長率の和が、長期金利の水準を上回るかどうかなど、マクロ経済的な条件を検討する必要がある。

ところが、日本の人口成長率は、2005年以来、すでにマイナスであるため、「みなし掛け金建て賦課方式」では、年金システムが不安定化しやすく、結局、追加の国庫補助を投入する必要が生じかねない。

このように、スウェーデン方式を実現するのであれば、出生率を維持する必要があることを有権者に訴え、年金改革と家族政策をセットにしたビジョンを示さなければならない。さもなければ年金改革自体が実効性を持たなくなるといえよう。

8 医療サービスと福祉サービス

これまで、「社会保険」と「社会福祉」は、別の領域と考えられてきた。しかし、介護保険制度の導入は、「社会保険」により、「福祉サービス」の購入を可能にするという性格を有している。介護保険制度の構造を議論するにあたり、福祉サービスの特徴を医療サービスと比較して、経済学的に議論すると以下のようになる（大守ほか 1998）。

① 福祉サービス（特に、介護サービス）の潜在需要は明確に意識され、景気変動から安定的で、家庭内で供給可能である。（医療サービスは、医薬品やサプリメント購入を別とし、家庭内で供給不可能）

② 福祉サービスは、「情報の非対称性」が低く、サービスの必要性を受け手や家族が判断可能である。（医療サービスは、医師や看護師の判断なしには必要性が判断不可能）

③ 福祉サービスには「規模の経済」が働きにくく、特に、在宅介護などは「規模の不利益」さえもが存在する。（医療サービスは、大規模病院などが高額機器を購入したり、難病専門家を抱えたりするなどで、「規模の経済」が働く）

④　福祉サービスは、労働集約的で、雇用を創出しやすく、起業の初期投資は少なくて済むが、朝と夜などに集中し、労働条件の変則性が高い。(医療サービスは、高度技術を前提とし、起業の初期投資は一般的には大きく、1日内のサービスはより分散的となる)

⑤　福祉サービスは、営利目的の企業の参入など、市場メカニズムの活用が容易である。(医療サービスでは、生命の安全の視点から、営利目的の経済主体に対する規制が厳しくなる傾向がある)

⑥　福祉サービスは、特に環境への負荷が低い。(医療サービスも、環境への負荷は低いが、安全衛生面の投資が大きい分だけ、負荷が高まる)

また、介護を含む福祉サービスでは、以下の理由から、「市場の失敗」が生じやすいと考えられる。

①　福祉サービスの質の確保には、研修や資格制度のほか、日常からの実地訓練などが不可欠であり、これを欠く場合には、「市場の失敗」が生じる。

②　在宅サービスなどでは、僻地や交通不便な場所などがコスト高となり、民間サービスが提供されにくく、「市場の失敗」が生じる。

③　社会保障制度の影響で、サービスが適正に評価されず、サービス提供者への十分な給与が払われないことは、市場の間違った資源配分を生み、市場の失敗をもたらす。

④　社会保険や社会福祉の制度が不安定だと、将来の投資環境の変化が見通せないために、民間企業の投資リスクが高まり、十分な供給が期待できなくなる。これも、「市場の失敗」の一つといえよう。

以上のような特性の違いを考えると、医療と介護を分離して、サービス供給体制を構築するという路線自体は、決して間違っていなかっ

たと考えていいであろう。問題は、その接点の部分で、縦割りの弊害が発生している事態を克服するための工夫を凝らすことである。

9 医療保険の改革と介護保険の分離

わが国の医療保険改革で強調されたのは、医療費の伸びがGDPの伸びを大きく上回ってきたことである。本当の医療保険改革の課題は、単なる医療費の抑制ではなく、医療システムに、医療費の適正で効率的利用を促すメカニズム（保険者機能を含む）を働かせることであると考えられる。しかし、そうしたメカニズムの導入が効果をあげられないなかで、保険者に対し、後期高齢者の医療に必要な経費の分担が求められてきた。

現在はまだ60歳代前半層に位置する「団塊の世代」が、75歳以上の後期高齢者になる2025年以降に、医療費が急速に増加すると推計されている。後期高齢者の一人当たり医療費は、現役サラリーマンの5倍と推定され、急速な医療費の膨張が予想される。

年金の場合と同様、医療保険でも、本来、拠出と給付の関係を明確にすることが、問題を解決する上で必要である。これは、世代間利害対立を深刻にしないためにも重要である。

しかし、わが国の医療の給付と負担の関係は、すでに、非常に不透明な状態になってしまっている。この問題を改善するには、以下のような問題に対処する必要がある。

①　診療報酬が基本的に出来高制のため、治療を効果的に行わず、乱診乱療した方が、医療機関（特に開業医）の報酬が増加する傾向を是正できない。

②　安定的な病院経営を行うため、診療報酬面から高齢者の長期入院の抑制は図られたが、今度は病院を転々とする高齢者の問題

が発生している。

③　カルテなど医療行為に関するデータの標準化は進められてきたが、医療機関の実績を十分に比較し評価できず、競争が働きにくい。また、健康保険組合などの保険者によるチェック機能（保険者機能）が不十分である。

④　疾病率の高い高齢層が、健康保険制度（国または健康保険組合の管轄）から、財政基盤軟弱な国民健康保険制度（市町村管轄）に移動し、さらに、低所得の非正規雇用者や失業者も移動し、市町村財政を悪化させる。

⑤　75歳以上の後期高齢者について「後期高齢者医療制度」が設けられ、国民健康保険から分離し、疾病確率の高い人々が健保組合などから財政支援を受ける仕組みにした。しかし、「老人差別」または「姥捨て山」と批判され、民主党政権は廃止を公約した。

そもそも、現在の医療保険危機の出発点は、1970年代であり、それは、東京都などが推進した老人医療費無料化に端を発している。この政策は、市区町村国民健康保険財政の一層の悪化を招いてしまった。その後、老人保健制度の導入によって各保険集団に負担が按分されたものの、拠出と負担の関係が不透明になってしまった。

そこで、疾病のリスクが高い75歳以上の高齢者について、現役世代の被保険者集団から分離し（「分離方式」）、高齢者の自己負担や公費を導入する議論は、それ自体としては、後期高齢者の費用と負担の不均衡を明らかにする上で効果があったと考えられる。また、高齢者の自己負担の導入は、世代間利害を調整する観点からは、前進であったと考えられる。

なお、「統合（つき抜け）方式」は、現役世代の被保険者集団が、そのOBである高齢者を死ぬまで保険加入させる仕組みで、保険者としては、老後世代と現役世代のバランスをとれた保険制度の管理を行うことも可能になる。しかし、高齢者間で現役時代の職歴による格差が発生して、医療水準に格差を生じる可能性があるなどの問題点が多い（小塩 2006）。

今後の介護保険についても解決すべき問題は多い。そもそも、介護保険等への目的の一つは病院による治療が終了したにもかかわらず入院し続ける「社会的入院」をなくすことだといわれてきた。

しかし、医療と介護の間に線を引いてしまったために、例えば、介護から医療に移行して、3ヶ月以上が経過すると、同じ介護施設には戻れないなどの弊害も生んでいる。介護サービス市場は大きく成長したが、介護保険制度の利用者が増大するなかで、医療保険と併せた意味での保険料負担の軽減は実現できなかった。

そもそも、介護保険の本来の目的は、高齢者が要介護状態になることを予防し、自立した生活を行うことを促進することとされてきた。これを補完するために、成年後見制度が導入されている。こうした諸制度も、実際には利用しづらく、所期の目的を達成するにはほど遠い。

医療と介護を分離した上、介護サービス市場を育成するとともに、医療においては、後期高齢者の給付と負担の関係を明確にする「分離方式」のメリットを最大限に生かすため、さらに運用面の工夫が必要とされている。

10　問題解決の方向性

本章では、世代会計の手法により、社会保険における給付と負担

コラム
成年後見制度について

　認知症のほか、知的障害、精神障害などが理由で、判断能力が低下してしまったお年寄りは、現金、預貯金や不動産の管理もできなくなる。本人以外に預貯金をおろすことができないと、料金の支払いや入院の契約もできない。また、自分にとって不利益な契約かどうかの判断もできず、悪徳商法の被害にあう場合も少なくない。

　そのような判断能力不十分な人を保護し支援するため、ドイツなど欧州諸国の制度をモデルとして、「成年後見（せいねんこうけん）制度」が導入された。この制度を利用すると、家庭裁判所が選任した成年後見人が、本人の利益を考えながら、本人を代理して契約するなど法律行為を行い、本人がした不利益な法律行為を後から取り消すことができる。ただし、自己決定を尊重する観点から、日用品（食料品や衣料品等）の購入など「日常生活に関する行為」については、取消しの対象としない。

　同制度は、法定後見制度と任意後見制度の２つに分かれており、法定後見制度は、「後見」「保佐」「補助」の３つに分かれ、判断能力程度に応じて制度を選べるようになっている。しかし、実際には、後見人になる候補者が不足していることや、手続きに３ケ月ほどかかるなど、制度の利用が進みにくい現状も指摘できる。

の関係を検討し、さらに、積立制度と賦課制度のメリットが生かされる経済的条件を議論した。年金制度ばかりではなく、医療や介護などの分野でも、給付と負担の関係を可能な限り透明化し、保険者機能が働くような状況を生み出すことが本当の改革といえよう。

　このため、給付に対して過度に負担が少ない世代に対し、許容可能な範囲で、現時点の負担を求めることなしには、今後の世代間利害調整を円滑に行うことは不可能であるだろう。

　さらに、少子化が予想以上に進展し、人口減少が急速になった場合、公的年金制度には、再び給付切下げと保険料引上げの連鎖が生じ、制度に対する信頼を決定的に失うことになる。

したがって、総合的な家族政策による出生率の回復と社会保障における世代間利害調整は、今後一体のものとして提案し、国民に選択を求めなければならない。同時に、若年層の自立と家族形成を支援するための施策の強化と財源確保は、広い世代に負担を求めていかねばならない。

注) 1) 世代会計の手法を用いて、各世代の給付と負担の関係を試算する試みは、財政学および社会保障の研究者によって多数行われている。最近の試算として、年金については上村（2009）、医療・介護については、田近・佐藤（2005）をあげておきたい。
2) 自治体が管掌する国民年金については、未納率が40％を超えているため、将来において、さらに多くの無年金者を生み出し、生活保護に依存する高齢者を生み出す危険性が高い。特に、非正規雇用者や失業者が国民年金保険料を十分に払えない場合、将来において無年金者が増加してしまう。そこで、非正規雇用者や失業者も可能な限り、厚生年金や健康保険に継続的に加入する仕組みを整備し、老齢期に生活保護に移行することを防止すべきである。そもそも、国民年金の不足する財源の大半を税財源で補填すれば、高齢者をますます優遇する結果をもたらす。社会保障のため確保される税財源は、可能な限り、家族への支援と若年層の自立支援に配分すべきである。

4章

少子化のメカニズムと家族政策の可能性

1 「超」少子化は克服できるか

　本章では、少子化のメカニズムを、夫婦当たり子ども数の減少と、若年層の自立および家族形成の遅れの2つの面に特に着目して検討する。ここでは、各国の家計就労モデルを検討し、出生率回復のみられる諸国の制度や政策を安易に部分的に取り入れることでなく、わが国の家計就業モデルにあって、出生率が回復する条件をどうやって整備していくべきかについて論じたい。

　国連の人口部が2006年に公表した世界の人口推計では、先進国および開発の進んだ途上国で人口転換が生じ、少子・高齢化が進展していることが確認されている。開発途上国では、依然として人口増加が続いている国がほとんどだが、最近ではエイズなどの影響で人口増加が小幅になるといった必ずしも喜べない理由による変化もみられる。21世紀前半の人口予測を観察する上では、そこに、2つの共通した特徴があることに注意したい。

　第1に、主要な諸国において、総人口が減少する時期が始まる。第2に、老年人口比率（65歳以上人口が人口全体に占める比率）が急上昇する。

　したがって、雇用や年金などの各国のシステムが大きく変化しない限り、今世紀前半における少子化の動きは、勤労世代の老後世代

に対する負担を急速に高めるリスクを内包している。同時に、長期的な少子化の動きを逆転させたり、高齢化の速度を緩めたりすることは難しいと同時に、部分的ながら影響を人口動態に及ぼす政策が可能であるということは、長年の欧米諸国の家族政策の経験が示している。

家族政策によって出生率を回復させる努力と並んで、近年、議論されることが多いのは、少子・高齢化などの人口構造の変化を、外国からの移民や外国人労働者の受入れで補正する政策（「補充移民」Replacement Migration）である。日本でも、2009年に、国会議員のグループが、2050年までに1000万人の移民受入れを提案した場合も、この「補充移民」に類似した発想がみられる。しかし現実には、一国への人口純流入を政府がコントロールすることや、経済・社会情勢にかかわらず高水準の移民を毎年受け入れることは現実的でない。このことは、この概念を提起した国連人口部自体が強調していたことを忘れるべきではない（UN 2000）。

これらを踏まえ、少子・高齢化のメカニズムとその影響を経済学および社会学的理論を参照しつつ実証データを踏まえて議論する。

2　先進国の「超少子化」の動向

日本における合計特殊出生率（TFR：女性が一生の間に出産する子ども数）の低下は、戦後のベビーブームの後から生じ、当初は、夫婦当たりの子ども数の減少が寄与した。1949年の優生保護法（現在の母体保護法）の施行による人工妊娠中絶の増加の影響は無視し得ない。そして、1975年には、合計特殊出生率は置換水準（人口を維持するのに必要な水準：2.07）を下回った。

国際的な人の移動が各国の人口変動に大きな影響を及ぼさないと

いう前提のもとでは、各国の人口は、合計特殊出生率低下の影響を直接的に受ける。合計特殊出生率が、その国の人口再生産に必要な率を下回るならば、短期的に人口は増加していても、中長期的には、必然的に減少することになる。したがって、人口減少を食い止めるには、病気、事故や自殺による死亡率を低下させるか、合計特殊出生率を高めるほか方法はない。

　これに対し、人口高齢化に関しては、事情がやや異なる。人口高齢化が促進されるのは若年人口の相対的な減少のみによるのではなく、高齢者の平均寿命が上昇することにもよるためである。

　詳細にみれば、経済発展の初期段階においては、高い出生率のもとで若年層（特に、乳幼児）の死亡率が低下して老年人口比率は大きく低下した。成熟段階においては、老年層の平均余命の延長が老年人口比率を着実に上昇させた。したがって、先進国の人口の高齢化は、合計特殊出生率の回復のみによって是正することはできないのである。

　アジアやアフリカの開発途上国でも、急速に死亡率が低下したにもかかわらず、出生率がかなりの間、高く維持されたため、人口が爆発的に増加した。その結果、農村の疲弊や大都市のスラム膨張を招いた経験がある。また、開発途上国では、女性の社会的な地位が低く、教育も受けられず、子どもを産む人数を自分で決められない状態が続いていた。国連などによる家族計画の普及がなければ、出生率の低下が進まない状況が存在した。

　このようにみると、出生を自分でコントロールし、子ども数を減らせるということは、それ自体が社会的進歩を意味しているといえる。女性が、子どもを産むこと以外に、もっと広く社会的な役割を担うことにつながるためである。こうした経験を踏まえれば、アジ

アの少子化の動きは、決して悪いことではなく、むしろ、社会的進歩だという評価が可能なことに注意すべきである。

　実は、先進国において、私たちが問題にしている少子化問題とは、合計特殊出生率が2.07を切った超少子化が引き起こす問題である。合計特殊出生率が2.07に達するまでは、夫婦当たり子ども数の減少が、その主たる要因と考えられた。その後、特に、1990年代以降になると、日本における合計特殊出生率の低下の3分の2は、晩婚化または未婚率の上昇によると考えられてきた。加えて、アジア金融危機や世界経済危機などの影響で、経済がマイナス成長を経験するなかで、短期的に、夫婦当たりの予定子ども数が低下するという動きが生じてきた。

　いずれにせよ、近年は、日本における合計特殊出生率の低下については、晩婚化の影響が夫婦当たり子ども数の低下の影響より大きい。晩婚化と夫婦当たり子ども数の低下には、共通する要因も作用しているとみられる。しかし、晩婚化には、若年層の雇用情勢や経済力の低下、それに親との同居継続など、夫婦当たり子ども数の減少とは相当に異なった要因が関与している。

　国内でも、合計特殊出生率は、東京都（23区）が1.00すれすれとなっているなど、大都市部では低い出生率が一般的であり、しかも高学歴女性に広がっている。同時に、男性の未婚率も上昇を続けており、最近では30歳台前半層の未婚率が5割に達している。

　こうして、わが国の2005年の合計特殊出生率は1.25と過去最低を記録したが、2008年および2009年は、いずれも1.37と若干回復している。ただし、これは30代半ばの晩婚世代の結婚が増加し出産数にも影響が出た結果であるが、出産年齢にある女性数が減少しているため、出生子ども数は年間110万人を下回る低水準であった。

4章　少子化のメカニズムと家族政策の可能性　101

　国際的にみると、近年、超少子化が最も急速だったのは、韓国である。1990年代後半の金融危機後は雇用不安や非正規化が深刻化し、2005年には1.08に合計特殊出生率が低下し、2009年は、1.19程度となっている。欧州諸国では、1990年代前半の経済停滞の際に、スウェーデンでは合計特殊出生率が大きく下がったものの、現在は、1.94に回復し、フランスでは、高い若年失業率にもかかわらず、家族政策の手厚い支援があり、合計特殊出生率が2.00まで上昇したのは快挙であった。ドイツでは依然1.34と低いが、急速な家族対策の強化を背景に下げ止まっている。先進国では、超少子化を運命として甘受するのではなく、危機感を持って受け止める政府が増えてきたことが背景にあると考えられる（European Commission 2011）。

　その変化を細かくみると、1990年代以降、各国の労働市場改革の影響で、「労働市場の変動」と「人口変動」の関係は、先進国でも、国によって大きく異なってきたことがわかる。

　特に、女性就業率が出生率に与える影響は、マイナスである国とプラスである国が存在する。1970年代には、先進国の多くでは、女性就業率の高い国は出生率は低かった。しかし、制度・政策の改革により、1990年代には、女性就業率の高い国で出生率も高いという現象が生じてきた。

　逆に、伝統的な性別の役割分業意識の残っている国（日本、韓国、イタリア、スペインなど）では、女性就業率上昇が出生率低下を招いているというわけである。これに対し、女性の労働市場への参加が進み、家庭レベルでも平等意識が高まった国（フランス、アメリカ、スウェーデンなど）では、男性の家事参加率が高まり、出生率が回復していると解釈されている。

　日本でも、女性の労働力率が高く出生率も高い県では、親との同

居が背景にある。ただし、男性の家事参加の程度は、現時点では、出生率に明白な影響を与えていない。2006年の都道府県別統計では、合計特殊出生率は、東京都で1.05、北海道1.09、大阪府1.24、神奈川県1.24と低く、沖縄県1.75、長崎県1.59、熊本県1.54、福井県1.52などとなっていた。大都市で高学歴女性が多い地域では、少子化傾向が顕著になる傾向がみてとれる。同時に雇用失業情勢や3世代同居率も大きな影響を及ぼしている。農村部でも、3世代同居率が低下するにつれ合計特殊出生率が低下している点に注意すべきである。

こうした事実観測に基づいて、性別平等度に関する出生力理論（McDonald 2006ほか）が支持を得るようになってきた。これは、縦軸に出生率、横軸に性別平等度を測定するU字曲線（図4-1）である。ただし、この理論は、基本的に人口学や社会学を土台とする理論で

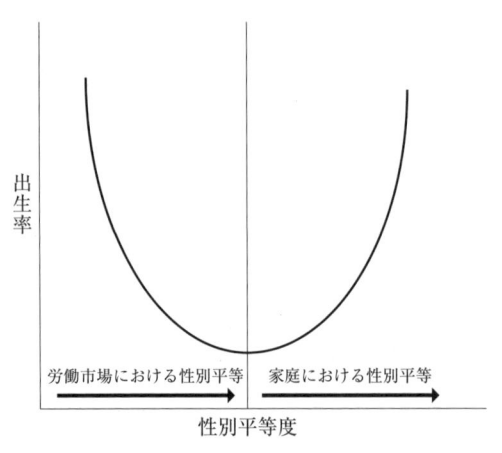

図4-1 性別平等度に関する出生力理論
資料出所：McDonald（2006）などに基づき筆者作成。

あり、経済学的には解明されていない部分が多い。日本においては、まだ、この理論を検証できていない。

ここで、U字曲線中央下の転換点を越える移動のためには、おそらく様々な条件を満たす必要がある。①男女の教育水準のみならず、男女の家事労働の意思・能力にあまり格差がなくなること。②女性の就業の育児に与える所得効果（＋）が、代替効果（－）を上回ること。特に、育児の機会費用を抑制する仕組みが整備されていること。③多様な就業形態や労働者の属性による雇用や労働条件面の差別禁止を実現していることなどである。

欧州諸国では、法律婚と事実婚で税制や社会保障面の格差をなくしたことが、出生率の復活につながったという指摘もある。2000年の調査によれば、スウェーデンでは、法律婚が64％、事実婚（サムボと呼ばれる）は36％となっている。

いずれも、家事・育児の分担や家計支出の分担や自己責任による財産管理が義務づけられ、社会保障の権利も同等である。子どもの権利も同等に保護されている。

法律婚との違いは、サムボ解消時の財産分割の対象は共同住宅と家財だけである。なお、スウェーデンでは、夫婦の所得に対する課税は完全に個人単位になっている。

フランスでは、法律婚が66％、PACSなど事実婚が31％となっている。いずれの場合も、社会保障の権利や子どもに対する保護は同等である。

ドイツでも、2002年になって、事実婚（全体の20％を占める）による子どもの権利を保護するために法令が制定されたものの、夫婦間の財産分与などに関しては法律婚ほどの保護はない。

いずれにせよ、欧州諸国では、事実婚の法制化が進んでおり、子

コラム

サムボと PACS

　先進諸国において、結婚以外の事実婚に法的地位を与える法制度は、未婚のカップルを社会的に認知し、当事者の権利を保護する側面と、それらカップルの間で生まれた子どもたちの保護を図る側面とがある。また、法律婚に比べ、締結も解消も容易であるため、結婚の形骸化を招くとの批判は根強く存在する。しかし、事実婚と法律婚の関係は国により多様で、事実婚から法律婚に移行する場合もある。

　サムボは、スウェーデン語で「ともに生活すること」を意味し、サムボ法は、共同生活を営む異性のカップルが、家事・育児とともに、家計を負担し合うことが規定されている。サムボを解消する場合、住居と家財は分割の対象となるが、これ以外の人所有する資産は、サムボ開始後に取得した場合も分割の対象とはならない。サムボに未成年の子どもがいる場合、サムボ解消後、子どもと同居する親に対し、当該住居に居住する権利が与えられる（内閣府社会経済総合研究所　2004 などを参照）。

　PACS は、フランス語で「市民連帯契約」を意味し、同性・異性を問わず、共同生活を営もうとするカップルが、お互いの権利と義務を定めた契約書を作成し、裁判所で公証することにより成立する関係をいう。PACS のもとでは、相続権が保障され、パートナーが死亡しても、同じ住居に住み続けることができるほか、法改正により、税法の適用は法律婚と同じになり、家計の総所得を世帯構成員数（成人は 1 人、子どもは 0.5 人）で除して課税対象所得とすることができる（内閣府社会経済総合研究所　2006 などを参照）。

どもに対する保護が強化されている。なお、アメリカ、イギリスおよびオーストラリアでは、10 代のシングルマザーの問題が深刻化していることが、顕著である。

3　「人口減少経済」論の誤解

　2005 年から、日本人人口は戦後初めて減少し、各方面に衝撃が及んだ。また、合計特殊出生率は 1.37 の超少子化の状況が続いている。こうしたなかで、日本経済も人口減少とともに早晩縮小する

が、それでも、一人当たり所得は維持できるという「人口減少経済」論（または「定常型社会論」）が関心を集めてきた（松谷 2004、廣井 2003）。

少子化をマクロ経済的に議論する場合、先進国で人口が減少すると、環境への負荷が減り、アメニティが上昇するという指摘があり、これは必ずしも間違いではないと思われる。

しかし、先進国はグローバルな経済競争のなかにあるため、人口減とともに市場が収縮したり、労働力が減って生産力が低下したり、老後世代を勤労世代が支えることができなくなったりする危険は無視できない。

さらに、高度な技術を持った人材が減って、技術革新や生産性向上が達成できなくなり、国際競争力の低下から経常収支が赤字となり為替レートが低下して、海外からの輸入も困難になるといった可能性さえも指摘できる。

しかし、人口が減少しても、当面、労働力人口の減少を小幅に抑制できるならば、技術進歩による生産性向上により、経済全体の縮小が不可避とはいえない。また、最近の急激な少子化が労働力人口に大きな影響を与えるのは、20～25年後である。労働供給の制約が経済の潜在成長率を下げるまでには、時間がかかることに注意すべきである。

さらに、日本経済は、中国を中心とする東アジア経済の高成長と、域内貿易の急激な増加などによって、需要面から成長率を維持することが可能な環境にあり、人口減少のみによって実際の経済成長率を予測することは非現実的である。

とはいえ、イソップの「ありときりぎりす」の話ではないが、超少子化を放置するキリギリスには、25年後に、急激な人口や労働

力の減少という大きな「冬」がまともに襲ってくる可能性がある。加えて、少子化と同時に、大都市への人口増加と、中小都市における急速な人口減少が同時的に発生することが予測される。しかも、大都市でも、中小都市でも、高齢化の進行を食いとめることは、極めて難しい。

もっとも欧州では、ドイツやイタリアなどで、人口減少が進んでいる。しかし、EU域内の労働力自由移動や域内国境管理の廃止の影響で、当該国の人口減少の影響が、当該国の潜在成長率の低下にはつながりにくくなると思われる。

4 少子化のメカニズムに関する社会学・経済学的仮説

ここでは、少子化がなぜ進むかについて、代表的な社会学・経済学的な仮説に限って紹介しておきたい。それらは、それぞれに提起された国や時代背景があるため、必ずしも、日本の現代の状況にそのまま適用できないが、条件を付して応用する可能性は期待できよう。これらのうち、家計生産の理論と、同居の理論については、日本の少子化の2つの側面をあらわしていることから、前提された条件を含めて、特に検討を加えることにしたい。

1) 社会学理論によるアプローチ

○「第2の人口転換」仮説 (Lesthaege 1995、Van De Kaa 1987)

先進諸国は、結婚に代わる同棲の一般化、夫婦中心家族の普及などにより、第2の人口転換（出生率低下の時期）にはいったという仮説である。

○「パラサイト・シングル」仮説 (山田 1999、2009)

基礎的な生活条件を両親に依存したまま、正規雇用に従事しない若年層の増加が、晩婚化と出生率低下を促進しているという仮説で

ある。日本の特殊な仮説とされてきたが、欧米でも類似の現象が観察されている。
○性別平等度に関する出生力理論（Mcdonald 2006）（図4-1）

　各国の性別平等度が上昇する際、当初は、それが雇用・労働市場に限定され、家庭内の固定的役割と矛盾することから、出生率は低下すると考えられる。しかし、社会全体として労働時間の短縮が進むことなどを背景として、家庭内の役割の平等が進み、男性の家事参加が進む。こうして、雇用・労働市場における平等は、家庭内の役割の平等とあいまって、出生率上昇をもたらすと説明される。

2）経済学理論によるアプローチ
○効用・不効用仮説（Leibenstein 1957）

　夫婦における出生率低下は、子どもの所得効用（労働力としての役割のこと）や年金効用（老後の生活保障の役割のこと）の低下で説明されるという仮説である。ただし、子ども数が夫婦当たり2になることを説明するものであって、それ未満になることを説明するものではない。

　これは、自営業が中心の家計構造から、サラリーマンの家計構造に移行すると、子どもは、所得効用や年金効用を失い、消費効用しか持たなくなると理解することができる。当該仮説は、開発途上国を念頭に置いていたが、一般的には、家族における2人以上の子どもの出産について適用することができる。

○家計生産関数の理論（Becker 1960、1965、Mincer 1963、Willis 1973）

　家計は、市場財と家事時間を投入し家計生産物（例：子どもの質×量）を生産すると考えている。一般的には教育水準などであらわされる子どもの「質」を一定とした場合、子ども数は、出産費用、必要な衣類や食事、医療費や教育費など直接費用と、育児の機会費用

（育児の時間に、仮に就労していたならば、得られたはずの逸失所得に相当）の増加により低下し、夫の育児参加などにより上昇すると考える。

実際、欧米における経済学的アプローチによる少子化の説明は、家計生産関数の理論と実証研究を基礎とするものが中心である。以下では、家計生産関数による子ども数の決定モデルを組み立てる。

○家計生産関数による子ども数の決定

　　家計生産関数：$Zi = Zi(Xi, Ti)$　　　（ただし $i = k, s$）

Xi は市場財・サービスの投入量、Ti は投入時間、Pi は価格を意味する。ここで、i は、子どもの養育の場合は k、そのほかの家事サービスの場合は s と表示する。

　　効用関数：$U = U(Zk, Zs)$

この場合、通常の消費理論と大きく異なる。効用関数は、投入する財、サービスそのものに依存するのでなく、家計生産に依存する。

　　時間制約式：$T = TL + Tk + Ts$

TL は妻が雇用されて働く時間、Tk は育児時間、Ts は、それ以外の家事時間、T は24時間から生理的必要時間を除いた時間である。

　　所得制約式：$PkXk + PsXs = I + V + WfTL$

I は夫の所得で、ここでは変化しないことにする。V は資産所得、Wf は妻の市場賃金率を意味する。

家計生産関数は、一次同次関数で、財やサービスの規模が大きくなっても、家計生産は比例的にしか増加しないものと仮定する。そこで、

　　$Zi = Xi/xi = Ti/ti$　　ここで、xi は、家計サービス単位当たり市場財・サービス投入量、ti は、家計サービス単位当たり時間投入量とする。

ここで、完全所得 F を定義し、式を展開する。

4章　少子化のメカニズムと家族政策の可能性　109

完全所得 $F = I + V + WfTL = I + V + WfTL - Wf(T - TL)$
$= (PkXk + PsKs) + Wf(Tk + Ts)$
$= ZkPkxk + ZsPsxs + Wf(Tk + Ts)$
$= ZkPkxk + ZkWftk + ZsPsxs + ZsWfts$
$= Zk(Pkxk + Wftk) + Zs(Psxs + Wft)$

家計生産関数は、一次同次関数であるので、

$Zi = Xi/xi = Ti/ti$

xi は、家計サービス単位当たり市場財・サービス投入量、ti は、家計サービス単位当たり時間投入量と書くことができる。そこで、

$U(Zk, Zs) + \lambda \{I + V + WfTL - Zk(Pkxk + Wftk) - Zs(Psxs + Wfts)\} \to \max.$

λ はラグランジュ乗数で、これは、制約条件付の最大化問題となる。1階の条件は

$\delta U/\delta Zk - \lambda(Pkxk + Wftk) = 0$

したがって、　$\delta U/\delta Zk = \lambda(Pkxk + Wftk)$

ここで、λ は完全所得の限界効用、$Pkxk + Wftk$ は子どもサービス一単位の「シャドープライス」(影の価格)を意味する。

ここから、「シャドープライス」は、子どもの「直接費用」$Pkxk$ と「機会費用」$Wftk$ の合計になることがわかる。この条件下において、Wf(女性の賃金率)のみが上昇すれば、限界効用も上昇し、これに対応する Zk(子どもサービス：ここでは、子どもの質と量を乗じたもの)は低下することになる(代替効果)。

家計所得全体の上昇による「所得効果」(λ の低下)がこの「代替効果」(Wfk の上昇)より大であれば、子ども数(質を一定)は増加すると推論できる。

各国の雇用システムには、少子化を促進する要因が内在していると考えられる。それは、家庭で育児を行う場合、その時間帯に、労働市場で働いて得られるはずの所得が機会費用となるためである。法律的には、当該機会費用は、逸失利益と呼ばれている。

　そこで、各国において女性の出産・育児に伴い発生する逸失利益を国際比較してみよう。これは各国において、主流をなす家計就業モデルが異なっていることと深い関係があるであろう（図4-2）。

　国際比較から発見される問題とは、日本における逸失利益が先進国のなかで突出して大きく、しかも第1子から発生していることである。また、日本においては、育児による就業中断から、多額の逸失利益が生じるが、子どもの数が増えると、労働市場への再参入が

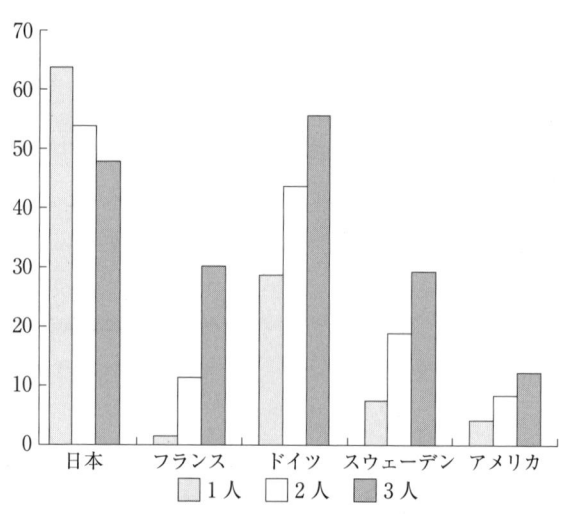

図4-2　育児の「機会費用」の国際比較
注：子ども数別、購買力平価換算、単位：100万円
資料出所：井口・西村（2002）参照。

早まり、逸失利益は減少する。

　逸失利益が生じる原因を整理すると、①育児に伴い、就業期間の中断があること、②もとの職場に復帰せず、パートタイム労働者として再就職すること、③パートタイム労働者とフルタイム労働者の労働条件格差があることがあげられる。

　ここで、誤解のないように断っておきたいのは、家計生産関数は、子どもに価格をつけることを目的とするものではない点である。人々が経済合理的に行動する場合、出産・育児という市場外の行動についても、機会費用が発生する。これに直接費用を加えることで、「シャドープライス」が推定可能だと主張しているにすぎない。換言すれば、経済合理的に行動しようとする主体について、出産・育児などの市場外の行動を促進するには、これに必要な財・サービスの費用を補填するだけでは不十分で、これに必要な時間に伴って発生する機会費用を抑制しなければならないことを意味する。

　G. S. ベッカーが家計生産関数を考案した際 (Becker 1960)、男性が雇用労働、女性が家事労働ということを前提としたため、前提に対しても批判が出された。ただし、当時は、アメリカでも男女間賃金格差が大きかったため、男性が外で働き、女性が家事を行う行動は家計の合理的行動とみなされ得た。

　現在では、男性と女性がともに雇用労働と家事労働するモデルが開発され男性の家事労働の出生促進効果は理論的に確認されている。しかし、男性と女性の家事能力の差がある日本のような国では、理論的に成り立つ結論が、実証データの上では確認できない状況がある。結果的にみて、現在では家計生産関数そのものは、男女差別的な理論とは考えられていない。

　子どもを育てるための直接費用は、分娩・出産、医療、教育など、

多岐にわたる。分娩費用は、健康保険から直接医療機関に支払われ、2010年度では最高42万円となっている。しかし、これに、衣服費、医療費、紙おむつ代、行事費用などが加わる。

また、わが国でも、小中学校での義務教育は基本的に無償であり、高等学校の授業料にも、公的支援が導入された。しかし、実際には、教材費や給食費、制服費、修学旅行費などは無償でなく、学習塾の費用も無視できない。私立高校の授業料は国公立学校の授業料よりはるかに高い。大学でも、国公立大学と私立大学の間や、文科系学部と理工系の学部には授業料や入学金などに著しい格差がある。政府統計をもとに教育費に限って推計しても、小学校から大学まで、全て国公立の場合で1000万円程度、これが、全て私立の場合、学部により2000万円から2500万円程度になる（文部科学省「子どもの学習費調査」ほか）。

国立大学の授業料が段階的に引き上げられ、私立大学との格差が縮小したことや、塾などの進学学校の経費が所得低下のなかで伸びてきたことは、出生力にさらにマイナスの影響を与えたとみられる。

大陸欧州では、原則として大学教育まで公立学校で運営されている。イギリスやアメリカでは、私立大学の授業料が寮費を込みにして年額500万円以上に達する場合がある。しかし、親でなく学生本人が教育ローンを組む場合が多く、成績優秀者に贈与の奨学金がある。こうしたことから、教育費が出生力低下の大きな原因とは考えられていない。

日本と状況が似ているのは韓国であるが、韓国の場合、大学進学率が80％にも達すること、経費のかかる海外留学熱が日本より高いことが特徴である。教育費の増加は、家計生産関数にいう子どもの質の上昇を意味するが、進学競争の過熱化は、子ども数の減少に

拍車をかける結果となっていると化案が得られる。

そこで、経済的条件とその変動が出生率に与える影響に関する有力な仮説として、以下のものがある。

○相対所得仮説（Easterin 1966）

自分の子ども時代よりも、将来の経済状態がよくなるという予測のもとでは、夫婦は出生数を増加させると考える。この仮説が生まれた背景に、1929 年のアメリカの大恐慌の後、出生率が大きく低下したことがある。

○出生力の動学理論（Cigno 1994）

出産の意思決定には、将来にわたる経済変動の予測や家計の時間選好が影響すると考える。この理論を応用し、結婚した都市の景気動向で、出生率の変動を説明することも可能になる。

これらの議論は、夫婦の出生力を説明することには効果がある。しかし、未婚化や非婚化を説明するには十分ではなかった。特に、わが国の少子化が、親と同居したままで、結婚しない若年層の増加と密接な関係があることを無視できない。

実際、わが国でも、晩婚化の進展は、子どもの親との同居率と密接な関係がある。25 〜 29 歳層の推定同居率は、日本が 55％ であるのに対し、イタリア 66％、ドイツ 23％、フランス 23％、イギリス 22％ であった（European Commission 2008）。そこで、結婚市場における晩婚化を説明するため、「サーチ・モデル」や「同居（乗り換え）モデル」が注目されることになる。

○サーチ・モデルの応用（Ermish 2003）

一般的サーチ・モデルでは、情報が不完全な世界を想定しつつ、結婚することで得られる当期の便益に離婚のゲイン（ロス）と離婚確率を乗じたものが、結婚効用の増分に一致するというサーチ・モ

デルを用いる。そこでは、サーチのタイミングの違いにより、以下の通り全く異なる仮説が導かれる。

① 賃金の高い男性は賃金の低い男性と比べ、早い時点で結婚市場に参入しようとする。したがって、男性の賃金の高さと結婚年齢の間に負の相関関係が生じるとの仮説。

② 男性の能力は、労働市場での稼得能力で評価され、自信がある男性ほど、自分の能力をアピールできる年齢になってから、魅力ある女性と結婚することを望む。したがって、男性の賃金の高さと結婚年齢の間に、正の相関関係が生じるとの仮説。

わが国では、かつて、長期雇用慣行の下にいる男性について、賃金が高いと結婚も早まるという関係があった。しかし、雇用の不確実性が高まり、男性の稼得能力が低下するなか、賃金が高くなるまで結婚を遅らせる傾向が強まり、晩婚化が進むと結論される。晩婚化が進みすぎると、出産のタイミングを逸し、結果的に子ども人数を減少させることに注意が必要である。

○「同居モデル」(Koltikoff & Morris 1990)

「同居モデル」では、一組の親子を想定し（単身か夫婦かは区別せず）、夫婦は一つの意思決定主体とする。親子の間に取引費用はないとし、交渉により、パレート最適な結果が実現する。その場合、親の別居時の効用を U（親、別居）、子の別居時の効用を U（子、別居）と表示すると、

$$U（親、同居）+ U（子、同居）> U（親、別居）+ U（子、別居）$$

となる。

ここで、同居の便益の最大のものは、共用部分で重複を避けることによる「規模の経済」であり、同居の費用は「プライバシーの減少」といえる。低所得者の場合、別居すると住居が小さくなるため、

同居の便益が高く評価される。もし、プライバシーが上級財（所得が上昇すると需要の増大する財）であれば、高所得者ほど同居によるプライバシーの減少を深刻に受け止めるかもしれない。この場合は、所得が低いほど、同居確率が高まると考えることができる。

この理論の検証は、まだ十分ではないが、筆者の研究グループは、総務省統計局「就業構造基本統計」(2002) を用い、統計的に有意な関係を得ている。すなわち、①親に対する子の相対所得が低いと、同居率が高まる（親の所得の絶対水準でない）、②子どもの労働力率が低いと、同居率が高まる、③就労する子どもの非正規就労（パートタイム）比率が高いと、同居率が高まる、④子どもの有配偶率が高いと、同居率が低くなる（井口ほか 2010）。

さらに、少子化が、広範な社会経済的現象である以上、家計や育児をめぐる経済変数のほか、個人の価値観、経済変数との関係と家計の構造の変化を考慮にいれる必要がある。その意味で、純粋な経済学的アプローチには限界があると考えられる。

例えば、若者を中心とする価値観の変化について、女性の「脱伝統主義的価値観」の増加は、結婚や出産を直接的に減少させるかもしれない。「個人主義的価値観」は、正規雇用の増加をもたらすものの、直接的に、結婚や出産自体を否定することにはなっていない。近年、「伝統的価値観」の女性の比率が上昇気味だが、これが婚姻率や出生率にどう影響するのかは明らかでない。

5 先進諸国の「家計就業モデル」と少子化対策の特徴・評価

少子化対策は、各国で特定の「家計就業モデル」を前提にして構想されている。女性就業が出生率に与える影響（所得効果・代替効果）

は、各国で想定されている典型的な「家計就業モデル」によって異なるからである。

各国の「家計就業モデル」は、それぞれ歴史的な背景から形成されたものである。そこで、以下の家計就業モデルを考察する[注]。

① 「スウェーデン型」:「ダブル・インカム」と「1.5人就業」の間の転換
② 「フランス型」:「ダブル・インカム」モデル
③ 「ドイツ型」:「ブレッド・ウインナー」モデル
④ 「オランダ型」:「1.5人就業モデル」の構築
⑤ 「アメリカ型」:「ダブル(マルチ)・インカム」モデル
⑥ 「日本型」:「ハイブリッド」モデル

1)「スウェーデン型」:「ダブル・インカム」と「1.5人就業」

スウェーデンは、第2次世界大戦中、唯一ナチス・ドイツに占領されず、大陸欧州の工業生産力が破壊された後も、復興需要によって高度成長を遂げた。その過程で、労働力需給がひっ迫し、女性の就業を促進するため、地域に公的な育児インフラが整備され、これらサービス業が、女性の就業機会を拡大してきた。その結果、スウェーデンの労働市場は、アメリカと同程度に流動性が高く、女性が一旦離職しても、再就職する機会が存在している。出産後の育児と就業の両立のため、フルタイムから、一時的に、パートタイムに転換することが一般的になっている。

子育てが終了すると、パートタイムからフルタイムに転換する道が開かれている。スウェーデンの育児休業は、夫と妻に30日ずつの取得が義務づけられ、両親手当による所得保障が行われている。

このような「スウェーデン型」は、非常に高い国民負担率のもとで、共稼ぎ世帯の「所得効果」によって、出生数をある程度、高く

維持することが可能なことを示唆している。戦後一貫してスウェーデンで続けられた育児インフラの普及と流動的な労働市場の形成とは、日本の現状から遠く隔たっているため、日本でスウェーデン型政策を導入する基本的条件を整えるのは容易でないと考えられる。

2)「フランス型」：「ダブル・インカム」モデルの発展と継承

すでに17世紀にパリで発生した新しい女性のライフスタイルが、地方都市に広がり、少子化の流れが決定的になったとされる。しかしフランスは、伝統的に隣国ドイツとの対立もあって、人口規模の維持のために、出生促進策を強化してきた。

1960年代後半、若年層の価値観が社会構造を転換させ、男女平等の考え方が、その子どもたちの世代に継承された。1970年代以降、経済停滞のなかで、女性の正規雇用のみが伸び、出産育児にもかかわらず女性がフルタイム就業を続けるための家族支援が強化された。

フランスでは、男女の勤続年数に格差がほとんどなく、年齢とともに賃金が高まっており、家計の経済力を維持している。課税対象所得は、夫と妻の所得を合計した上で、大人人数と子ども人数（一人0.5人換算）で割って計算されている。この場合、子ども数の多い家族には、大きな減税効果が発生する。

しかも、法令上育児休業は3年でも、1年前後で職場復帰するのが通例である。保育所、有資格者による託児（補助金あり）、保育ママの雇用（一部助成）といったメニューから、居住地の条件により選択できるのである。

出産にあたって、第2子からの家族手当、第3子からの家族補足手当、職業活動を中断した場合の養育手当など多様な給付が加算されている。これらは、妻の就業上の地位と直接の関係がなく支給されるため、高失業の時期にも、出生率は低下しない。かえって、失

業した妻が、家族補足手当などをもらうことで、出産のインセンティブが高まる場合もある。

フランスでは、フルタイムとパートタイムの労働条件および社会保険加入の格差はなく、女性のパートタイム比率は欧州諸国のなかでも低い。フルタイム就業の女性でも、子どもが小学生なら、多くの場合、水曜日は休日扱いとなっていることは意外と知られていない。なお、近年、養育手当の充実が図られたものの、これを利用して、失業した女性が家庭に戻るケースが少なくないため、批判も高まっている。

3）「ドイツ型」：「ブレッド・ウインナー」モデル

ドイツでは戦後において人口政策がタブー視され、1960年代に平均寿命の低下や労働力人口の減少が生じたにもかかわらず、育児支援策は講じられなかった。ただし、近代ドイツにおいては、3歳から6歳までの幼稚園教育は事実上の義務教育であり、3歳未満の子どもは家庭で育てるのが前提となっていた。

そこで、幼稚園入園前の3年間について、戦後、連邦法による養育休暇（3年）が整備され、連邦政府および州政府による養育手当が整備されてきた。養育休暇中の社会保険の面からの支援も充実してきた。

ただし、幼稚園と小学校が午後2時に終わり家で食事をとる習慣や、学童保育の不備が、女性就労の阻害要因となっている。公務員では、比較的以前から育児期間中の半日勤務が導入され、民間でも、既婚女性はパートタイム勤務が普及した。

しかし、結婚形態の多様化や都市部における「ディンクス（DINKS：とも稼ぎで子どもを持たない夫婦のこと）」が増加するなか、ドイツの出生率は急速に低下し、欧州のなかで最も低い水準に低下し

たのである。1990年代後半になると、社会民主党を中心に、幼稚園や小学校の終了時刻を4時以降に遅らせ、「終日学校」(Ganztagschule)を設置する動きが始まった。市町村レベルで、小学校を「終日学校」にする実験的導入が盛んになった。

その後、2002年には養育休暇法が改正され、休暇を夫と妻が柔軟に取得できるようになったことも、出生率回復への期待を高めることになった。なお、ドイツでは、家族手当は低取得者には現金給付として支払われ、高所得者には、確定申告時の税の還付として実施されている。

もう一つ注目すべき動きは、ドイツの憲法裁判所が、介護保険のケースについて、子どもを持つ家庭と持たない家庭の保険料負担の不均衡の是正を命じたため、連邦政府は、子どもを有する家族の保険料を軽減する措置を講じてきた事例である。子どもが多い家庭は、それだけで、生活水準の低下に甘んじる面があるため、子どものいない家庭と同じ保険料を徴収するのは適当でないと判断されたためである。

なお、欧州では「養育手当」は、託児サービスの利用の実費補填ではなく、一種の家事労働に対する評価とも考えられている。託児サービスの補填の費用は、欧州では、キリスト教会や福祉団体が提供する場合には、かなり低いレベルに抑えることが可能である。養育手当について、欧州各国の状況について比較するのは簡単でない。ドイツの場合、連邦および州から合計3年間支給される額は、月額300ユーロ程度となっている。このほか、養育期間は、平均的賃金を受け取り社会保険料を支払ったとみなして老齢年金が計算される。

4)「オランダ型」:「1.5人就業モデル」

オランダは、約20年前の経済危機のなかで、政労使が、社会保

障や労働市場の改革に着手し(「ワッセナー合意」)、特に、1996年頃から経済回復と失業率低下を遂げた。社会保険料の引上げを抑制しつつ、加入が可能なパートタイム就労者の範囲を拡大し、週15時間でも、定額および所得比例の年金を得られるようにしたことが重要である。

オランダ企業では、夫が週35時間前後のビッグ・パート、妻が週20時間程度のスモール・パートに従事する場合が多い。つまり、夫が週40時間労働で家計の全所得を稼得する構造から、夫と妻の1.5人分の労働時間で家計を支える構造にシフトしたのである。こうしたオランダの既婚女性のパート就労比率は6割を超え、男女計でも30％強と先進国中で最高になっている。このようなワークシェアリング成功とは裏腹に、オランダには育児インフラの不足の問題が存在し、高齢者の長期失業率も高いことが指摘されねばならない。

また、フルタイムとパートタイムの均等待遇は保障されていても、パートタイムからフルタイムへの転換が必ずしも保障されているわけではない。現実には、女性はパートタイムで就労し続ける場合が多い点に問題が残されている。

5)「アメリカ型」:「ダブル(マルチ)・インカム」モデル

アメリカの家族構成は、低所得層と中所得層ではかなり異なる。しかし、いずれの場合も、「解雇の危険回避」および「企業を通じた健康保険加入」は、家計構成による複数就労の背景となる重要な動機となる。

特に、1970年代終わりから1990年代半ばまで、アメリカの生産・現場労働者の実質給与水準は長年低下を続け、単一の個人の所得では家族全体を支えることはできなくなった。複数就労と家族の互助があってこそ、家族が生活水準を維持することが可能であった。

中堅層の場合、民間の保育サービスに高い保育料を払いつつ夫婦で育児したり、子どもが小さい間だけ女性が家庭に戻ったりする場合も少なからずみられる。このほか、高所得者を中心に、育児のために家庭にメイドを雇用するケースが少なくない。専業主婦は、高所得者に限られており、夫の所得が極めて高額な場合における極めて贅沢なステータスとみなされる。

6)「日本型」:「ハイブリッド」モデル

15年以上もデフレーションが続き、賃金上昇率の停滞している日本では、高齢化の社会負担を背負いつつ、出生率を維持するには、家計の稼得力を高めることが不可欠である。

しかし、雇用の非正規化が進んでおり、夫婦とも正規雇用で収入のある「ダブル・インカム」の世帯を多くの人々の目標とすることは、次第に困難になってしまった。高い非正規雇用比率が持続することを前提とすれば、日本の家計就業モデルにおいては、「1.5就労モデル」や「0.5×2就労モデル」で家計を維持する期間が長くなる可能性がある。

そこでは、夫と妻の両方が働き、正社員から非正社員に転落するリスクをお互いにカバーする家計就労モデルが現実的となる。

こうしたいわば「ハイブリッド」な家計就業モデルによって、家計のリスクがカバーされ、家族形成が行えるような制度基盤の整備が必要になる。そこでは、結婚を愛情または絆としてとらえるだけでなく、夫婦がお互いのリスクをカバーし合うという側面を強調することが必要になる。

これと並行して、非正社員と正社員に共通した労働法上のルールを設け、非正社員から正社員への転換を可能とする制度を機能させることが重要になる。個人のレベルでは、家計就労モデルが「ダブ

ル・インカム・モデル」となるような理想を失うべきではないからである。

6 総合的家族政策の構想

　自公連立政権下で、エンゼルプランから、少子化対策へ、さらに、次世代健全育成対策へと展開してきた施策の効果は、依然として十分とはいえない。2009年9月に発足した民主党政権は、児童手当に代わって、15歳まで、月額2万6000円の「子ども手当」を創設する（初年度は半額）ことをマニフェストに掲げた。単純計算では3人子どもを育てれば、1400万円程度の給付が行われ、「子ども手当で家が建つ」とまでいわれた。

　現状では、育児の機会費用が第1子だけで6000万円を超え、直接費用のうち、大学卒業までの教育費用だけで、前述の通り、子ども一人当たり1000万円から2000万円に達する。この状況下では、子どもが増えると、家族構成員の生活水準が低下するというわが国の現状は改善されない。このままでは、労働市場での就労の代替効果が所得効果を上回り、子ども数を抑制しようとする傾向を反転させる施策は十分でない。

　子どもの直接費用を削減するためとはいえ、民主党政権の子ども手当だけでも、2兆7000億円（最終的に5兆5000億円）の財政支出を必要とする。わが国では、高齢者対策に多くの財源が投入され、若年層に対する施策が立ち遅れている点から、子ども手当の創設自体は、世代間利害対立の緩和に資するものである。同時に、わが国の財政が危機的な状態にあることを考えると、現金給付を増額するよりは、子どもの機会費用を大幅に引き下げる方が現実的である。現金給付は、就労インセンティブを低下させる恐れがあり、基本的に

は、現物給付の方が好ましいといえよう。

むしろ、これまでの少子化対策に根本的に欠けてきたのは、社会全体で、子育ての家族を支援しているという実感である。子ども2人まではともかく、3人以上については、家計の負担は増えないという安心感がないと、夫婦当たり子ども数を回復させることは困難である。そこで、以下の4つを柱とする総合的家族政策を提案することとしたい。

第1に、従来の育児支援の考え方に加え、価格システム自体が家族に優しい価格体系を導入する。これにより、当然ながら、子ども数が多い家庭における、育児の直接費用を大幅に削減する効果も期待される。

直接費用を削減するために、個人に対する子ども手当や被扶養者控除などの税制上の措置も存在しているが、現実的にみて、これらを大幅に拡充するには財政上の制約があまりに厳しい。

世帯構成別に消費実態をみると、子ども数が多くなっても、交通・通信費は絶対額でも構成比でも、さほど増加しないのに、教育費は、絶対額でも構成比でも増加し、貯蓄から取り崩しさえ行われている（総務省統計局「全国消費実態調査」）。

こうしたなかで、交通機関の利用、娯楽・文化・スポーツ施設の利用、教育機関の利用、宿泊施設の利用など、社会の隅々において、大人2人と子ども（被扶養者である22歳未満の者）以上の場合、大人3人分の費用を支払えば、子ども数が2人を超えても、全て「家族パス」で利用できる仕組みを導入する。これにより、家計の交通費総支出を維持するか若干増加させるだけで、家族としての文化活動や交通機関での移動が増加し、経済的厚生の改善が期待される。

教育費のうち、家計にとって最大の負担となるのが大学教育であ

る。大学教育に関しては、同一の家族から、子どもが3人以上大学に進学する場合は、段階的な減免制度または贈与による奨学金を拡充する必要がある。特に、国公立大学は、長期的に授業料を引き上げて、わが国の少子化を促進してきた可能性が高く、授業料の抑制や奨学金の拡充に率先して取り組む必要がある。こうした制度は、長期的に安定して維持しなければ、総合的家族政策の手段とはなり得ない。毎年の予算編成で、制度が容易に廃止されるようでは効果は期待できない。

実際、3人以上の子どもを有する世帯は、今世紀になって世帯全体の3％台に低下している（厚生労働省「国民生活基礎調査」）。こうした世帯に対して支援する措置の社会的な限界費用は非常に小さく、短期的な家族による施設や交通機関の利用を促進する効果や、長期的な子ども3人以上世帯の増加による支出増加を考慮すると、施設や交通機関の運営者側の料金収入減少を心配する必要はほとんどない。

むしろ、現在のシステムでは、子どもの年齢と人数に応じて料金を徴収するため、利用を控えるマイナスの効果が明白に働いている。この点について、現在、実証研究を進めている過程であり、その結果を制度設計に生かすことが必要である。

家計というものは、従来は、そもそも子どもが増えるたびに必要経費が人数分増えるわけではなかった。家計自体には「規模の経済」が働いている。ところが、家庭を取り巻く経済システムが、家族構成に何ら配慮もせず、人数に応じて負担が比例的に増加する価格体系をあたりまえとしてしまった。そのことが、子どもの直接費用を一層引き上げ、家計において、「規模の経済」が働きにくい経済環境を作り出している。

いいかえれば、社会全体で、家計の「規模の経済」を支援する仕組みを導入することで、「直接費用」を大幅に削減し、育児支援による「機会費用」の削減に加え、夫婦当たりの子ども数を増加させる効果が出るように総合的に設計されるべきである。

第2に、保育施設や学童保育の定員の増加や人材・設備の充実、「保育ママ」の拡充などの社会インフラへの投資と、育児休業から職場復帰に至る系統的な「復帰計画」の実施などにより、「両立支援」の環境をさらに改善する。このような政策は、今後とも、妻に生じる子どもの「機会費用」を大幅に削減する効果が、依然として大きい。

ただし、育児休業にはいった時点から、職場復帰に至るまで、妻を雇用する企業、その企業が立地する自治体および住居のある自治体、それに、夫を雇用する企業の間では、あまり連携はとられていない。育児休業を終了する時点での育児サポートが予約できず、計画的な職場復帰が困難という状況は改善していない。また、育児休業期間について、職業人として復帰に備え情報収集や自己啓発を支援する措置も存在しない。職場復帰に向けて、本人のモチベーションの向上を支援する雰囲気がなくなると、結局、育児休業から復帰せずに離職する者は減りそうにない。

したがって、復帰計画の立案から実施に至る部分につき、休業取得者本人やその配偶者にアドバイスを行うとともに、関係企業や行政関係者との調整を行う権限を有する「両立支援コーディネータ」(仮称)を設け、地域・自治体またはその委託を受けたNPOを通じて実施してもらうことが考えられる。

第3に、総合的家族政策の一環として、若年層を自立させ「家族形成」を促進する。すなわち、両親から離れ生活する22歳以上の

者が一定以下の収入しか得られない場合、雇用保険に加入して就労する（現行では、31日以上の契約期間があり、週20時間以上就労することが条件）ことを条件に、「最低住宅給付」を、雇用保険において、1年以上3年以下の契約期間の間、家主に対し直接支給する。給付額は、生活保護の住宅扶助に準じた額とする。なお、3年経過後、必要があれば、県営住宅など公共住宅への入居の権利を確保することが考えられる。

なお、濫用を防止するため、雇用保険加入の対象とならない雇用の場合は支給を認めない。また、支給にあたっては、正規雇用への転換を支援する。また、財政負担は、ハローワークの審査と一体に雇用保険から行うべきである。

従来、若年層は、家族との同居を通じて生活が維持されてきたが、伝統的な支援策では、一方で若者の自立を遅らせ、他方で家族形成にも大きな影響が生じることが避けられなかった。この分野で提案されてきた政策の多くは、フリーターや非正規雇用自体に否定的であって、非正規雇用につく若年層の自立をもたらす政策とはならなかった。そこで、発想を転換して、若年層の自立を支援し、非正規雇用を活用しながら、正規雇用を促進する施策を本格的に展開すべきである。

その際、非正規雇用者の正規化を促進する法制度を導入することがセットでなければならない。すなわち、企業は当該非正規雇用者から正規雇用への転換の申請があった場合に、当該雇用者を採用選考の対象としなければならない。この場合、企業に対し申請があったからといって、自動的に正規雇用に採用する義務はない。しかし、雇用者に占める非正規雇用者の増加に伴い、非正規雇用者のモチベーションを維持し、生産性をあげ、離職を防ぐ観点から、優秀な

非正規雇用者を正規雇用で雇入れする制度の創設は、企業の利益にかなう。したがって、制度化の機運は、雇用の非正規化が進むとともに熟しつつある。

第4に、総合的家族政策においては、年金保険における負担と給付の関係について、世代会計の論理を援用し、各年齢層の出生率に対する貢献を、各年齢層の年金保険料に反映させる。

すなわち、予定する出生率より現実の出生率が高くなった世代について、これより低い世代と比べ、給付額を一定範囲で引き上げる。この調整を、2017年度から実施するマクロの自動調整措置に組み込む。現在の措置では、労働力人口全体の変動は、新規裁定の年金給付額に反映されるが、世代別の出生率の向上への貢献は、目にみえる形で給付額に反映されることがない。

このような提案は、あたかも出産奨励政策のようだと批判を受けるかもしれない。しかし、合計特殊出生率が予定を上回った年齢層について負担を軽減することは可能で、子ども数の多い世帯に個別に軽減するわけではない。子育ての意義と責任を自覚してもらい、その負担軽減を図る意味が大きい。

こうした世代間利害調整のための諸政策にかかわらず、調整しきれない世代間不均衡はかなり大きいままで残存することは、ほぼ避けられない。

そこで第Ⅱ部では、増加する失業・無業者や不安定雇用層ないし低所得層に対する社会統合政策をどのように設計するかを検討することにしたい。

注）各国で典型的な家計就業モデルを検討する場合に、各国の家庭環境に関する研究を参考にする必要がある。例えば、内閣府（2005、

2006)、井口・西村 (2002)、前田 (2000) などのほか、最近の文献として、湯元・佐藤 (2010) や江口 (2011) を参照されたい。

第 II 部

格差の拡大と社会統合

5章

人口減少下の経済格差と非正規雇用

1 日米で異なる経済格差の要因

　近年、社会のなかで経済格差の拡大が指摘され、これらが、経済のグローバル化や、新自由主義的経済政策と密接に関係していると主張されている。本書で問題にしなければならないのは、経済格差と、特に雇用の非正規化を中心とする労働市場の変化との関係である。それが、世代間利害対立を生み出してきたことは第Ⅰ部で議論したばかりである。

　非正規労働の増加などの労働市場における構造的な変化に対し、社会保障制度が変化に適応しなかったため、格差拡大を抑止できなかった可能性に対し、特に気をつける必要があるだろう。

　同時に、2008年秋の世界経済危機の影響にも、注意を払う必要がある。実際、世界経済危機は、各国国内の経済格差の問題に複雑に影響していると考えられる。

　アメリカでは、経済格差の拡大と社会的不平等の関連をめぐり、長年議論がなされてきた。それは、新自由主義的な経済政策が登場する以前から、活発に議論され、貿易自由化をはじめとする経済グローバル化との関係で、注目されてきた。

　実際、1979年から1994年まで、アメリカにおいては、現場労働者の実質賃金が低下傾向にあった。その間、高学歴層の所得が改善

したため、明らかに所得格差が拡大した（井口 1997）。しかし、世帯でみた所得格差や消費の格差は、個人の所得格差ほどには大きくならない。これは、黒人やヒスパニックの家族の構成員が多いため、家族単位でみると、貧困とは認定できない場合が少なくないからである。

世界経済危機の発生以前のアメリカでは、低所得でも家を購入して担保にすることで消費者金融の恩恵を受け、毎月の所得以上の消費を続けることが可能となる仕組みが機能していた。しかし、世界経済危機は、この構造を崩壊させ、アメリカ市場の拡大にブレーキをかけた。

アメリカの個人の所得格差拡大の要因を、「アメリカ大統領経済報告」は繰り返し取り上げた。それによると、第1の要因は、熟練偏向的技術進歩が、高学歴者と低学歴者の間の所得格差を増幅したためである。第2は、移民の質の低下による低学歴者増加が、その効果を増幅した。第3は、途上国との貿易の影響を受けた産業や職業で、賃金が低下した（国際経済学の要素価格均等化定理の効果）、第4に、最低賃金が引き上げられなかった、そして第5に、労働組合の影響力が低下したことがあげられている。なお、今世紀になってからは、第1の熟練偏向的技術進歩が、第3の国際貿易と独立ではないという主張が力を得ている。

日本では、2006年に、いわゆる偽装請負問題などが発端となって、こうした業務請負に従事する人たち（当時、全国で150万人の労働者が就労し、20万人は外国人と推定）に関心が集まった。低所得であるのみならず、当時、雇用保険にも社会保険にも加入していなかった。また、生活保護基準を下回る所得にもかかわらず、生活保護を受給していない多数の人々の存在が指摘され、ワーキングプアが大きな社

会問題となった。

　これらの人たちの多くは、以前は、親族と同居することで生活リスクを低下させていたので、あまり問題が表面化しなかった。しかし、世帯規模がますます縮小するなかで、問題が深刻化しやすくなっている。

　こうしたなか、わが国の生活保護率（被保護世帯／総世帯）は2.4％（2008年）と上昇傾向にある。最低賃金は、それだけで自立した生活を可能とする水準でない。低所得層に自立した生活を保障し、就労意欲を高める仕組みが必要とされている。

　アメリカとは異なり、日本では、技術進歩は、学歴間の賃金格差をほとんど拡大させていない。低学歴者の増加の要因や移民流入の要因もほとんどみられない。また、中国やアセアン諸国などアジア諸国との貿易拡大が賃金に与えた影響も、正規労働者に関する限りは、顕著なものとはいえない。

　社会学的調査により、階層間移動の観点から父親を経営者層、新中間層、旧中間層、底辺層に分けると、子どもの大学進学率が有意に異なるという。最近では、子どもたちに、努力しても報われないという希望格差が発生しているという議論もある。これは、生徒の成績低下を説明する仮説としても注目されている（山田 2009）。

　経済学を基礎とする貧困研究によれば、①1990年代以降に、「相対的貧困」が増大し、その理由として、単身高齢者が増加したほか、勤労世代でも単身者が1990年代後半以降増加したこと、母子世帯の貧困が深刻なことが指摘されている。さらに、②最低賃金が生活保護水準より低い場合も、最低賃金引上げが、都市部では、貧困層の改善に影響を与えていないこと、③生活保護水準以下の就労者（ワーキングプア）は、1999年で5.46％（1985年に2.80％）に上昇した

こと、④2000年時点でワーキングプアの4％未満の者しか、生活保護を実際には受給していないこと、⑤父親の所得階層と本人の所得階層の間には、「富裕層」の連鎖が存在するが、貧困層の連鎖は検出されていないことなどがあげられる（橘木・浦川 2006、駒村 2007、大竹 2008 ほか）。

2　経済格差拡大の実態：国際比較

このように1990年代から、わが国で経済格差の拡大が多方面から議論されるようになった。最大の背景となった雇用不安から、日本は格差社会であるとか、滑り台社会であると主張する図書がブームになった（橘木 1998、湯浅 2008 ほか）。こうした用語は、教育界に急速に広がり、若年層に強い不安を与えていることは否めない。

近年の所得格差の拡大を示唆する現象として、①1998年から2002年にかけて雇用のリストラが進行し、その後2005年に至るまで300万人以上の完全失業者が存在したこと、②1990年代後半に、パートタイムやアルバイトのフルタイムへの置き換えが生じ、特に製造業では、請負・派遣などの非正規雇用が顕著に増大したこと、③企業における成果主義賃金の導入などで、中高年齢層で賃金が抑制され、同一年齢層で賃金格差が拡大するなどの現象がみられるようになったことがあげられる。

派遣・請負労働については、1999年の労働者派遣法改正前から請負形態で増加し、これが、2004年の製造業での派遣解禁で、派遣形態に切り替わっていった経緯もある。パートやアルバイトの仕事のない若者が、派遣業者の提供する宿舎にたよって、派遣・請負事業者に雇用されて就労するようになり、そこで、病気になって解雇されたり、適応できずに仕事をやめたりして同時に住居も失うと

いう状況は、すでに 1990 年代後半から生じていた。

　こうしたなか、生活保護受給者は、今世紀になって増え続け、2011 年 2 月には 199 万人 (143 万世帯) へと増加した。高齢を理由とする受給者が多数を占めるなか、失業を理由とする受給者の比率が最近では 3 割程度にまで高まっている。

　また、国勢調査では、2005 年時点では、定まった住所を持たない単身者などの数は全国で 6 万 7000 人程度だった。ところが、2010 年の厚生労働省ホームレス調査では 1 万 3000 人程度に減少した。ただし、自治体が準備する中間施設などに入居した者や生活保護受給を開始した者が対象からはずれた結果であり、ホームレスの自立が進んだ結果とはみられない。

　2005 年には、ネット・カフェに夜間寝泊まりして生活する若年層などの実態が、マスメディアで取り上げられた。厚生労働省が 2007 年 8 月に発表した調査結果では、全国で 5700 人程度が確認されたが、このうち、非正規就労し住居のない者は 2700 人程度で、20 歳代と 50 歳代で多かったという。ただし、ファスト・フード店などのほかの 24 時間営業の店に寝泊まりする人たちは含まれない (厚生労働省 2007b、水島 2007)。

　なお、2010 年夏以後、関係自治体が、ネット・カフェの利用にあたって、身分証明書の確認を求める動きが広がった。それで寝場所を失ったケースもみられると同時に、事実上チェックされていないこともあるという。

　こうした現象を反映し、統計上も、経済的な不平等を測定する試みがなされてきた。その指標として、①ジニ係数、②分散または対数分散、③変動係数、④第 1・N 分位の第 (N-1)・N 分位に対する比率などが用いられている。統計データによる動きを整理すると以

下のようになっている。

（1）「家計調査」ベースでは、1990年代後半からジニ係数は0.27台後半となり、1985年以前0.26台よりも、やや上昇した。

（2）「国民生活基礎調査」ベースでは、ジニ係数は、課税前所得で1986年の0.37から1998年の0.41に、可処分所得でも0.35から0.37に、家計支出では、0.28から0.37に大きく上昇した。

（3）厚生労働省の「所得再分配調査」では、1990年代前半には「当初所得」の分布のジニ係数は0.45を下回っていたが、その後急上昇し、さらに2002年に、ほぼ0.5に達した。

日本における家計所得の格差拡大をめぐる議論は、厚生労働省の「所得再分配調査」をもとにする研究で、1990年代後半の所得分配の不平等度の高まりが指摘されただけでなく、それが、イギリスやアメリカなどの格差の大きい国を上回るまでに拡大したと主張されたことに発している（橘木 1998）。

実は、「所得再分配調査」で、「当初所得」には、退職金、生命保険や損害保険の分配金や「利子収入」が含まれるのに対し、公的年金が含まれていない。このため、非常に格差を拡大する結果となる。その結果、世帯ベースの不平等度が、高く推定されてしまったことを示している（大竹 2008）。

いずれにせよ、これら調査のサンプルの性格や概念を検討しないで単純な結論を引き出すべきではない。まず、1990年代の世帯構造は大きく変化していた。

第1に、2人世帯が最も多くなり、1人世帯が増加した。このうち重要なのは、3世代同居が減り、高齢者の単独世帯が増加したことである。

第2に、高学歴女性が高学歴男性と結婚する比率が高まる傾向が

ある一方、最近、不安定な雇用形態の男性が同様の女性と結婚するケースも目立っていた。さらに、近年、夫の所得のレベルが妻の就業率と負に相関する(「ダグラス・有沢の法則」)という関係がみられなくなりつつあることも、格差拡大に寄与したとみられる。このことは、世帯レベルでの所得分配を不平等化する要因になっているといえる。

第3に、失業率の高い時期に就職した世代においては、生涯所得が低下している可能性が高い。特に、日本の場合、労働市場で再就職の機会に乏しいため、失業の経験が生涯所得に与える影響が甚大になりかねない。

第4に、特に日本の場合、世帯間の所得格差の拡大に伴い、世帯間の消費格差は一層大きくなる傾向にある。所得税の累進度の低下が可処分所得の格差の拡大を増幅した可能性はある。年齢が高いほど、同一年齢グループ内の所得格差が大きくなる傾向がみられる。それは、基礎年金しか収入のない家計が増えているからと考えられる。

以上の諸点からわかるように、高齢化がマクロにおける所得分配の不平等化を促進する重要な要因であることを示している。

同時に、少子化は、一人当たりの遺産額を増加させる。遺産の格差が、個人資産の格差を説明する最大の要因とみられる分析結果が少なくないし、少子化は資産格差を増幅し、結果的に消費格差を拡大することにつながる。

個人の金融資産の格差は、高齢化が要因ではなく、同じ年齢層のなかの格差拡大の方が強いことが明らかになっている。これは、中高年齢層ではバブル期の資産運用格差の影響がみられ、若年層については遺産の有無が格差に影響している。

さて、OECD は、2006 年の対日経済審査において、日本の所得格差の検証を行っている（OECD 2006）（表 5-1）。その結果、①ジニ係数でみた家計所得の不平等度は OECD 平均より低いが、過去 20 年間に勤労世代のなかで急速に拡大している、②可処分所得でみた相対的貧困者の比率はアメリカに次いで高い、③子どものいる家庭の相対的貧困者の比率は、シングル・ペアレントで非常に高い、④相対的貧困の状況にある子どもの比率は、OECD 平均より高いな

表 5-1　OECD 諸国における税制および社会保障の相対的貧困率への影響

	1990 年代半ば			2000 年		
	市場所得における貧困率	貧困率の変化	可処分所得における貧困率	市場所得における貧困率	貧困率の変化	可処分所得における貧困率
チェコ	17.7	14.6	3.0	19.5	15.7	3.8
デンマーク	20.5	16.0	4.5	18.5	13.5	5.0
スウェーデン	18.6	14.5	4.2	16.2	11.0	5.1
オランダ	17.6	11.4	6.2	14.9	9.0	5.9
フランス	26.1	19.4	6.8	24.1	18.1	6.0
ノルウェー	14.2	7.5	6.7	14.5	8.5	6.0
フィンランド	18.1	12.7	5.4	15.3	8.8	6.4
ドイツ	18.6	11.3	7.2	20.5	12.5	8.0
オーストラリア	20.5	13.0	7.5	20.5	11.9	8.6
イギリス	20.4	12.5	8.0	19.9	11.2	8.7
ニュージーランド	18.2	11.2	7.0	18.3	8.8	9.5
ポルトガル	16.6	6.6	10.0	15.7	6.1	9.6
カナダ	17.8	8.4	9.4	16.0	5.7	10.3
イタリア	23.6	10.9	12.7	21.8	10.3	11.5
アイルランド	26.6	18.0	8.6	18.8	6.9	11.9
日本	14.0	2.2	11.9	16.5	3.0	13.5
アメリカ	18.7	5.2	13.5	18.0	4.3	13.7
OECD 平均	19.3	11.5	7.8	18.2	9.7	8.4

注：家計所得について、中位数の 50％未満の所得の世帯を相対的貧困と定義し、全世帯に占める相対的貧困世帯の比率を計算した。表では、市場所得（税・社会保険料を控除前）と、可処分所得（税・社会保険料を控除、社会的給付を加えた後）で、相対的貧困率にどれだけ変化が出たかを、1990 年代半ばと 2000 年で比較した。
資料出所：OECD (2006)。

どの結果を公表している。この数値は、2009年10月に、国会でも取り上げられて議論された。

この国際比較によって、わが国の世帯ベースの所得不平等が、社会保障や税制によって是正されず、非正規雇用に依存する世帯の相対的貧困率が著しく高い事実が発見された。その事柄自体は喜ばしいものではなかったが、事実を認識できたことの意義は大きい。むしろ、事実を傍観したり先送りしたりするのでなく、そこから改革へのエネルギーと構想力を生み出さなければならない。

3　最低所得保障と「貧困の罠」：理論的検討

わが国では、増加する非正規雇用者の多くが、雇用保険の適用を受けていない。その結果、完全失業者のうち3分の1程度しか、雇用保険の失業給付を受けていない。なお、2010年3月末以降、雇用保険の適用範囲が拡大されて、31日以上の雇用契約でも加入できるようになったが、それによる効果はまだ顕著にあらわれてはいない。

それにもかかわらず、日本において1年以上失業している長期失業者は、完全失業者全体の35％に達しており、これはEU全体の数値とほとんど違いがなかった。

さらに、日本の長期失業者は、ほとんど失業給付を受給していない。なぜなら、雇用保険の失業給付は年齢および加入期間によって受給期間が異なるものの、受給期間が最長の高齢者でも1年以下だからである。

大陸欧州諸国の失業保険では、失業給付は2年または3年が通常であり、失業保険の給付期限をすぎた後は、多くの場合、税を財源とする失業手当または失業扶助の仕組みが機能している。給付額は、

失業前の所得を反映しないものになるが、定額の給付を継続して受給することも可能になっている。

わが国の場合、雇用保険の失業給付が終了した者や失業給付の受給権がない者に対する所得保障の最後の砦は、生活保護制度ということになる。

生活保護制度は、失業、疾病などにより、社会保険や雇用保険などによって生活を維持できない場合に、最低限の生活を保障するものである。その場合、生活保護は、現在の生活水準と、生活保護基準で定められた最低限の生活水準の差額を支給するのが原則とされている（補足性の原理）。

加齢や障害によって就労能力を失った場合と異なり、雇用保険の失業給付を受給できない者や失業給付が終了した長期失業者の場合、就労を促進するのか、生活保護を受給して無業化するのか、それらの二者択一になりやすい。

この場合、就業して得られる所得よりも、無業で生活保護を受けた場合の所得が高くなっている。このように、生活保護のような最低保障所得の対象となる結果、就業する意欲を失い、無業状態から出られなくなる現象を貧困の罠と呼ぶのである。貧困の罠という言葉にもかかわらず、生活保護受給者は最低所得保障を確保しており、その意味では貧困状態ではないとみることもできるので注意を要する。

そこで、現在の生活保護扶助基準額の算定方法をみた上で、生活保護扶助基準額と最低賃金がどのような関係にあるか検討し、貧困の罠はどのような場合に発生するのかを考えてみたい。

なお、欧州諸国では、疾病・障害などで労働能力を50％以上失うと、労働能力不能年金（障害年金の一部である場合もある）が支給さ

れて、生活保護以外のセーフティネットが機能することが多い。これに対し、日本の障害年金は、基準設定が労働能力の判断によらず、疾病の種類別の認定基準によっており、欧州諸国のような労働能力の減退を理由とする生活保障の機能を持たないことに注意すべきである。

日本の生活保護制度の根拠は、日本国憲法の第25条1項とされ、そこには、「すべて国民は、健康で文化的な最低限度の生活を営む権利を有する」と定められている。生活保護法によると、生活保護制度の目的は、最低限生活の保障と自立助長であるとされている。また、生活保護制度は、生活に困窮する者が、その利用し得る資産、能力その他あらゆるものを、その最低限度の生活の維持のために活用することを要件とする。

なお、民法の定める扶養義務者の扶養および他の法律に定める扶助は、全てこの法律による保護に優先して行われるとしつつ、急迫した事由がある場合に、必要な保護を行うことを妨げないこととなっている。

生活保護の扶助額は、3つの類費からなっている（図5-1）。①第1類費は個人単位の消費となる飲食物費や被服費など、②第2類費は世帯単位でかかる家具や光熱費などをいう。

第1類費は年齢別、第2類費は世帯人数によって給付額が変化する。なお、都道府県別の寒冷の差に応じて暖房費などが支給され、冬季加算と呼ぶ。経常的な一般生活費と別に、特別需要のための8種類の加算がある。それらは、障害者加算、母子加算、妊産婦加算、介護施設入所者加算、在宅患者加算、放射線障害者加算、児童養育加算、介護保険料加算である。

また、必要に応じて一時扶助費が給付され、一時扶助費には、被

①生活扶助基準（第1類費）

(単位：円)

年齢	1級地-1	1級地-2	2級地-1	2級地-2	3級地-1	3級地-2
0〜2	20,900	19,960	19,020	18,080	17,140	16,200
3〜5	26,350	25,160	23,980	22,790	21,610	20,420
6〜11	34,070	32,540	31,000	29,470	27,940	26,400
12〜19	42,080	40,190	38,290	36,400	34,510	32,610
20〜40	40,270	38,460	36,650	34,830	33,020	31,210
41〜59	38,180	36,460	34,740	33,030	31,310	29,590
60〜69	36,100	34,480	32,850	31,230	29,600	27,980
70〜	32,340	31,120	29,430	28,300	26,520	25,510

世帯構成員の数が4人の世帯の場合は、第1類費の個人別の額を合算した額に0.95を乗じた額をその世帯の第1類費とし、世帯構成員の数が5人以上の世帯の場合は、同じく合算した額に0.90を乗じた額をその世帯の第1類費とする。

②生活扶助基準（第2類費）

(単位：円)

人員	1級地-1	1級地-2	2級地-1	2級地-2	3級地-1	3級地-2
1人	43,430	41,480	39,520	37,570	35,610	33,660
2人	48,070	45,910	43,740	41,580	39,420	37,250
3人	53,290	50,890	48,490	46,100	43,700	41,300
4人	55,160	52,680	50,200	47,710	45,230	42,750
5人以上1人を増すごとに加算	440	440	400	400	360	360

級地別に入院患者、施設入所者、出稼者を除いた全ての世帯員を合計する。

冬季（11月〜翌年3月）には地区別に冬季加算が別途計上される。

③加算額

(単位：円)

加算できる対象		1級地	2級地	3級地
障害者	身体障害者障害程度等級表の1・2級に該当する者等	26,850	24,970	23,100
障害者	身体障害者障害程度等級表の3級に該当する者等	17,890	16,650	15,400
母子世帯等	児童1人の場合	23,260	21,640	20,020
母子世帯等	児童2人の場合	25,100	23,360	21,630
母子世帯等	3人以上の児童1人につき加える額	940	870	800

該当者がいるときだけその分を加える。

入院患者、施設入所者は金額が異なる。

このほか、「妊婦・産婦」などがいる場合は、別途、妊婦加算等あり。

児童とは、18歳になる日以後の最初の3月31日までの間にある者。

ひとり親については、「障害者」に対する加算と「母子世帯等」に対する加算は併給できない。

④ このほか、必要に応じて住宅扶助、教育扶助、介護扶助、医療扶助等が支給される。 → 最低生活費

図5-1 生活保護制度における生活扶助基準額の算出方法（2010年4月〜）【最低生活費＝①＋②＋③＋④】

資料出資：厚生労働省資料。

服費、期末一時扶助費、家具什器費、移送費、入学準備金などのことをいう。なお、住宅扶助は1級地と2級地が高く、東京都の場合、1人暮らしで5万3700円、2人以上で6万9800円、7人以上で8万3800円となっている。これは、3級地で低く、富山県の場合、1人暮らしで2万1300円、2人以上で2万7700円、7人以上で3万3200円である。このほか、地域によって異なる敷金支給の限度額（家賃月額の3～7倍）が定められている。

さらに、生活保護制度は、自立支援のために施策を実施することとされ、以下の措置が導入されている。

① ケースワーカーによる就職自立支援
② 社会生活自立支援
③ 日常生活自立支援

まず一般的なケースとして、最低所得保障と就労インセンティブの関係を考えよう。ある個人を想定し、縦軸をその所得または消費とし、横軸を労働時間と考え、無差別曲線を U_0、U_1、U_2 とする（図5-2）。

生活保護などの最低保障所得 $0A$ が受給可能であるが、就労に伴う所得は生活保護給付と相殺されるとする。この場合、就労所得の方が最低所得保障より高いにもかかわらず貧困の罠が発生し、この個人は、就労をやめて最低保障所得に完全に依存することになる。

そのことは、以下のように説明される。最初、無業で無収入の個人は、0点にいる。そこに、賃金率 W_1 の雇用の機会と、最低保障所得 $0A$ の受給の機会が提供される。最低保障所得を受給すると、賃金相当額が全て最低保障所得と相殺される。このため、就労しないままに A 点に移動することが有利である。なぜなら、就労した場合の C 点の効用は U_0 であり、A 点の効用 U_1 よりも低い水準だ

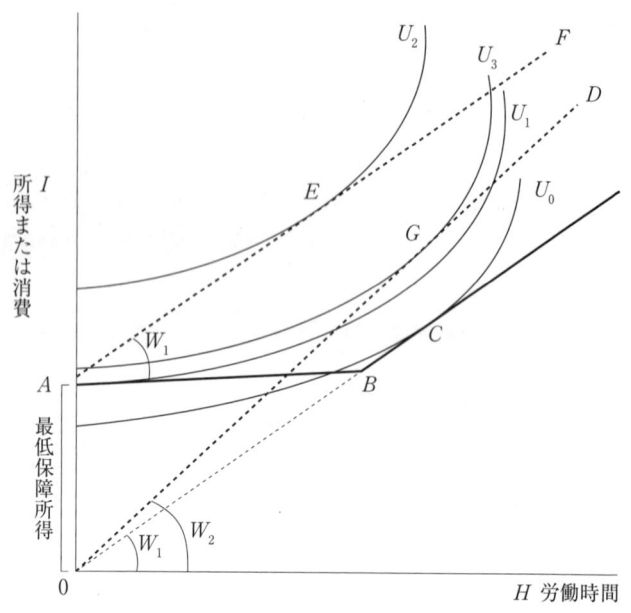

図 5-2　一般的ケース：「貧困の罠」と就労インセンティブ
資料出所：筆者作成。

からである。

　問題は、すでに就労している者に対して、最低保障所得 $0A$ を提供した場合である。この場合、結局、就労をやめて、最低保障所得に依存することになる恐れがある。

　それを説明すると次のようになる。C 点ですでに働いていた者に、最低保障所得 $0A$ を提供し、賃金を相殺すると、この個人は、就労を完全にやめて A 点に移動する。なぜなら、就労した場合の C 点の効用は U_0 となり、A 点の効用 U_1 は、とり得る効用水準のうちで最も高いからである。

もし、C点ですでに働いていた者に、最低保障所得$0A$を賃金を相殺しない条件で提供すると、就労したままE点に移動する。なぜなら、就労した場合のC点の効用はU_0だが、E点の効用U_2はそれより高いからである。

しかし、C点ですでに働いていた者に、最低保障所得$0A$と賃金を相殺する条件で提供しても、賃金がW_2に上昇すれば、就労したままG点に移動する。なぜなら、当初就労した場合のC点の効用はU_0だが、G点の効用U_3はそれより高いからである。

このように、条件によっては、生活保護給付の労働供給に与える効果は、1日当たりの賃金受給額（ここでは$H \times tan W_1$）と生活保護給付（A）のいずれが、単純に高いか低いかでは決まらない。また、生活保護給付から賃金を完全に相殺するか否かで効果は大きく異なる。賃金と最低保障所得を相殺すると、就労意欲は完全に失われる。

そこで特殊なケースとして、最低保障所得Aが制度的に与えられていながら、市場賃金W_1の下で、最低保障所得Aを受給せずに就業を選択し、最低保障所得より低い賃金Bを得るケースはどういう場合かを検討する（図5-3）。

この場合、最低保障所得と賃金は相殺されるため、最低保障所得を受給した場合の労働時間は本来ゼロとなる。その場合の効用U_1は、Bで就労して賃金率W_1を得る場合の効用U_0よりも高くなる。

ところが、本人が住居を有したり、自動車を保有したりすると、生活保護の資産テストの要件を満たさず、最低保障所得そのものが受けられない。あるいは、この個人が福祉事務所で申請しても、職員にもっと働くように諭されて、結局、最低保障所得を受給できないことがある。

そのような場合、最低保障所得Aを受給できずに、B点で就労

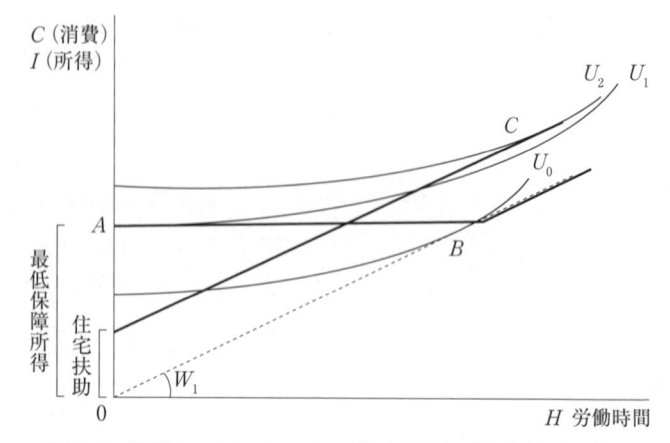

図 5-3　特殊ケース：ワーキングプアおよび住宅扶助の効果
資料出所：筆者作成。

することになる。これが、わが国における典型的な「ワーキングプア」のケースといえよう。ここでいう B 点では、非正規雇用のため、企業から住宅手当などは全く支給されない。しかし、この個人が住居を失っている場合に、就労所得と相殺しない条件で、住宅扶助相当分のみを支給することを想定してみよう。その場合、非正規雇用の賃金と住宅扶助を合計した所得は C であらわされる。この場合の効用水準は U_2 となり、最低所得保障をもらって無業のままでいる U_1 より高い効用水準を達成することが可能になる。

つまり、非正規雇用のワーキングプアの状態でも、住宅扶助相当額を別途支給され、これを賃金と相殺しなくてよいとの条件さえあれば、最低生活保障を受けて「貧困の罠」に陥ることなく、就労を続けることが可能になるであろう。

2010年の最低賃金の改定にあたっては、10の都道府県で、生活

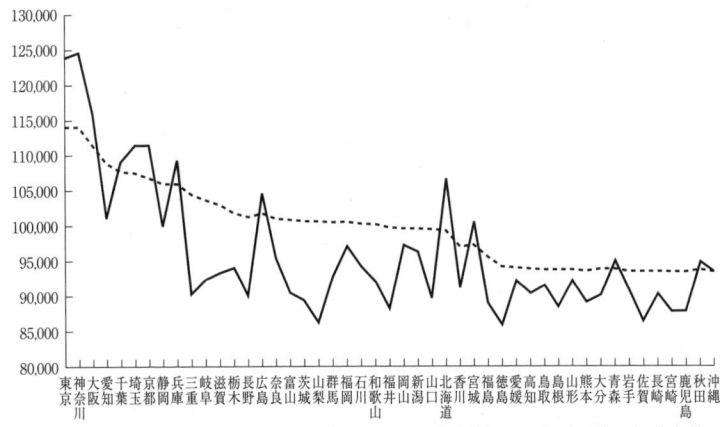

図 5-4　都道府県別の生活保護水準と最低賃金の関係（単位：円）

注：1　生活扶助基準（1 類費 + 2 類費 + 期末一時扶助費）は 12 ～ 19 歳単身である。
　　2　生活扶助基準は冬季加算を含めて算出。
　　3　データは 2008 年度のもの。
　　4　0.857 は時間額 627 円で月 173.8 時間働いた場合の税・社会保険料を考慮した可処分所得の総所得に対する比率。

資料出所：全国知事会・全国市長会（2006）。

保護水準（単身者）が、最低賃金の相当額を上回っていたため、その差額を埋め合わせることが、当面の最低賃金引上げの目標とされた（図5-4）。ここでは、生活保護水準には、生活扶助のほか、住宅扶助が含まれている。

こうした措置は、最低賃金を受け取っているワーキングプアについて、生活保護給付との逆転を是正して、ワーキングプアの状態を脱出するためには、一定の効果を持っているといえよう。特に、最低賃金が低いために、かえって、一定の所得水準を確保しようとし

て就労希望者が殺到する場合には、最低賃金を引き上げることで、労働供給圧力を低下させることができる。

しかし、個人の就労行動は、賃金額だけで決定されるわけではない。仮に賃金総額が、生活保護水準より高くても、労働時間が長いために、家庭責任を前提とすれば、就労を続けることができないかもしれない。その意味で、最低賃金が生活保護給付を上回る対策だけでは、「貧困の罠」を回避するために十分とはいえない。実際、最低賃金と生活保護水準の格差是正に3年かかるような場合には、最低賃金の引上げの効果は、ワーキングプア対策としては極めて限られたものでしかない。

今後の制度設計においては、就労可能な者には、就労を最低所得保障の前提とし、ある程度の資産保有を認めつつ、就労インセンティブを強める必要がある。さらに、非正規就労から正規就労への転換を促進し、最低保障所得への依存を段階的に脱却できる制度を構想することである。その際には、次節で検討するように、欧州諸国における経験から、様々な示唆を得ることができるだろう。

4 長期失業問題に対する日独仏の対応：実地調査に基づく検討

長期失業者および失業給付を受給できない者に対する政策対応については、失業給付と生活保護の再設計と併せ、地方における労働市場行政のあり方を再検討する必要がある。それは、長期失業者が多様な受給ミスマッチ要因を抱えており、一般の労働市場行政だけでは、十分な対策を講じることが難しいからである。そこで、ここでは、現地調査に基づいて、長期失業者に対する日独仏の行政の対応の違いを検討する。大きく分けて日本と独仏の間の主たる対応の

違いは以下の点にある。

第1は、長期失業者に対する公的職業紹介システム自体の機能や運営方法に関する相違である。

第2は、長期失業者に関する最低所得保障制度の有無と、その制度改革論議に関する相違である。

1）長期失業者に対する公的職業紹介システムの相違

欧州各国の公的職業紹介システムにおいては、基本的には、職業紹介カウンセラーと求職者の間でマンツーマンの関係の構築を基礎とする。面接時間は、最低30分は確保される。さらに、安定所と求職者の間で、権利・義務関係を明確にする契約を結び、継続的なサービスを行う場合もみられる。

求職者登録は、失業保険給付を受ける上で基本的な前提であるのは、日本と変わらないが、求職者登録は、社会保険の加入継続の手続きと連動し、失業者の社会保険によるセーフティネットの継続が保障される点が重要である。

さらに、近年、失業保険の適用を受けられない長期失業者に対して、対策が強化されていることに伴い、地域の安定所と市町村自治体が共同の組織をつくったり、両者が契約を結んで同じ場所で業務を行ったりすることが、欧州各国で広くみられる。

つまり、①全国ネットの失業保険と公的職業紹介システムを組み合わせるのと同時に、②失業保険が切れたり、失業給付の対象とならない失業者を対象に、市町村と協力し、職業紹介機能と、社会保険、社会福祉、精神衛生や医療、法的支援などの機能を持った新型の安定所が誕生した。

なお、欧州では、公的職業紹介機関では、職員の全員が国家公務員であるとは限らない。管理職の多くは国家公務員としての地位を

得ているとしても、職業紹介カウンセラーなどのスタッフを含め、多くは一般の職員として、増員が図られてきている。

　日本の場合、最近まで雇用保険の適用される労働者の範囲が狭く、職業紹介と失業給付の一体的運用が実現できていない。導入が予定される求職者給付は、社会保険の手続きと連動せず、失業した時点で社会保険の無保険者になるリスクを防ぎきれない。

　求職者は、膨大な待ち時間を覚悟しなければならず、繁忙期の面接は5分程度にすぎない。特定の職業紹介カウンセラーとの一対一の継続的な関係は存在しにくい。カウンセラーとの関係の希薄さは、相互の正確な情報の伝達を妨げ、事実とは異なる建前で話が進み、職業紹介と求職者個人の真のニーズとがかい離する。失業給付をもらうため、形式だけ職業紹介を受けたり、求職者給付をもらうために、形式だけ職業訓練を受ける失業者が増えかねない。

　困ったことに、日本では、職業紹介官の定員自体が減少傾向をたどってきた。最近の雇用失業情勢の悪化に対して、非正規の相談員が増員され、正規の職業紹介官の人数を上回るようになってしまった。ようやく、「基金訓練」の実施を契機に、職業紹介カウンセラーと求職者の一対一の関係を築く試みが開始された。

　ドイツ・フランスでは、一人の職業紹介カウンセラー当たりの失業者数は100名前後であるのに、日本では、すでに200名を超えていると推計されている。この面でも、日欧の公的職業紹介の組織には、見逃せない大きな相違がある（厚生労働省 2006、2010b）。

2）長期失業者に対する最低所得保障制度と改革論議の相違

　次は、長期失業者に関する最低所得保障制度と、その改革論議に関する相違である。

　欧州では、1990年代から、失業給付の受給を終了した者または

失業給付の受給権のない者（若年層も含む）の失業長期化を防ぐため、安定所の職業紹介機能だけでは十分でないことが認識されてきた。長期失業者の中には、精神面のケアを必要とし、住宅を失い、多重債務に苦しみ、離婚や不和など家族内部の困難を抱え、場合により、医療面のケアの充実や依存症からの脱却の支援を要した。こうして、市町村自治体と安定所が連携する必然性が生まれた。

　長期失業は、労働経済学的には、労働需給ミスマッチの深刻な形態の一つとみなされる。特に、半年、1年を超えて失業期間が長期化することで、労働者としての人的資本が磨滅し、本人の就労意欲や自信の減退を加えることになる。また、企業側が長期失業者に対して面接を拒否したり、差別的な扱いをすることで、労働市場への再参入は、ますます困難を加えることになる。すなわち、需給ミスマッチを引き起こす要因として、賃金水準や職種・労働条件などに加え、社会学的、人口学的条件や精神的・肉体的条件が加わってきた。

　したがって、長期失業者問題が深刻化するにつれ、住宅確保、医療支援、債務の処理、精神面のケアなどをワンストップで提供するため、雇用行政と自治体行政の連携が不可避であり、関係者の間で共通認識が共有できた。

　日本の場合、長期失業者の問題は、不況期にホームレスの増加という形で、常に顕在化し得た。しかし、ホームレスが、長期失業の延長線上で起きる問題だということが理解されず、依存症や家族崩壊の結果としてみられがちであった。むしろ、若年フリーターや無業者、さらに、ネット・カフェ難民などの問題が深刻化した（水島 2007）。また、2008年9月の世界経済危機の影響で、製造業を中心に派遣・請負労働者の大量解雇が発生し、有期限労働者の「雇止め

(雇用主からの雇用契約の更新拒絶)」が顕在化し、住宅を失って越年できない人々が増加して、職業紹介だけでなく、総合的な行政の対応の必要性が認識された。

これに加え、近年、親による虐待を受けて、児童養護施設に入所する子どもたちが増加傾向にある。そのほとんどは里親を得ることなく、18歳になって、施設を出ていく。孤立無縁なこれら若者の場合、安定した仕事を得られず、帰る実家もなく、ホームレスになるリスクは高い（山野 2008、飯島・ビッグイシュー基金 2011）。

欧州諸国では、就労する能力のある失業者が、日本の生活保護に相当する最低生活保障給付を長い期間受給する結果、労働市場への復帰が困難になる「福祉国家」の問題が広く認識されてきた。そこで、最低生活保障の仕組みを改革し、就労する能力のある者を既存の制度から分離し、失業給付が終了したあと支給されていた失業扶助と統合する議論は、1990年代後半に本格化した。さらに、単純な仕事に、週数時間ずつ就労するなどの条件で就労を義務づけながら、最低保障所得を継続し、就労し所得を得るモチベーションを高める試みが進められてきた（Barbier 2006、Eichhorst *et al.* 2009、Andress & Lohmann 2008 など）。

これら改革が積み上げられ、就業率を回復する工夫が続けられ、今世紀になってからの欧州の景気回復の流れのなかで、就業率の持続的上昇という形で効果がみられた。

日本では、失業者のうち失業給付を受給している者は3割程度にすぎず、しかも、失業給付を受給しない失業者の大多数は、最低生活保障を受けていない。今回の世界経済不況のもとで展開された緊急対策において、失業給付を受給できない者への所得支援は、予算措置として設けられたにすぎない。それは、職業訓練の実施期間中

5章 人口減少下の経済格差と非正規雇用　153

表5-2 日独仏における失業者の所得保障および雇用対策の実施主体

<table>
<tr><th colspan="2"></th><th colspan="2">日本</th><th colspan="2">ドイツ</th><th colspan="2">フランス</th></tr>
<tr><th colspan="2"></th><th>　</th><th>実施主体</th><th>　</th><th>実施主体</th><th>　</th><th>実施主体</th></tr>
<tr><td rowspan="10">失業保険制度</td><td>名称</td><td>雇用保険失業給付</td><td rowspan="3">ハローワーク(公共職業安定所)</td><td>失業給付Ⅰ(ALGEⅠ)</td><td rowspan="3">連邦雇用機関</td><td>雇用復帰支援手当(ARE)</td><td rowspan="3">雇用局</td></tr>
<tr><td>給付期間</td><td>90日～360日(加入期間、年齢で給付期間は異なる)</td><td>6ヶ月～24ヶ月(加入期間によりスライド)年齢により給付期間が異なる</td><td>122日間～1095日間(加入期間の日数と同じ)年齢により給付期間が異なる</td></tr>
<tr><td>受給者数</td><td>81万人 (2009年3月)</td><td>108万人 (2007年)</td><td>220万人 (2009年10月)</td></tr>
<tr><td>名称</td><td>緊急人材育成支援事業(予算措置)(求職者給付2011年度から恒久化)</td><td rowspan="3">ハローワーク(公共職業安定所)</td><td>失業給付Ⅱ(ALGEⅡ)</td><td rowspan="3">ジョブセンター(連邦雇用機関＋市町村)</td><td>特別連帯手当(ASS)受給期間が終了した長期失業者</td><td rowspan="3">雇用局(県・市と連携)</td></tr>
<tr><td>給付期間</td><td>職業訓練受講中</td><td>原則6ヶ月だが、更新可能</td><td>ASS 原則6ヶ月 原則60歳迄で更新可能(再就職後も受給可能)</td></tr>
<tr><td>給付額</td><td>支給 月10万円～12万円貸付 月5万円～8万円</td><td>月215～359ユーロ(家族構成によって異なる)</td><td>月最大454.20ユーロ(家族構成によって異なる)</td></tr>
<tr><td>受給者数</td><td>(10万人程度) (2010年7月)</td><td></td><td>226万人 (2008年)</td><td></td><td>32万人 (2008年)</td><td></td></tr>
<tr><td>補足事項</td><td>就職安定資金融資住宅手当 総合支援資金貸付等もあり</td><td>自治体(市町村)</td><td>雇用機関と就労に向けた6ヶ月間の統合契約を締結</td><td>(連邦雇用機関)</td><td></td><td></td></tr>
<tr><td>名称</td><td></td><td></td><td></td><td></td><td>積極的連帯所得手当(RSA)</td><td rowspan="4">雇用局(県・市と連携)</td></tr>
<tr><td rowspan="3">失業保険終了後の失業者の生活保障</td><td>給付期間</td><td></td><td></td><td></td><td></td><td>月収制限を4ヶ月連続で超えない限り原則無期限(就職後も手当の支給を継続)</td></tr>
<tr><td>受給者数</td><td></td><td></td><td></td><td></td><td>103万人(2007年社会参入最低所得手当RMI)(2009年6月にRMIからRSAに改正移行)このほか、待機一時手当(ATA)がある。</td></tr>
<tr><td></td><td></td><td></td><td></td><td></td><td></td></tr>
<tr><td rowspan="2">その他の生活保障</td><td>名称</td><td>生活保護</td><td></td><td>社会給付(SG)</td><td></td><td></td><td></td></tr>
<tr><td>受給者数</td><td>170万人 (2010年5月)</td><td></td><td>200万人 (2008年)</td><td></td><td></td><td></td></tr>
</table>

資料出所：各国資料に基づき筆者作成。

(3ケ月または6ケ月)に限り、月額10万円を支給する制度(「基金訓練」と呼ばれる)である。

　幸か不幸か、わが国では長期失業者であっても、多くの人たちが生活保護給付を申請してこなかった。その結果、これまでは、国や自治体は、長期失業のコストを負担しないで済んでいる。ただし、大阪府などは、ホームレス対策の進展で生活保護給付費が急速に膨張して自治体の財政を圧迫しており、就労可能な者向けに生活保護制度を改革する必要性が高まっている。

　このように、失業給付を受給できない人々が地域労働市場に滞留し、生活困難や貧困問題を抱えるようになると、安定所と地域の自治体行政が、問題解決のために、共同して多角的に対処する必要性も急速に高まる。わが国で、安定所と自治体の協力が本格化したのは、2008年12月から全国数十ケ所で実施された外国人求職者に対する「外国人ワンストップ・サービス」であった。その後、2009年11月および12月に合計2日間、いわゆる「派遣切り」や「雇止め」対策として、主要な安定所で市町村自治体との「ワンストップ・サービス」が試行的に実施された。しかし、いずれの場合も、法的な整備が行われていないため、国の職員と自治体の職員が必要な情報交換を行い、共通の指揮命令系統のもとで任務を果たすことはできない。

　今こそ、わが国でも、失業者が失業給付の対象とならない領域においては、安定所と自治体が積極的に連携し、長期失業者や就職困難者に対し効果的な対策を実施するため、最低生活保障と就労促進を組み合わせる制度改革が議論されるべきである。

　ところが、2008年には、自民・公明連立政権下で「出先機関改革」が推進され、地方の安定所や労働局がその対象となり、長期失

業対策改革の議論どころではなくなった。2010年6月、民主党内閣のもとで、「地方分権推進会議」が設置され、国の出先機関と自治体の協力や、最低生活保障制度の改革の視点でなく、安定所を国から地方に移管すべきか否かという点に、議論が偏りすぎている（厚生労働省 2008、2010b）。

欧州の長年の論議でも、安定所の運営を国から自治体に委譲するよう希望する自治体が一部に存在する。しかし、労働市場圏の拡大により、かつては自治体が運営していた安定所は、1930年代に、国による全国的なネットワークに統合された経緯がある。安定所を自治体に全面移管することで、労働市場政策の改革が達成できるわけではないのである。

5 問題解決の方向性

本章で検討したように、就労していても低所得に甘んじなければならない人々が増加し、同時に、長期失業が増加することが懸念される。このため、政府は失業給付と生活保護の間に「求職者給付」を制度化することを決定している。

失業者が、「貧困の罠」に滞留する事態を防ぐために、失業給付と生活保護の間に設ける給付制度は、求職登録または就職を前提としたものでなければならない。そのため、本格的な改革には、生活保護制度のうち、就職可能な者に対する制度を分離して、所得保障と雇用促進、そして、様々な生活支援を一体的に実施する制度基盤を構想する必要がある。

そのような制度改革にあたっては、労働市場行政そのものを大きく改組することが必要である。それは、職業あっせんのほか、住宅の確保、医療のケア、多重債務問題、子どもたちのケアなど、様々

な対応を、自治体と国の協力のもと、地域のニーズを十分に反映しつつ推進できるような新たな仕組みとなろう。このため、国と自治体（それにNPO）が共同して運営する「ジョブ・センター」（仮称）について、新たな立法措置を講じ、国と自治体の情報の共有を一定の限度のもとで認め、共同組織における指揮・命令や協議、権限の行使およびその調整が可能になるようにする必要がある。

必要な施策のうち、住宅の確保については、生活保護には住宅扶助があるものの、住宅政策として、国民に最低基準を満たした住宅を保障してきたとはいえない。実際、高額の敷金・礼金を払えず、保証人を得られないと、民間による住宅確保は困難である。そこで、低所得者を対象とする県営・市営住宅やUR住宅に加え、雇用促進のために雇用促進住宅が提供されてきた。しかし、近年の公共事業の抑制とともに新設や改築が抑制され、老朽化が進み、居住者も高齢化が進むなど、見直しが急務である。

なお、災害で住宅の全壊などで家を失い、自らの資力では住宅を得ることができない者には、災害救助法により、1戸当たり29.7m^2（9坪）を基準とする仮設住宅の建設に国が補助を行うことになっている。しかし、市町村の実務的な負担も多く、迅速に建設が進まないなどの課題も多い。

同時に、失業者の社会保険加入の継続について、切れ目のない仕組みに改組することで、失業者が社会保険の適用を外れることがないようにしなければ生活は安定しない。特に、失業したことを理由に、長年加入した厚生年金や健康保険から自動的に脱退する現在の制度は、失業者にとって苛酷な仕組みである。所得を失っている場合も、国民年金や国民健康保険への加入のために被用者保険に加入していた場合よりも高い保険料負担を覚悟しなければならないのは、

失業者に優しい制度とは言い難い。

その意味で、失業給付を受給している間の社会保険料負担は、雇用保険において自動的に継続する仕組みに転換することが理想と考えられる。

これに加えて、わが国の税制の仕組みも、失業者にとって厳しい制度になっている。国税は、給与所得から源泉徴収されるため、所得のある間に支払うことができる。ところが、地方税は、前年の所得に対して課税され、徴収が翌年になるため、支払いに困難をきたしやすい。

所得が傾向的に増加する時代には問題なかった現在の税制は、所得が減少したり、失業して所得がなくなったりした場合には、極めて不合理な制度となる。税金支払いのために失業中の生活費が圧迫され、家計の大幅なリストラを迫られる。それのみならず、私立学校に通う子どもたちの公立学校への転学や、住宅ローンの返済困難によるマイホームの売却に追い込まれる。

高失業の時代には、失業者に厳しい税制の仕組みを改革することは急務である。それに、税収確保に腐心する国や自治体にとって改革は大きなメリットをもたらす。

こうした失業者の広範な就労と生活に関する相談と必要な支援を行うための体制づくりのために立法措置を講じ、ハローワークと自治体が、地域のNPOなどと共同し、新たな組織を運営できるようにすべきである。様々なプログラムの開発、就業と生活を再建するための戦略の立案やノウハウ、および情報の提供などと併せ、系統的な人材開発も不可欠である。

6章

正規・非正規雇用の格差と差別禁止政策

1 正規・非正規雇用の格差はなぜ放置されたのか

 本章の目的は、正規・非正規雇用の格差の原因を問い直し、その格差是正の一環として、雇用均等および差別禁止政策の可能性を検討することである。雇用のなかで、正規・非正規雇用の組合せは、どのようにして決定されるのかについては、厳密な意味で労働経済学的理論はいまだに存在していない。しかし、正規・非正規雇用の組合せと、正規・非正規の賃金・労働条件格差とは、深く関係し合っている可能性が高い。

 そこで、本章では、理論的な枠組みを構築しながら、正規・非正規の格差是正と雇用ポートフォリオの決定について究明する。

 近年、雇用全体に占める非正規雇用の比率が、若年層では5割に近づいている。こうしたなか、非正規雇用を正規雇用に転換させる制度設計への関心も高まっている。しかし、非正規雇用から正規雇用に転換できる制度が普及しても、雇用全体に占める非正規雇用の比重はかえって高まる可能性すらある。そこで重要なことは、正規雇用と非正規雇用の不合理な格差を、どこまで是正できるのか、そもそも、こうした格差はどういう根拠で拡大してしまったのかを問い直すことである。

2 正規・非正規雇用の間の賃金・労働条件格差

1) 格差を生み出す基本的要因

　近年、アジアなど新興国向けの需要をキャッチした企業の成長期待が高まる反面、国内市場のみに依存する企業は、そのままでは、次第に衰退の危機に直面している。また、情報通信技術が飛躍的に進歩するなか、それらを十分に活用する業態と、情報通信を有効に活用できない業態では、生産性の伸びだけでなく、雇用機会や賃金を含めた処遇格差が拡大するリスクも先進諸国に共通して存在している。

　ただし、日本の労働市場の大きな特徴は、欧米のような職種間や産業間の賃金格差の変動だけでなく、同一あるいは類似の仕事に従事していながら、「正社員(定年までの期間の定めのない雇用形態)」と「非正社員(有期雇用や派遣社員)」という雇用形態の違いから、処遇にも大きな格差が発生することである。これは、正社員と非正社員の間における賃金の決定方式の違いによる面が大きいと指摘されている。

　第1に、職能給制度のもとで、企業内の勤続年数と正の相関がある正社員の賃金と、職務給中心で、そうした相関が弱い非正社員の賃金の間の格差をあげることができる。これが、実に、男女間の大きな賃金格差の一つの要因にもなっている。実際、勤続年数とともに高くなる正社員の賃金と、賃金カーブがフラットな非正社員との賃金格差は、男女を問わず勤続年数を重ねるとともに拡大する傾向にある(図6-1)。

　第2に、企業利益の配分としてのボーナスがある正社員の賃金と、ボーナスがないまたは、その額が低いために、基本給が主となって

(円／時間)

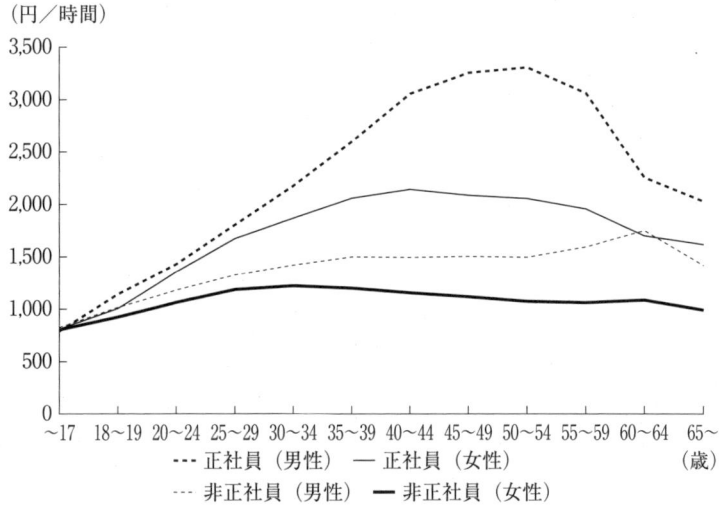

図 6-1　年齢別賃金の比較

出所：厚生労働省「平成 19 年賃金構造基本統計調査」。

いる非正社員の賃金との差がある。

　企業自治（コーポレート・ガヴァナンス）の視点からは、一方で、利害関係者（ステークホルダー）として株主・債権者等と並んで、従業員があげられる。この場合、従業員というのは、企業内において雇用が保障されている正社員をさす場合が多かった。他方、企業外労働市場で職種別の賃金を得る非正規雇用の人たちは、正規雇用の人たちのような企業利益の配分を受けにくい立場にあるといえよう。

　第 3 に、雇用契約に期間の定めのある非正社員の場合には、雇用契約が更新されなければ、次の就業先との契約の間に切れ目が生じ、その間の生活が不安定なものとなる可能性が高い。

　正規雇用と非正規雇用の賃金水準の違いは、正規雇用の場合、転

勤・異動のリスクや残業等が当然視されてきたことと、拘束性の高い働き方に対する対価が支払われていることを考える必要がある。つまり、限定された範囲の仕事にしか従事しない非正規雇用者の賃金にプレミアムが加えられて、正規雇用者の賃金ができあがっていると考えることもできる（内閣府 2008）。

2) 非正社員の増加と規制緩和の関係

非正社員比率の高まりは、1980年代から一貫して生じてきた。1997年の東アジア経済危機の発生を契機とした日本経済のマイナス成長で、その傾向は一層加速してきた。

1995年以降、回復が見込まれていた経済成長が再び屈折してしまい、長期の継続的な雇用保障を前提とする正規雇用について、企業の雇用過剰感が、再び急速に高まったと考えられる。

そもそも、1980年代までの景気後退期には、非正規雇用を削減して正規雇用を維持することが日本企業の一般的な行動とみられてきた。しかし、1990年代末から、経済成長のトレンドが低下し、企業にとって正規雇用を維持するコストが高すぎると認識されるようになったと考えられる。このため1990年代末から、正社員比率を引き下げる動きが本格化してきた。すでに、非正規雇用者は、雇用者全体の3分の1を占めている。

具体的には、希望退職の募集や、定年による退職者の不補充・補充削減、さらには補充する場合に非正社員に限定するという企業行動へと変化が幅広く生じたと考えられる。

非正規雇用比率の高まりに対し、企業による非正規雇用への需要は、労働者派遣法の規制緩和によって増加したとの見方もある。しかし、これに対しては反論もある。第1に、非正社員の増加は2003年の労働者派遣法改正等の以前からみられた長期的な現象で

あること、第2に、禁止されていた製造業務の派遣が解禁され、請負契約のもとで就業していた請負社員や期間工が、派遣社員として就業するようになった面に注意すべきであること、第3に、非正社員の7割近くは、規制緩和の対象ではないパートタイム労働者で、派遣社員の比率は非正社員全体の1割にも満たないことをあげることができる。

1989年以降、雇用者の増加は非正規雇用の増加によるところが大きく、特に、1995年以降、女性雇用者の非正規雇用が大幅に伸び始め、コストの低い労働者へのシフトが顕著になっていった。不況時においてすら正規雇用を維持し増加させてきた大企業も、同年以来、正社員を減少させて非正規雇用に切り替え始めたと考えられる。

実際、「賃金構造基本統計調査」によれば、1995年から2000年の間で大企業（従業員1000人以上）のパートタイム労働者の比率は10％から18％強に急上昇した。また、「就業構造基本調査」では、2002年から2007年までの5年間の派遣社員の増加の約半分は、生産工程・労務作業者の増加によるものだった。

現在、日本の雇用慣行では、正社員の採用を、新卒時に大きく依存している。しかし、卒業時に雇用機会が乏しく、就職時期を逃した若年者が、一度、非正規雇用者になった場合、なかなか正規雇用に転換できないという現象、すなわち「非正規雇用の固定化」現象が生じている。

非正規雇用者が、雇用者全体の3分の1を占めるなかで、同一あるいは類似の仕事をしている場合の正規雇用者と非正規雇用者の間に、賃金や福利厚生等の点で合理的根拠のない処遇差が存在する。これは、労働市場における公平性と効率性の両面から改善すべき課

題である。

　繰り返すと、非正規雇用者を正規雇用に転換することで格差を解消するという考え方もないではない。しかし、非正規雇用自体が増加している以上、非正規雇用者の雇用の安定や不合理な格差の是正こそ重要な課題と考えられる。

3　正規・非正規雇用の選択に関する経済モデル

　正規雇用と非正規雇用の組合せが、どのような経済的要因によって決定されるのかを、理論的に説明する試みは意外と少ない。ここでは、残業増加と新規雇入れの選択の決定を経済学的に考えるなかで、非正規雇用の増加の要因を理論的に考えてみたい。

　まず、労働時間不等式とは、$\alpha > (C/wH)$ を意味する。ここで、α は、時間外労働の割増率、C は非賃金労働費用（non-wage labor cost）、w は時間当たり賃金率、H は所定労働時間、h を一人当たり残業時間とする。なお、$H = nh$ とし、一人当たりの所定労働時間数は、h 時間の残業 n 人分に相当すると仮定する。

　第1命題：$\alpha > (C/wH)$ ならば、企業は雇用創出を選択し、$\alpha < (C/wH)$ ならば、企業は残業増加を選択する。

　企業において労働投入量を nh だけ増加させる必要が生じた場合、これを n 人の労働者の残業で対応するための総コストは、

$$w(1+\alpha)nh = w(1+\alpha)H \quad (1)$$

したがって、時間当たりのコストは

$$w(1+\alpha) \text{ となる。} \quad (2)$$

　この労働投入量の増分を、労働者1人を採用して労働させる場合、採用コストはゼロに近いとの条件を満たす場合、総コストは、$wH + C$ となる。

これに対し、時間当たりのコストは

$$(wH+C)/H = w\{1+(C/wH)\} \quad (3)$$

(2) と (3) が等しくなる場合、

$$w(1+\alpha) = w\{1+(C/wH)\} \quad (4)$$

したがって、

$$\alpha = C/wH \quad (5)$$

ここから、割増賃金率が、非賃金労働費用と賃金費用（wage cost）の比率と一致すれば、残業を行っても、新たに労働者を採用しても、追加的コストは同じとなる。

そこで、$\alpha > C/wH$ ならば、

残業を行う方が、新たに労働者を採用するよりも、時間当たりコストが高くなるので、企業は雇用創出を選択し、

$\alpha < C/wH$ ならば、

新たに労働者を採用する方が、残業を行うよりも、時間当たりコストが高くなるので、企業は、残業を行うことを選択することが導かれる。

非賃金労働費用というのは、1970年代以降、欧州における雇用問題の深刻化の背景として指摘されてきたものである。賃金以外の労働コストが高まると、雇用創出力が低下し、労働の資本への代替（機械化やOA化）を加速し、単純で低賃金な雇用が減少する効果をもたらす。

所定労働時間の短縮は、時間当たり非賃金労働費用を増加させるため、長期的には、雇用創出を阻害する結果をもたらすとの推論が可能である。

本モデルでは、当初は、労働者に正規労働者と非正規労働者がい

ることを考慮していなかった。そこで、正規労働者と非正規労働者の賃金率が同等であったとした上で、正規労働者の非賃金労働費用 Cr は、非正規労働者の非賃金労働費用 Cir と比べると

$Cr > Cir$　　　　となる。このため、
$\alpha < (Cr/wH)$　　であっても、ほとんどの場合、
$\alpha > (Cir/wH)$　　となると推論できる。

以上から、企業は正規労働者の残業を増加させ、残業時間が限界に至っても正規労働者の雇用を増やさず、非正規労働者の雇用を増やすことが導かれた。

なお、わが国の割増賃金率は、時間外で25％、休日で35％、深夜で25％に設定されていた。2010年4月から、時間外労働が月間60時間を超えると50％(中小企業には経過措置あり)に引き上げられた。

ちなみに、欧米諸国では、時間外も休日も50％が通例で、日本では、依然として、割増賃金率は低めに設定されている。その背景には、欧州では、人口高齢化の進展が早かったことや社会保障負担が大きく、非賃金労働費用が1970年代以降に急速に高まった事情がある。わが国でも割増賃金率を50％以上に引き上げないと、高齢化の進んだ将来、短期的にも雇用創出が抑制される事態が生じ得るだろう。

4　正規・非正規雇用の間の共通ルールの可能性

長期雇用・年功型賃金などの慣行を前提とした正規雇用者の働き方は、高い経済成長率とピラミッド型の人口の年齢構成の時代に成立した。今後の成長減速・人口の高齢化など労働市場環境の変化のもとでは、そのままの形で維持することは困難になってきた。

そこで、正規雇用者と非正規雇用者の間の格差を是正するため、

労働市場改革に関する専門調査会として、以下のような改革を提案した経緯がある（内閣府 2008）。

1）制度の促進

まず正社員と賃金決定方式は共通していても、労働時間は短いという「短時間正社員」制度に対する支援や、正社員と短時間正社員の相互転換の制度化があげられる。これら施策は、既婚女性の子育てと仕事との両立促進や、高齢者の労働市場への参加を促進するためにも必要である。ただし、短時間正社員制度は、短時間非正社員との格差を顕在化させることになるため、企業はその導入に消極的であるという問題点も指摘されている。

2）非正規雇用者の雇用安定

非正規雇用者について、有期労働契約における「雇止め」が避けられない。このため、不意に雇用の場を失う事態を回避し、その雇用をより安定的なものとするために、雇止めに関するルールを明確化することが必要である。

担当する仕事自体が臨時的なものでなく、中長期に継続する場合には、日々雇用を避け、有期雇用の期間をできるだけ長くすることで、過度に頻繁な労働者の交代を防ぐような仕組みを構築することが重要である。

同時に年単位の契約が長期にわたって更新されてきた場合の雇止めに際しては、継続雇用期間の長さに応じた一定の手当の支払いをルール化することも考えられる。

3）正規雇用の中間的な働き方の導入

OECDは、労働市場の二重性を助長しないため、一時的契約と恒久的契約の中間に、例えば勤続年数とともに解雇から保護される権利を高めるなど、より均衡のとれた待遇が追求されるべきと指摘

した。

　こうした考え方に基づけば、従来の働き方に加えて、特定企業での長期の継続雇用を前提としなくても、労働市場でより安定した働き方を選択肢とすることが可能なはずである。

　そのため、企業内で非正社員としての熟練形成を図るため、非正規雇用者の雇用契約期間を少しでも長くするとともに、企業を越えて技能形成を可能とし、企業を越えたキャリアの安定化の可能性を高めることが重要になる。

　有期契約でかつ契約更新を繰り返す非正規社員の雇用の安定を図るには、「短期雇用」と「長期雇用」との間に位置する「中間的な雇用契約」についてのルールを設けることも選択肢の一つとみられる。

　その場合、現行の業務や職場・事業所を限定した「契約期間に定めのある有期雇用契約」と、頻繁な配置転換や転勤を前提とした「契約期間に定めのない雇用契約」との中間に位置する新たな「業務や職場・事業所を限定した契約期間に定めのない雇用契約」という選択肢を設けることが考えられる。

　ここでは、業務や職場が限定されているため、景気状況の悪化や、企業の業務の再編成等から仕事がなくなる可能性もある。このため、あらかじめ雇用契約の解除に関するルールを明確化する必要が出てくる。こうした業務や職場・事業所が縮小したこと等を理由とする雇用契約の解除の際には、雇用期間に応じた一定額の金銭補償等を使用者に義務づけること等の手続き規定を整備すべきだという主張もある。

　このような雇用契約解除のルールを設定することについては、使用者の都合による解雇が容易に行われる不安定な雇用形態を増大さ

せることにならないかという懸念に十分配慮する必要がある。しかし、その一方で、現行の有期契約の多くが、新しい形態の「契約期間の定めのない雇用契約」に移行することで、労働者にとっては従来の細切れ雇用を防止できるという利点が指摘され得る。

また、企業にとっても、雇用調整の余地を残しつつ、非正規雇用者を新しい雇用契約のもとで中長期的に戦力化することが可能になることが期待される。

4）雇用・処遇の「共通ルール」の策定

多様な働き方を求める労働者が増えるなかで、異なる雇用形態を対象とした「共通ルール」としての雇用・処遇ルールの策定が必要である。

具体的には、有期契約の労働者や派遣労働者、さらには請負について共通に適用される雇用・処遇制度の基本方針を整備することにより、雇用形態にとらわれない労働者の権利保護と公正処遇の実現を図ること等が考えられる。

2008年4月1日に施行された改正パート労働法（短時間労働者の雇用管理の改善に関する法律）では、通常の労働者と同視すべき短時間労働者について、短時間労働者であることを理由とする差別的取扱いの禁止が明記され、賃金をはじめ教育訓練、福利厚生などを含む労働条件の均衡待遇が事業主に義務づけられた。しかし、同法の差別的取扱い禁止の対象となる短時間労働者は、全体の5％程度にすぎないことも事実である。

通常の正社員と短時間労働者との間における処遇の均衡などパート労働法のルールを、正社員と有期契約のフルタイム社員の間にも適用拡大することについては、以下の問題点が指摘されている（内閣府 2008）。

①　正社員の働き方が現在と変わらないなかで、機械的に非正社員の雇用保障や処遇のあり方を正社員に合わせることは容易ではなく、無理にそのようなことをすれば、むしろ雇用機会の減少をもたらすことになりかねないこと、

②　特定の企業にしか通用しない企業内訓練を集中的に受ける正社員のインセンティブや後輩への企業内訓練による指導・技術の円滑な移転を維持するためには、長期雇用を前提とした賃金・雇用システムが必要なこと、

③　正社員の処遇には、残業を当然視した長時間勤務や転勤など事業所間の異動等、企業への拘束性の強い働き方の代償としての意味があること、

④　成績連動型賃金などによって企業利益の配分を受ける仕組みが正社員にしか適用されないことは、非正社員との雇用契約上の違いに基づくものであることなどの指摘である。

これらのように、合理的に説明できる格差以外については、賃金決定の仕組みが見直される必要がある。

5）脱法行為に対する効果的な是正措置

非正社員を雇用する事業主や請負事業主の一部では、社会保険への未加入等の問題が生じており、これを解消するための実効的な措置が必要である。

例えば、民間事業者を活用した加入促進事業の推進や、事業者が適法に社会保険等に加入していないことや、未加入事業者を下請けに用いていないことを、公共入札など政府調達の条件にすることなどである。

例えば、1ケ月単位の契約を繰り返し更新することで、事実上2ケ月を超える雇用でありながら社会保険に加入しないこと等に対す

る効果的な是正措置の検討が必要である。これは、「日雇派遣（1ヶ月未満の期間の労働者派遣）」に対する規制を強化し、一般の労働者派遣（1ヶ月以上の期間の労働者派遣）に対し、社会保険を全面適用するという流れとも一致する。

5 正規・非正規雇用格差の是正と差別禁止法制

先進諸国の多くが、雇用における正規・非正規の格差の拡大に直面しているとはいえ、日本における格差の拡大と固定化はあまりに顕著である。

その背景の一つに、ここでは、雇用機会均等と差別禁止の政策が依然として整備されていないことが指摘できる。

特に、間接差別の禁止措置の導入が遅れたため、間接的な男女差別は違法とされず、その影響で、男性の多い正規雇用と女性の多い非正規雇用の格差拡大を抑制できなかったことを改めて認識し、これを、わが国の雇用対策の重要な課題としなければならない。

近年、日本でも、雇用差別に関しては、法令上は大きな動きが相次いでいる（櫻庭 2008）。

第1は、男女雇用機会均等法の改正によって、初めて間接差別の概念が導入されたこと（2006年）。

第2に、雇用対策法第10条において採用・募集における年齢差別の禁止が、義務規定になったこと（2007年、多くの例外が認められている）。

第3に、パート労働法において、正社員労働者と類似の実態にあるパートタイム労働者について、差別的取扱いを禁止したこと（2008年）である。

しかし、いずれも立法の効果は非常に小さいとされる。なお、戦

後制定された労働基準法第3条は、国籍、信条、社会的身分によって、労働条件について差別的取扱いをしてはならないと規定した。この「信条」には、宗教的および政治的信念を含むとされ、社会的身分には、人種を含むといわれる。しかし、年齢や障害の有無など、現代における重要な差別の諸要因を含んでいない。

労働基準法第4条では、男女による差別を包括的に禁じることは、女性保護規定と矛盾すると考えられ、賃金に限定して差別を禁止するにとどまっている。

総合してみると、労働基準法の差別禁止規定は、刑事罰を伴いながら、間接差別を視野にいれなかったために、適用されるケースは限定され、救済が得られる範囲も小さく、結局、民事上の効果はあいまいなままである。

1985年に制定された男女雇用機会均等法は、当初、募集・採用、配置、昇進に関する差別禁止を努力義務としていた。これは、女性の平均勤続年数が男性より短いという統計的事実を基礎とする差別(「統計的差別」)を、経営者側の主張として認容したものとされる。しかも、同法は、女性差別を禁止したものの、男性差別を禁止しない片面的規制と呼ばれていた。

一般職を女性のみ、総合職を男性のみ（および一部の女性）とする扱いも、その解消は努力義務の対象となったが、違法とはしていなかった。女性にのみ、広い選択肢が与えられるのは優遇措置とみなされたためといわれている。

男女雇用機会均等法は、バブル崩壊後の雇用情勢の変化を踏まえて次第に強化され、1997年改正で募集・採用、配置、昇進に関する差別を禁止しセクシュアル・ハラスメントの禁止規定を導入した。2006年改正では、①女性のみの職種・雇用形態の変更などを禁止

する規定も導入された。また、性別による異なる扱いが認められるのは、「ポジティブ・アクション」と職務上の要請による場合に限定された。さらに②女性差別のみならず男性差別を禁止し、③間接差別の禁止規定が導入された。

間接差別の禁止は、今後の雇用差別禁止政策に、広範な影響を及ぼす可能性がある。しかし、わが国の雇用差別禁止法令は、アメリカやEUと比べて、依然として断片的で非体系的なものにとどまっていることを認識すべきである。

2007年に改正・施行された雇用対策法第10条は、「年齢にかかわりなく均等な機会を与え」ることを義務としながら、厚生労働省令が多数の例外を認め、日本的な雇用慣行の維持のためなら学卒に関する年齢制限も合法的とみなしている。このため年齢差別を禁止するという考え方を普及させるものとも言い難いもので、啓蒙的効果もあまり期待できない。

高年齢者雇用安定法第8条は、60歳未満の定年を無効としつつ、第9条は、60歳前半層について、①定年延長、②継続雇用（非正規雇用でも許容）、③定年の廃止のいずれかの措置を講じるよう事業主に義務づけ、年齢差別を禁じたものではない。これは、年齢差別を一般的に禁止する法令を設けず、むしろ定年制による雇用保障機能を認め、それを、現実的方法で延長しようとしたものといえよう。

6 欧米の雇用差別禁止法令

規制緩和が進んだアメリカにおいても、1970年代以降、差別禁止法令は増加し続けた。その原点は1967年の公民権法第7編（タイトル・セブン）であった。これにより幅広い人種・性差別が禁止された。

さらに、企業が学歴や知能テストなどを採用条件とすることも、教育機会に恵まれない黒人層にとって、差別的効果をもたらすと判断された。これが、間接差別（indirect discrimination）禁止の考え方の起源となっていた。

また、1967年には、年齢差別禁止法も制定され、差別が禁止される年齢の範囲は、その後、40歳以下から、次第に70歳以下にまで拡大された。

EUでは、1980年代に、パートタイム労働者に対して賃金を低くすることは、家庭責任ゆえにパート労働を選択せざるを得ない女性に対する差別（ローマ条約の男女同一労働同一賃金の原則違反）と判断され、「間接差別」が、賃金以外の処遇に関しても禁止されている。

また、1997年のアムステルダム条約において、性、国籍、民族などに限らず、年齢や障害の有無などについても包括的に差別を禁止する条文が導入された。これに伴い、EU各国では、新たな雇用差別禁止法令が導入されたが、その運用や解釈は各国で異なり、今後に課題を残しているように思われる。ただし、パートタイム労働者とフルタイム労働者の差別を禁止する法令は、欧州各国に広範に普及している。

7 雇用差別に関する経済学的説明と政策的含意

ここでは、雇用における差別を説明する仮説について、ひととおりの検討を行いたい。主たる仮説は、労働需要側に原因を求める①統計的差別（statistical discrimination）（Arrow 1973）、②労働市場の分断（segmentation）（Doringer & Piore 1971）などがある。労働供給側に原因を求めるものは、③女性の能力が家事に費やされる結果生じる「人的資本」のロス、④女性の希望する職種がもともと相対的に低

賃金であるといった問題などがある。

　このなかで、最も影響力の強い仮説は、なんといっても統計的差別の理論である。これが、労働者の種類別にみた統計的行動パターンの違いから、企業による雇用差別を正当化する役割を果たしてきた。特に、女性の高い離職率が、女性に対する雇用面の差別の理由とされ、差別は経営者の合理的な行動の結果であるという説明は、差別の結果として生じる格差を肯定する論理につながりかねない。

　特に、わが国の場合、男女別賃金格差は、男性を100として女性はほぼ60前後であり、過去20年間あまり変わっていない。女性の管理職比率も、10％前後にとどまり、改善は極めて遅い（厚生労働省「賃金構造基本統計調査」）。しかも、多くの国では、政治家や上級公務員に女性が多く進出しているのに、日本では遅々として改善していない。

　日本の場合、大企業を中心とする長期雇用慣行が、離職率の高い女性の前に立ちはだかっている。正社員は、雇用の安定と引き換えに、長い残業と、頻繁な配置転換や転勤を拒むことができない。これらに耐えられずに離職する（有能な）女性を、日本企業は正社員から排除して、結果的には、非正規雇用に追いやることになる。このことは、決して経済的にも社会的にも合理的といえない。

　そこで、「ワークライフ・バランス」の普及によって男性の働き方を変え、女性の社会進出を促すことを、企業が経営戦略として実施することに希望を託す考え方もある。このため、経済学や社会学の分野でも、「ワークライフ・バランス」に関する研究が急増している（大森 2010、池田 2010）。

　実際には、今世紀になって正社員の過重労働と長時間労働がかえって深刻化し、正社員のなかでの二層化が起きている兆候もある。

企業レベルでは、雇用機会均等と両立支援の制度はあっても、施策がバランスよく実施されないという問題もある。ワークライフ・バランスの実現を通じて男女格差を是正するには、あまりに時間がかかりすぎるという懸念が生じてくる。

8 差別禁止政策の可能性

そこで、差別禁止政策を強化する可能性を検討する。山口（2008）は、男女の時間当たり賃金格差の分析から、①フルタイムの正規雇用者の男女間賃金格差が、全労働者の男女間賃金格差の55％を説明し、その背景には、男女の職階格差があり、昇進機会の不平等があると考えられること、②正規・非正規雇用で賃金が大きく異なるなかで、女性が非正規雇用に多い結果、生じる格差が、男女の賃金格差の30％を説明できることを示している。特に、結婚・出産・育児による離職の後、その後の正規雇用への復帰が妨げられることが重要な要因となっていることを指摘した。

これらは、日本と欧米における男女の賃金格差の要因が大きく異なることを示唆してる。アメリカでは、労働者の人的資本の違いと職業の違いで男女の賃金格差のほとんどが説明される。なお、アメリカでは、管理職の4割以上を女性が占める。

欧州では、男女の賃金格差は、かつてパート労働とフルタイム労働の格差が主たる要因であったが、間接差別の解消を図る動きが本格化し、均等待遇の原則が実施に移されて格差は縮小した。

このため、日本においても、欧米と同様、職務給を基本として、同一（価値）労働同一賃金を実現すれば、格差は縮小できると考えがちである。しかし、日本の雇用慣行の性格からみると、正社員の給与は職能給中心であり、これを廃絶することは、非現実的であり、

好ましいとも考えられない。

　森（2005）によれば、正社員のなかでは、欧米のような「同一（価値）労働同一賃金」の原則ではなく、職能資格による職能給が賃金の決定要因となり、企業内の職能評価に明らかに「ジェンダーバイアス」が作用していると判断される。そこで、長期雇用を前提とする従業員と、長期雇用を前提としない従業員の間で、賃金、昇進や教育訓練の格差をなくす「ポジティブ・アクション」を実施することが基本的な戦略となる。つまり、正社員が職能給中心であるなら、非正規雇用の給与体系にも、むしろ、職能給の要素を取り込んでいく方が格差是正につながりやすい。

　正社員は職能給、非正社員は職務給という全く異なる賃金体系であることが、格差是正を困難にしている。正社員も非正社員も、共通のルールを適用することが、両者の処遇を連続的なものにし、格差を是正する上で重要であると考える。

　また、雇用における男女格差は、女性の家庭内における役割と深く関係しているとの指摘（フィードバック仮説）がある。したがって、差別禁止法令の整備と同時に、特定の家庭内分業や特定の就業形態を優遇するような税・社会保障の仕組みを改革し、これらから中立的な仕組みに変化させることが重要と主張されている。

　最終的には、間接差別の禁止の考え方を、男女のみならず、国籍・人種、年齢、障害の有無などの分野に、次第に拡充しつつ、企業や組織が多様な人材を受け入れることを可能とするよう、雇用慣行を改善することを展望すべきであろう。

9　問題解決の方向性

　わが国では、世界経済危機のなかで、様々な取組みにかかわらず、

非正規雇用化の流れが持続し、労働市場のミスマッチが拡大する状況がみられる。これが、雇用面からも、若年層と高齢層の世代間利害を悪化させる兆候が強まっている。

問題の深刻化の背景の一つに、差別禁止・機会均等政策が基本的に立ち遅れている現実がある。特に、間接差別禁止の法理の遅れは、雇用の非正規化の際限ない拡大をもたらしかねない。

近年、ワークライフ・バランスという言葉が、これまで普及していながら、実態はかえって悪化していることを認識し、反省しなければならない。その際、間接差別禁止の法理を段階的に普及させていくことは、総合的な家族政策の導入を含めた新たな社会政策の重要な柱になるであろう。

注）男女の適性の違いを生物学的側面を含めて検討し、ジェンダー経済格差の発生メカニズムや日本の雇用制度のもとにおける女性に対する制約を論じた総合的な研究として、川口（2008）をあげたい。

7章

人口減少下の社会統合と外国人政策

1 地域・自治体から始まった外国人政策の改革

　東アジアの経済統合や国内地域における少子・高齢化の影響を受け、国内に在留する外国人は2009年末現在で218万人（1.7%）、就労する外国人も推定92万人（特別永住者を除く）に達している。2008年9月の世界経済危機の影響で、南米日系人を中心に、外国人集住地域では、2009年4月時点で外国人労働者の30～50％が失業したと推定される。しかし、外国人人口は様々な地域に集中し、4～15％に達する自治体がみられる。

　こうしたなかで、出入国管理中心の外国人政策は限界に達しており、地域・自治体レベルの外国人政策（「多文化共生」政策または社会統合政策）を強化するための制度的インフラの整備を中心とする改革は、地域・自治体のイニシアチブでようやく動き出した。

　外国人政策の一環としての「社会統合」の推進は、長期失業者、若年者（高校のドロップアウトを含む）、シングルマザー、障害者、ホームレスなどに対する社会統合政策を自治体施策のなかに組み込む上でも、極めて重要なテストケースになり得る。この分野では、自治体の政策への関与、その権限、財源および情報を強化する必要がある。

　また、高失業が続くなかで、外国人受入れに対する風当たりが強

まっている。しかし、外国人受入れは、次の視点からは、今後のわが国にとって不可欠な面がある。

第1に、外国人雇用によって、日本人雇用を増やすという観点である。特に、世界経済危機後においては、欧米経済が疲弊し、東アジアなどの新興国経済に重心がシフトしている。これら市場に積極的に対応して経済社会の活性化を実現する視点から、外国人との協働の必要性は高まる。

第2に、若年人口の急激な減少と地方経済や社会の発展を持続可能にする観点である。人口減少の急速な影響は、地方経済に深刻な打撃を与えつつある。国レベルの外国人政策で、その視点が抜けてしまう恐れがある。

第3は、家族移民としての外国人住民を地域で受け入れることの必要性である。外国人労働者でも難民でも、受入れに伴う家族受入れが不可避だが、日本語習得や教育・医療など地域のインフラ整備が遅れている。

第4は、経済統合の進む東アジア地域での労働力の需給ミスマッチの解消に向けた努力や貢献という視点であり、経済統合と労働移動が進むなかで、東アジアの経済統合に関する社会的な取組みを強化する必要がある。

これらを踏まえ、以下では、外国人受入れの影響と政策対応の課題を検討する。

2 世界経済危機の影響

2008年9月の世界経済危機によるわが国の外国人に与えた影響は、在留外国人統計だけでは把握しきれない。現在の外国人登録データは、再入国許可をもって出国した外国人の登録に変更をもたらさず、

出国の増加を直接には反映しない。また、毎年、永住権を取得する外国人も4万人前後で推移し、定住化の流れは持続していると考えられる。

このうち、南米日系人労働者は、永住権取得者を含めると30万人を超えている。ただし、世界経済危機の影響で7万人近くが帰国し、このうち、2万人は政府の帰国支援事業で帰国したと考えられる。

こうしたなかで、わが国で就労する外国人労働者（特別永住者を除く）は、1990年に26万人程度であったが、1995年に62万人、2000年に75万人、2005年に91万人に達した。その後は、世界経済危機の影響もあって伸び悩んでいるが、2009年には92万人程度と推計される（表7-1）。

なお、外国人の子どもの高校進学率は公立学校統計では、外国人集住都市では60％前後である。しかし、把握できない者を含めると、4人に3人が進学しておらず、非正規雇用に流れた可能性があるものの、実態把握すら十分でない。

外国人雇用が、世界経済危機で大幅に削減されたのは、派遣・請負労働者として多数が就労していたためである。このため、雇用と併せて住居を失う外国人は多く、地域のハローワークでは、職業紹介と併せ、住宅支援などを実施するワンストップ・サービスを実施した。

労働者派遣については、2007年頃に、偽装請負の摘発が強化され、労働者派遣への転換が一部で進んだものの、労働者派遣法の規制強化に向けた論議のなかで、労働者派遣から請負に復帰する動きが進行している。これでは、外国人労働者の境遇改善につながりにくい。

これに加え、2008年まで、研修生を含めた技能実習生の流入の速度は高く、一時期は17万人を超えた。受入団体などの不正行為

表 7-1 外国人労働者数の推移（推計）（1990～2009年）

	1990	1995	2000	2005	2007	2008	2009
就労目的の在留資格を有する外国人	67,983	125,726	154,748	180,465	193,785	211,535	212,896
うち　高度人材	43,823	64,672	89,552	180,465	193,785	172,600	172,900
うち　外国人ならではの技能を有する者	24,110	23,324	65,196	51,488	36,994	38,894	39,996
技能実習生など特定活動	3,260	6,558	29,749	87,324	104,488	121,863	130,636
資格外活動でパートタイム就労する外国人留学生	10,935	32,366	59,435	96,959	104,671	99,485	106,588
日系人労働者	71,803	193,748	220,458	239,259	241,325	229,569	202,101
不法残留者	106,497	284,744	233,187	193,745	149,785	113,072	91,778
資格外活動	―	―	―	―	―	―	―
一般永住権を有する外国人	―	17,412	39,154	113,899	143,184	160,212	173,696
特別永住者を除く外国人労働者総数	260,000+α	620,000+α	750,000+α	910,000+α	930,000+α	930,000+α	920,000+α
雇用者数に占める比率（％）	0.6	1.2	1.4	1.7	1.7	1.7	1.7
外国人登録者総数	1,075,317	1,362,371	1,686,444	2,048,919	2,159,973	2,217,426	2,186,121
人口総数に占める比率（％）	0.87	1.08	1.33	1.57	1.69	1.74	1.71

資料出所：筆者推計。

が増加するなか、制度改革を急ぎ、被害者を早期かつ確実に救済し、不正行為を抑制する必要があった。2010年7月の改正入管法の一部施行で、実務研修中の研修生にも労働法が適用され、技能実習生が自らの法的権利について学ぶ初期講習が導入され、受入団体の責任が強化された。

　また、インドネシアおよびフィリピンとの経済連携協定に基づく看護師・介護福祉士受入れが開始されたが、国家試験に合格するための日本語の習得には困難が多いなどから合格者は非常に少なく、これら協定を機能させる上での問題点は解決されていない。

コラム

南米日系人の「デカセギ」就労

すでに、1980年代の前半から、ブラジルやアルゼンチンなど南米諸国から、日系移民の人たちが、父母または祖父祖母の出身地である日本各地に親族訪問の形で帰国し、そこから、国内各地の工場で就労するといった現象がみられた。これは、中南米諸国が、1970年代後半の金融危機からハイパーインフレに見舞われ、経済成長が止まり、失業率が上昇し、低所得層が非常に深刻な状況に陥ったことと関係している。

1980年代後半以降、円高が急速に進むなか、バブル経済で国内各地の中小企業の人手不足が深刻化した。こうして、いわゆる日系人「デカセギ」が増加した。

日本政府は、「いわゆる単純労働」分野への外国人労働者受入れを行わない方針を維持するなか、1989年に出入国管理及び難民認定法を改正し、原則として、日系2世には「日本人の配偶者等」、日系3世および配偶者には「定住者」などの在留資格を付与することとした。こうして、日系人は、日本に単独で渡航し、国内で就労しつつ旅費を調達し、相互に行き来することが可能になった。

1990年代前半には、日本国内で、日系人の多数は、製造業の企業で直接雇用されていた。日系人が一人雇用されると、その親族も雇用される場合も少なくなかった。1995年以降の円高と中国への生産拠点のシフトによって、日本の製造業の雇用は非正規化が進み、日系人の多くは、請負事業者によって住居を提供されて雇用されるようになった。

南米日系人労働者は、次第に家族を呼び寄せて定住化し、2007年には25万人程度に達した。その多くは、東海、北関東を中心とする輸送用機械、金属機械や電子機械などを製造する企業で雇用された。

しかし、2008年9月の世界経済危機の影響で、製造業で派遣・請負などで就労する日系人の雇用の多くが失業した。これを契機に日系人は7万人程度は帰国した。さらに東日本大震災と福島第1原発事故を契機にその直後の約1ヶ月間に、9000人程度が帰国した。その後も日本に残った人々は定住志向が強く、その子どもたちや家族とともに、各地域の経済や社会を支える役割を担っている。

2007年から2009年までのフローおよびストックの統計分析によれば、中国やインドなどの東アジア諸国とのビジネス交流への、世

界経済危機の影響は軽微で、定住的な外国人の増加傾向も続いていて、ブラジル人とはかなり異なった動きをみせている（佐藤・井口 2011）。

なお、2011年3月11日の東日本大震災と福島第1原発事故を契機に、その直後の約1ヶ月間に、約53万人の外国人が出国したとみられる。これには、中国人が18万5000人、韓国人が10万7000人、アメリカ人が3万9000人、イギリス人1万人のほか、インド人8000人、ブラジル人7000人、フランス人7000人、ドイツ人6000人などが含まれる。また、在留資格では、永住者が7万1000人、留学が7万人、日本人の配偶者等が2万7000人、人文知識・国際業務が2万3000人、技術が1万4000人、技能実習が9000人、投資・経営が5000人、帰国した。こうした結果、わが国における外資系企業の活動が一時的にせよ停滞を余儀なくされたほか、外国人雇用に依存する産業や地域経済にも少なからず影響が生じている。

3　日本人雇用と外国人雇用の関係

1) 人口動態と外国人雇用

こうした外国人労働者の流入に伴って、これが、日本人労働者の雇用にどのような影響を与えるかが常に問題とならざるを得ない。

経済学的な手法によって、企業レベルのマイクロデータを用い、雇用の代替弾力性を推定し、日系人雇用と日本人のパートタイム雇用の間に代替関係がある可能性を実証的に明らかにした研究はある。しかし、こうした局部的データで、労働市場全体の傾向を説明することについては、懐疑的にならざるを得ない。

近年、日本人労働力の需給ミスマッチが高まっていることを背景にして、外国人労働力の流入の影響を広範に究明すべき段階にある。

表7-2 外国人人口と日本人の雇用・労働力人口（率）との相関

	若年人口比率	50歳以上の高齢者の労働力人口	50歳以上の雇用者人口	25歳以上の女性労働力人口	25歳以上の女性雇用者人口
外国人合計	0.301** 0.040	0.619*** 0.000	0.699*** 0.000	0.021 0.887	0.321** 0.028
特別永住者	0.340** 0.019	0.100 0.504	0.360** 0.013	−0.364** 0.012	−0.094 0.532
ブラジル日系人	−0.054 0.718	0.686*** 0.000	0.504*** 0.000	0.410*** 0.004	0.474*** 0.001
技能実習生	−0.437*** 0.002	0.217 0.142	−0.040 0.789	0.396*** 0.006	0.215 0.146

注：**は5％水準で有意。***は1％水準で有意。
資料出所：関西学院大学少子経済研究センター推計。

すでに、地域データを利用した研究は多く実施されている。いくつかの地域においては、若年層（15～24歳）の比率が低く、研修・技能実習生の流入が多いという結果が得られる。同時に、50歳以上の高齢者や25歳以上の女性の労働力率の上昇と、ブラジル日系人人口とが正の相関関係にある（表7-2）。

2）外国人のローケーション選択

特別永住者を除く外国人労働者92万人（推定）のうち、就労目的の在留資格を有するのは約21万人にすぎない（表7-1）。全体の8割の外国人労働者は、就労以外の目的で入国し、低熟練の仕事で就労している。しかも、ほとんどは、日本語の能力が不十分なばかりか、日本社会に関する十分な知識も与えられず地域に流入してきた。

そこで、外国人は、日本国内で、何を根拠に、特定の地域で就労し、家族とともに居住するのであろうか。この問題を解くには、「ローケーション選択の理論」（location choice theory）が有効である。

その考え方に基づき、雇用、所得など経済的要因のみならず、人口、居住地域、過去の移民送出地域など非経済的要因を含め、今世紀初頭における外国人の居住地の選択に影響する要因を可能な範囲で多変量解析を試みた。

その結果、①高度人材（労働移動の自由でない企業内転勤者を含む）のみならず、日系人も賃金水準の高い地域または労働需給ミスマッチの大きい地域への就労などが観察され、その限りにおいては、日本人の雇用に悪影響を与えていない。また、就業者に占める若年層比率の低さと外国人雇用は、密接に関係している（表7-3、表7-4）。

②技能実習生（労働移動は制限されている）については、賃金水準の低い地域での就労が観察され、その限りにおいては、低賃金では就労したがらない日本人を補充する側面があることも否定できない。

表7-3　高度人材のローケーション選択の決定要因

	技術（A）		人文知識・国際業務（B）		(A)+(B)		企業内転勤	
	係数	T値	係数	T値	係数	T値	係数	T値
有効求人倍率	39.390	0.174	1048.110	1.1932	1087.501	1.444	135.561	0.647
平均賃金	22.562***	9.328	38.747***	6.687	61.309***	7.620	13.291	0.000
15～24歳の就業者比率	−15.382**	−2.381	−41.397***	−3.559	−56.799***	−3.515	−11.382**	−2.532
第2次産業ダミー	−6.468**	−2.859	−15.236**	−2.812	−21.704	−2.884	−3.755	−1.807
第3次産業ダミー	2.370	1.081	4.931	0.939	7.301	1.001	1.876	0.924
広域東京圏	1067.520***	5.637	1995.164***	4.288	3012.685***	4.782	123.119	0.702
広域名古屋圏	−36.843	−0.204	262.651	0.607	225.809	0.376	−85.586	−0.512
関西圏	−815.937***	−5.244	−1.919*	−2.151	−1617.856***	−3.126	−521.70**	−3.622
定数項	−3689.523**	−2.381	−4189.318	−1.129	−7878.840	−1.529	−2210.793	−1.541
自由度調整済決定係数	0.715(235)		0.614(235)		0.656(235)		0.432(235)	

注：＊は10％水準で有意。＊＊は5％水準で有意。＊＊＊は1％水準で有意。
　　2002年から2006年の都道府県別集計データをプールし、最小二乗法で推定した。（　）はサンプル数。
資料出所：関西学院大学少子経済研究センター推計。

表7-4 日系ブラジル人のローケーション選択の規定要因

	ケース1 係数	ケース1 T値	ケース2 係数	ケース2 T値	ケース3 係数	ケース3 T値
有効求人倍率	−0.055	−0.965	−0.054	−0.958	−0.051	−0.862
平均賃金	0.232***	3.593	0.310***	4.364	0.263***	3.678
高卒の若年就業者比率	−0.132**	−2.071	−0.240***	−3.147	−0.133*	−1.970
技能実習生の就業者に対する比率	0.258***	4.850	0.289***	5.353	0.270***	5.002
過去における南米移民累計数	0.074	1.343	−0.089	1.616	0.080	1.388
第1次産業ダミー			0.127	1.485		
第2次産業ダミー	0.447***	7.621				
第3次産業ダミー			−0.474	−8.097		
製造業ダミー					0.465***	6.945
建設行ダミー					0.133*	1.762
定数項	−12.605***	−4.418	8.35***	2.218	13.970***	−3.868
自由度調整済決定係数	0.433		0.446		0.417	

注：＊は10％水準で有意。＊＊は5％水準で有意。＊＊＊は1％水準で有意。
　　2002年から2006年の都道府県別集計データをプールし、最小二乗法で推定した。
資料出所：関西学院大学少子経済研究センター推計。

技能実習生の受入地域は、就業者に占める若年層比率の低さとも関係がある（表7-5）。

フィールドワークで確認できるのは、技能実習生が地元の低賃金産業に就職せずに大都市に流出する高卒労働者を補充する性格のものだということである。

日系人については、過去において南米諸国に多くの移民を送りだした地域と、現在、滞在している地域との間には全く相関関係がなかった。このことは、日系人の移動が、いわゆる帰還移民ではなく、「デカセギ」の性格が強いことを示している。

こうした外国人の居住地選択に与える教育や医療、社会環境の影響については、様々な指標を用いた計量的な調査研究をさらに進めている。

表7-5 技能実習生のローケーション選択の決定要因

	ケース1 係数	ケース1 T値	ケース2 係数	ケース2 T値	ケース3 係数	ケース3 T値	ケース4 係数	ケース4 T値
有効求人倍率	0.317***	5.039	0.434***	6.576	0.362***	5.559	0.401***	6.202
平均賃金	−0.405***	−5.560	−0.383***	−4.854	−0.372***	−5.140	−0.398***	−5.186
高卒の若年者比率	−0.214***	−2.948	−0.242***	−3.215	0.202***	−2.789	−0.253***	−3.328
食品製造業	−0.065	1.114	−0.078	−1.285				
繊維産業	0.252***	4.217			0.259***	4.363		
第1次金属加工	−0.089	−1.575					−0.093	−1.564
金属製品製造			−0.021	−0.346				
電気製品製造					−0.121**	−1.993		
輸送用機械製造	0.070	1.182	−0.050	−0.778			0.007	0.111
精密機械製造			−0.039	−0.662				
定数項	0.169***	5.394	0.163***	4.887	0.154***	5.038	0.165***	5.138
自由度調整済R2	0.254		0.185		0.257		0.190	

注：**は5％水準で有意。***は1％水準で有意。
　2002年から2006年の都道府県別集計データをプールし、最小二乗法で推定した。
資料出所：関西学院大学少子経済研究センター推計。

3) 地域労働市場への影響

　同時に進行中の地域労働市場の需給ミスマッチと外国人雇用の関係に関する研究においては、今世紀になってから、日系ブラジル人雇用が、地域の失業率と負に相関するとの事実が明らかになった（「労働需給ミスマッチ」仮説）。すなわち、移動性の高い日系ブラジル人の雇用が、地域労働市場の需給ミスマッチを埋める効果を発揮したと考えられる。同時に地域労働市場では、日本人の高卒者は、就職や進学のために県外流出している（長谷川 2010）。

　なお、同様の現象を全く異なる仮説を用いて分析した文献がある。これによると、地域における外国人比率が高まった結果、自国人が地元での就職を忌避し進学していると主張する（「クラウディングアウト」仮説）（中村ほか 2009）。

　確かに、筆者が、南米日系人を中心に多くの外国人を受け入れて

いる外国人集住都市で行った聴取りでは、進学や就職で、地域に残る高校卒業生が少なくなり、そうした地域で、外国人が増加していることは明らかである。しかし、外国人が多いため、日本人が職場から排除されているとか、日本人が外国人の多い職場を忌避する結果、地元以外に就職や進学しているとの裏づけは得られなかった。

地域における外国人雇用を、「労働需給ミスマッチ」仮説で説明するのか、「クラウディング・アウト」仮説で説明するのか。こうした問題は、統計的解析だけではなく、実地調査を行った上で判断すべきものであろう。

4 外国人政策の改革：多文化共生の制度的インフラの構築

先にみた通り、わが国の産業立地や人口が変動するなかで、外国人労働者と家族が地域に多数流入してきた。したがって、外国人政策の改革のイニシアチブも、地域・自治体において顕在化してきた。緊急性のある課題は以下の通りである（井口 2011）。

第1の課題は、従来の外国人登録制度のもとでは、外国人が居住し就労する場所を的確に把握できず、自治体が適切なサービス（および課税）を行いえない現状を改めることである。

第2の課題は、外国人雇用が、企業の直接雇用から請負・派遣など間接雇用にシフトするなか、労働法上の保護も雇用・社会保険の適用も十分でない現状を改めることである。

第3の課題は、外国人の子どもたちの不就学が増加するなか、公立学校での日本語指導と人材配置を強化し、外国人学校を支援し、最終的には義務教育を実現することである。

2001年に発足した外国人集住都市会議（2011年4月現在、28都市参加。座長都市は長野県飯田市）は、こうした諸課題を実現し、「日本人住民

と外国人住民が、お互いに文化や価値観に対する理解と尊重を深めるなかで、健全な都市生活に欠かせない権利の尊重と義務の遂行を基本とした真の共生社会」を実現することを目標として掲げた。当初、静岡県浜松市は、これを「地域共生」と呼んでいたが、2004年の「豊田宣言」において、これを「多文化共生」と読み替えた経緯がある。

わが国の「多文化共生」の理念は、カナダやオーストラリアから輸入された概念ではなく、地域に発する「草の根」的理念である。それは、1990年代初頭に多様な国籍の外国人住民が増加したことを背景に神奈川県川崎市で使用された。1995年には、阪神淡路大震災の後、日本人と外国人が協力して復興支援を進める運動および自治体の事業の名称に用いられ、兵庫県神戸市を中心に普及した。2004年以降は外国人集住都市が、この理念を先の定義のもとで使用し、そこに「権利の尊重と義務の遂行」を明記した。つまり外国人と受け入れる社会の間で、「双方向」的に努力する関係を作り出す必要性が強調されており、今世紀になって進展したEU諸国の「社会統合政策」との近接性が見出される。

ところが、その後、2005年に総務省が使用しはじめた「多文化共生」の定義には、外国人と受入社会の間の「双方向」的な関係は全く反映されていない（総務省 2006）。実際、総務省の用語法に沿って、多くの自治体が、その外国人住民対策を、そのまま「多文化共生」施策と呼び、政策理念があいまいになってしまっている。

2010年11月8日に東京で開催された「外国人集住都市会議、東京 2010」では、世界経済危機に伴い南米日系人が7万人近く帰国したと推定されるなか、日本国内で暮らす外国人の定住化傾向が強まったことを背景に、さらに重要な第4の課題を提起している。

第4の課題とは、滞在する外国人に生活、就労または就学に必要な日本語を学習する機会を保障し、日本語能力の不足ゆえに社会的に排除される状況を改善することである。

　このほか、外国人集住都市会議は、2009年11月に群馬県太田市で行った緊急提言で、民主党中心の新政権に対し、省庁を再編し「外国人庁」（仮称）を設置するよう強く求めた。

　いずれにせよ、「外国人集住都市会議」が提起した課題は、南米日系人を中心とする外国人住民の増加を背景とする問題に限られてきた。特に、地域で急速な増加のみられた外国人研修生および技能実習生の受入れは、受入団体の不正行為や研修・実習生の権利侵害などが増加し、国内外で厳しい批判にさらされていた。

　「外国人集住都市会議」は、外国人研修・技能実習制度に関する制度改革を提起するには至らず、南米日系人中心の外国人政策の考え方から、なかなか脱却できない状況にある。

　しかし、外国人集住都市以外の自治体においても、外国人行政を、広く社会統合のための地方行政組織のなかに埋め込む工夫がますます必要になっている。

5　わが国外国人受入れシステムの基本的欠陥

　わが国の外国人受入れシステムにおいて、「外国人集住都市会議」が指摘するような多くの問題が発生してしまう背景には、どのような問題があるのだろうか（井口 2011）。

　例えば、わが国で就労する外国人の多くが、入国時点で合法的に在留資格を付与されていながら、実態として、社会保険に加入しないままで就労し、多くの健康リスクにさらされていることがあげられる。

このような問題が制度上当然のことのように発生するのは、日本の出入国管理制度が、入国時点で在留資格を発給する「アングロ・サクソン型」であって、入国後、居住する自治体で滞在許可を発給する「大陸欧州型」と異なるためである（表7-6）。

わが国では、占領下に出された1951年の出入国管理令は、アメリカの移民法の影響を受けていた。1952年の外国人登録法は、朝

表7-6 主要国における広義の在留管理システムの比較

	出入国管理	就労	自治体の外国人に対する権限	自治体における登録業務	社会保険・税制面の管理	省庁・自治体の情報共有
アングロ・サクソン型（英・米・日）	在留資格の付与。永住者(米)と特定国籍者の登録(英)。	雇用当局の「労働審査」(米)、「労働許可」(英)。	外国人登録証発行（日）	自国人の選挙人名簿の登録（英・米）、住民登録（日）	社会保険番号（米）、納税者番号（英）、税・保険料の源泉徴収（日）	関係省庁間の契約に基づく情報の融通（英）
大陸欧州型（仏）	入国資格を審査	就労の許可に関する雇用当局との調整。注	滞在許可の発行（県・移民局）。その際に権利義務関係を審査。	自国人の選挙人名簿の登録。	住民総背番号、ただし、保険料は源泉徴収、税は申告。	県庁内部の出先間で情報の共有。
大陸欧州型（独）	入国資格を審査	就労の許可に関する雇用当局の「同意」。注	滞在許可（市町村の外国人局）。その際に権利義務関係を審査。	自国人および外国人の住民登録	賃金税番号＋税・保険料の源泉徴収。	外国人データベースを通じた省庁・自治体の情報共有
日本の新たな制度改革の構想	在留資格の付与と在留カード発給。	「外国人雇用状況」届（日）。	入管法第20～22条の要件の事前チェックの機能。	自国人住民登録 外国人住民登録（新規）	税・保険料の源泉徴収＋「社会保険番号（またはカード）」導入の可能性。	外国人住民台帳をネットワーク化。省庁・自治体で情報の照会。

注：独仏ではすでに滞在許可を有する外国人が申請した場合に限り、追加的な労働許可を発給。
資料出所：筆者作成。

鮮戦争を背景に、在日朝鮮人・韓国人の管理を目的とした制度であった。1990年に大幅に改正施行された出入国管理及び難民認定法は、アメリカの1986年および1990年移民・国籍法の改正の影響を強く受けた。しかし、国レベルの「出入国管理政策」と地域・自治体レベルの「社会統合政策」を2本柱とし、相互の連携を強化する「大陸欧州型」の外国人政策から学ぶことはなかった。

日本では、外国人の入国時点で、出入国管理行政が在留資格を発給すると、その後は、外国人の権利の尊重や義務の遂行の状況をチェックする行政機関が存在しない。自治体には、在留資格を付与する権限がないから、外国人の権利・義務の確保が不十分でも、本人または関係機関に対して、許可の前提として措置を講ずるよう求めることができない。

このため、規制改革会議の要請により、法務省は入管法第20条および第21条の在留資格の更新や期間の延長の際に、健康保険証の提示を求めることとし、入管のガイドラインに書き加えた。しかし、地方入管局や自治体の窓口で、外国人の社会保険未加入者を円滑に加入させる十分な措置がとられているとはいえない。

自治体が、外国人住民の権利・義務関係を把握しようとしても、健康保険、年金保険の加入情報や、外国人の雇用先事業所に関する情報などは、国の地方出先機関から自治体に提供されないので、何らの具体的措置も講じることができない。2003年以降、国と自治体および自治体相互の間をつなぎ、情報の共有を図るための情報システム「LGWAN」(総合行政ネットワーク)が設けられている。しかし、このシステムも、住民の権利・義務関係の確認という目的のためにはほとんど利用されてこなかった。

このような状況が、在留する外国人の権利・義務関係を適正なも

のにする上で、大きなネックになっている。そのことを、法務省の入国管理局のみならず、総務省の自治行政局も、自らの行政の問題としては認識していない。これら省庁は、多くの問題は厚生労働省自体の責任であって、自らは関係ないと考えているようだ。厚生労働省では、複数の部局にまたがる調整を必要とする難題に対し、省内でイニシアチブをとる部局が存在していない。

なお、文部科学省は、外国人の子どもには、義務教育は適用されないという立場を崩していない。そのことも、自治体から外国人の保護者に対して講じる措置を著しく制約することになる。また、自治体が外国人の日本語学習を推進する場合も、実践的な日本語能力に関する国の標準が存在しない上、日本語能力の認定を受けても、永住権取得や国籍取得に反映することがなく、外国人住民に日本語講習の受講を動機づけることに限界がある。

以上のような状況下で、わが国は今後とも「アングロ・サクソン型」の出入国管理制度を維持するとして、在留する外国人の権利・義務関係を適正なものにするため、「大陸欧州型」の仕組みの長所を取り入れ、新たな「日本型」システムを構築し、現行制度の盲点を解消する必要がある。そこで、自治体と関係省庁を情報システムで結び、必要なときに加入の情報などを照会し、権利・義務関係を効果的かつ公平に点検することが不可欠である。

こうしたなかで、2009年7月に、出入国管理及び難民認定法と住民基本台帳法が改正され、2012年7月から、新たに外国人台帳制度が住民基本台帳のなかに設けられるとともに、外国人登録法は廃止されることになった。

このように、外国人政策の改革は開始されたものの、途半ばである。

6 外国人政策改革の長期展望

　日本経済が、アジアの新興国経済とのネットワーク再編・強化を進め、国内の開発拠点や生産拠点がその重要な一翼を担うことができれば、外国人受入れ範囲が現状維持でも、人口の純流入が早晩、プラスに転じ、定住的外国人が増加すると見込まれる。

　重要なことは、今世紀初めの10年間の状況は、1980年代半ば頃の欧州諸国の状況に類似しているということである。帰国促進策の効果が一巡した後、十分な対応策がとられないままで流入が回復すると、欧州諸国が90年代に直面したのと同じ問題を、日本が抱え込む懸念がある。

　1980年代、欧州各国では外国人の定住化が進んだ。しかし、「多文化主義」への楽観論が主流をなし、その後に生じる事態への備えは十分とはいえなかった。外国人市民の言語習得をいつまでも自助努力にゆだねていた点にも、大きな問題があったと考えられる。

　実際、1990年代、欧州各国では、所得、雇用・失業、教育などの様々な面で、外国人は相対的に不利な環境に置かれて、格差が顕著になった。地域社会にも、相互にコミュニケーションが成立しない複数の異文化集団が生じ、さらに、受入国に反感を持った2世や3世が現れると、受入社会での摩擦や軋轢が急激に高まった。これは、外国人受入れの限界的な社会的費用が限界的な社会的便益を上回り始めたものと解釈される。

　ところが、欧州における社会統合政策の抜本的な改革は、1990年代末から21世紀初頭の時期までずれ込んでしまった。その後、集中的に制度インフラへの投資は進んだが、社会的費用の上昇を少し遅らせるにとどまった（①→②→③）。日本の場合、制度的インフ

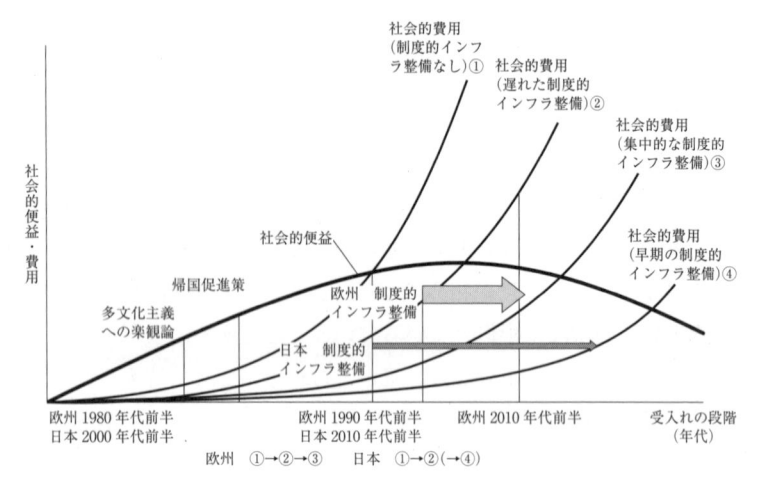

図7-1 外国人受入れの社会的便益・費用と統合政策の制度的インフラ整備の効果

資料出所：井口（2011）。

ラ投資を早い時期から実施すれば（①→②→④）、社会的費用の上昇を十分に抑えることが可能であり、それによって、外国人と共生可能な社会環境を生み出すことができよう（図7-1）。

外国人集住都市会議が掲げてきた主要4分野の施策を実現する法令整備やこれに伴う財政支出は、決して、外国人受入れの社会的コストとはいえない。むしろ、これが、将来発生が予想される社会的コストを削減する社会的インフラ投資だという点こそ強調したい。

最近の欧州における制度的インフラ投資のうち、最大のものは、言語コースの開設である。新規入国者や語学コース参加の必要性の高い者に優先度を与えて受講させている。その結果、年間経費はドイツでも200億円程度、フランスで120億円程度となっている（井口 2010a）。

したがって、いたずらに現状を放置することなく、今から着実に制度的インフラの整備を進めることは、現状の外国人受入れ範囲の下ですら予想できる外国人流入の増加に対する大事な備えとなるだろう。

7 外国人政策の改革の方向性

このように、社会統合政策（または、多文化共生政策）を、わが国でも、外国人政策の第2の柱とし、その制度的インフラ整備を計画的に推進することが重要となる。その際、外国人政策全般にわたり、以下の諸点を注意する必要がある。

第1に、わが国では国内市場の拡大が望めないなか、アジア新興国を中心に世界とのつながりを強化し、日本人雇用を維持・拡大する視点から外国人雇用を促進すべきである。このため、留学生に対し実践的な就職支援を行うほか、国内の地域経済とアジア各国経済をつなぐ外国人人材の登用に、特に力を注ぐべきである。

第2に、世界的人材獲得競争のなか、高度人材が日本に拠点を置き、円滑な移動性を確保するため、国際空港への良好なアクセスを確保しつつ、医療や教育面の地域のインフラを整備し、家族の円滑な滞在が可能となる国内の地域を重点的に整備すべきである。

第3に、狭義の不熟練労働者の受入れについては今後とも慎重に対応する一方、日本人だけでは供給困難な職業資格のリストを政労使合意で作成し、それらの分野で、日本人のみならず、外国人を含めた人材開発と資格取得を支援すべきである。

第4に、経済連携協定における外国人受入れ条項の条件の柔軟化を図るなど、日本で取得した資格を送出国でも認知できるようにし、日本と周辺国に互恵的な人材の循環移動を実現する必要がある（井

口 2009b)。

　第5に、秩序ある労働者受入れと労働者保護のために、「外国人雇用法」を制定するとともに、二国間労働協定を締結し、技能実習制度も、この枠組みで運営すべきである。なお、有期雇用といえども、全て雇用保険や社会保険への加入を条件とする必要がある。

　第6に、先進国のみならず、ブラジルに次いで、中国やインドなどの新興国との間でも社会保障協定の締結を促進し、社会保障制度を国内外を移動する日本人および外国人に配慮した仕組みに改善すべきである。

　第7に、入管法の在留管理に関する規定を拡充し、外国人の在留期間中の権利義務関係を明確にし、さらに、統合政策を入管政策と協調して進めるための法的基盤を整備するべきである。その際、永住権および国籍取得に必要な日本語能力水準を定める必要がある。

　第8に、一定期間以上、わが国に在留する外国人については、低い自己負担で、生活、就労または就学に必要な日本語を学習する機会を保障する仕組みを法制化することが重要である。このため、国として日本語標準を設定することが不可欠になる。

　第9に、地域において、日本語学習を提供する資格を有する人材および教育機関を育成する必要がある。また、外国人に対して日本語を教える教諭資格を制度化するとともに、海外経験のあるバイリンガルな日本語教諭を積極的に登用すべきである。

　第10に、地域・自治体で、長期失業者や外国人失業者などに対し、きめ細かく就労、住宅、福祉などの支援を総合的に行うため、雇用行政と市町村が共同して「ジョブ・センター」(仮称)を開設することが可能となるように、予算措置のみに頼るのでなく、しっかりした法的な整備を進めるべきである。

第11に、外国人がわが国の法令に基づく権利と義務について熟知するようなオリエンテーション・コースを開催するとともに、権利侵害が発生した場合には、迅速にこれを救済できる仕組みを地域・自治体レベルで整備すべきである。

　最後に、外国人政策を総合的に立案し、関係省庁や自治体との調整権限を有することが可能なように、新たな組織を設けるべきである。その際、行動計画を閣議決定し、関係省庁が期限までに協力して法案の作成を行うための仕組みを整備することが重要であろう。

8章

人口減少下の産業再生と地域雇用

1 東アジア経済統合と国内の産業集積の関係

わが国の地域雇用は、1980年代後半の急速な円高の時期から、製造業のアセアン諸国、さらに中国への生産拠点の移転によって、大きな影響を被ってきた。

地方の兼業農家に雇用機会と収入源を提供していた製造業雇用の喪失は、農業従事者の高齢化に拍車をかける結果をもたらした。さらに、公共事業の抑制の影響で、建設業の雇用も減少傾向をたどってきた（表8-1）。

これに対して、1990年代半ばに、若年人口がピークに達して減少し始め、大学進学率が上昇し、高卒者の県外就職率が上昇した地域もある。

地域の雇用水準を維持するためには、製造業や建設業の雇用の減少を補う位の、医療・介護などを中心とするサービス分野の雇用増加が必要である。しかし、地元で良好な雇用機会にめぐりあうといっても、現実には、役場・学校や病院など限られた選択肢しかないのが通例である。

こうしたなか、2001年12月の中国のWTO（世界貿易機関）加入後、わが国の対中輸出が急速に拡大し、2002年から2007年の時期には、製造業の復権というべき現象が各地で生じた。こうして、2006年

表 8-1 産業別雇用者数の推移 (単位:万人)

年	産業計	農林業	水産業	鉱業	建設業	製造業	電気ガス水道業	情報通信業	運輸業	卸売・小売業	金融業	不動産業	専門的サービス業	ホテル・飲食店	個人サービス業	教育および教育支援サービス業	医療・福祉サービス業	複合サービス業	その他サービス業
2002	6330	268	28	5	618	1202	34	(158)	(327)	(1108)	169	(101)	(204)	(396)	(243)	(277)	474	76	(374)
2003	6316	266	27	5	604	1178	32	(163)	(335)	(1095)	161	(97)	(203)	(388)	(240)	(275)	502	79	(379)
2004	6329	264	22	4	584	1150	31	(171)	(326)	(1085)	159	(98)	(205)	(385)	(239)	(279)	531	81	(413)
2005	6356	259	23	3	568	1142	35	(175)	(320)	(1084)	157	(101)	(207)	(381)	(238)	(281)	553	76	(447)
2006	6382	250	22	3	559	1161	36	(180)	(328)	(1075)	155	(107)	(204)	(374)	(242)	(282)	571	75	(467)
2007	6412	251	21	4	552	1165	33	192	330	1077	155	113	198	380	233	279	579	71	478
2008	6385	245	23	3	537	1144	32	189	342	1067	164	111	200	373	236	283	598	56	485
2009	6282	242	20	3	517	1073	34	193	348	1055	165	110	195	380	241	287	621	52	463

注:( )は、産業分類の改訂に伴い、過去にさかのぼって推計された値である。
資料出所:総務省統計局「労働力調査」。

以降、製造業の雇用がほぼ15年ぶりに増加に転じた。しかし、この時期といえども、全ての地域で雇用が回復したわけではなく、東アジアにおける生産ネットワークの再編のなかで、製造業の産業集積が進んだ地域に限られる。

2008年秋のアメリカの金融危機から広がった世界経済危機の結果、2008年第2・四半期と第3・四半期の日本の実質GDP成長率は、年率換算でマイナス11%または13%に達した。この重要な背景は、世界貿易が3割も縮小し、製造業が大幅な減産に追い込まれたことである。同時に、世界的なドル為替相場の暴落のなか、実質的にドル固定相場を維持する東アジアの主要国に対し、円相場が東アジア域内で大幅に切り上がっている。

2009年夏以降、中国を中心とするアジア諸国の貿易が急回復するなかで、わが国経済が、その回復の波に乗り切れないのは、世界経済危機と域内通貨の不安定化および大幅な円通貨の切上げが重なり、東アジア域内の工程間分業が大きく揺さぶられているためと考えることができる。

東アジア経済全体を、域外からのショックに耐え得る (resilient) 構造に変えていくには、域内における最終財市場を育成して域外貿易依存度を抑える工夫が必要になる。そのためにも、域内で産業・生活インフラを強化し、貧困を減らし、中間階層を育成し、東アジアに、持続的に拡大する市場を育成する域内協力が不可欠である。

同時に、域内の工程間分業 (production fragmentation) を持続可能なものに再編成する課題を解決しなければならない。持続可能な工程間分業の形成には、域内為替相場の安定を含め、東アジア経済統合への追加的なイニシアチブが必要になる。なぜなら、東アジア域内への貿易依存度が高まるなかで、輸出が増加し円相場が対東アジ

ア諸国通貨で高騰すると、地道な努力も一瞬にして無に帰する可能性があるからだ。

なお、人口減少に突入した日本経済にとって、製造業を切り捨てることは、競争力強化の決め手にならない。地域雇用の動向は、依然として、東アジア域内で製造業の再編がどのように進むかということに、少なからず依存している（井口 2009c）。

以上のような問題意識から、以下では、まず今世紀初頭に国内でみられた製造業の国内回帰の実態を検討し、工程間分業と産業の国内回帰を理論的に論じ、さらに産業の国内回帰の決定要因に関する計量分析を行い、以上を踏まえ、東アジアの経済統合に向けた新たなイニシアチブの可能性を検討する。

2 21世紀初頭における製造業「国内回帰」の実態

すでに述べた通り、1990年代後半、わが国の製造業における海外進出の動きは、国内の地域における製造業の衰退と地域雇用の減少をもたらすなど産業空洞化の懸念が増大していた。この時期に、製造業の生産と雇用は広範な地域で減少し、同時に、雇用の非正規化の動きが進展し、地域間格差および地域内格差が拡大した。

その結果、地域経済における住民の消費も低下し、近隣商業地の衰退を招いた。最近では、製造業のみならず、サービス業でもオフショアリングの国内雇用へのマイナスの影響が指摘されるようになった。

しかし、21世紀にはいり、中国の急速な経済成長を背景に、東アジアにおける工程間分業が再編成され、対中貿易の急増や、高水準の対中直接投資と並行して、わが国国内で、製造業の設備投資が復活した。

表 8-2 企業の海外進出と国内回帰の同時進行（単位：1000人・%）

	1998	2000	2002	2004	2006	2008
国内労働力人口	67930	67660	66890	66420	66570	66500
就業者数	65140	64460	63300	63290	63820	63850
外国人労働者数	660	750	830	900	930	940
完全失業率	4.1	4.7	5.4	4.7	4.1	4.0
日系企業の海外雇用者数	1,880	2,065	2,225	2,499	2,704	2,878
日系企業への日本人派遣者数	27	26	26	25	27	29

資料出所：総務省統計局、東洋経済新報社および筆者推計。

実際、企業の海外進出の動きと、国内の産業集積の動きが同時に進行し、就業者数でみても、国内雇用は2004年以降増加に転じた（表8-2）。

その後、日本経済は、東アジア経済への依存を高めながら、経済成長率を回復することになる。日本国内では、2005年以降、日本人総人口の減少が始まったが、大都市部への人口集中が進み、地方都市は相互に人口を争い合う状況となった。

日本人人口が減少するなかで、平成の大合併で市区町村は約1800まで減少したが、それでも、人口動態や産業面でいくつもの集団に階層化する様相となった。①東京都区部、横浜市や名古屋市に代表される大都市では、人口集中が再び顕著になった。同時に、②国内製造業の国際競争力回復とともに、中部地方を中心に、「新工業都市」が勃興し（国内回帰効果）、そこへの労働力の集中が顕著になった。これに対し、③産業の国際競争力が失われ、若年人口が流出し、高齢化率が上昇し、産業が衰退する小規模自治体が増加した（産業空洞化効果）。また、④大都市周辺または交通の便のよい中

こうした動きの背景になる製造業の国内回帰の動きとその背景となる諸条件をデータによって確認したい。実は、製造業の国内回帰が進んでいたことを統計的に立証するのはそれほど容易でない。

国内回帰といっても、21世紀最初の10年間の前半には、製造業の事業所数および従業者数は、ほとんどの都道府県で減少を続けてきた（図8-1および図8-2）。これが明確に反転をみせたのは、世界経済危機の直前の2006年である。これら指標では、製造業の国内回帰は、ミクロの企業の事例としてはともかく、マクロの経済指標では、最近まで生じていなかったことになる。

そこで、産業の国内回帰を測定する第3の指標として、国内総生産（GDP）に占める製造業付加価値額の比率を用いてみる。この指標は、実は、1980年代半ばに、アメリカで、産業空洞化が大きな議論となった際に、アメリカの製造業が必ずしも空洞化していないことが立証される際に用いられた。これをわが国の21世紀初頭について測定してみると、北海道など一部の都道府県を除き、GDPに占める製造業の比率は上昇傾向にあり、産業の国内回帰が地方経済に広がっていたことを示している（図8-3）。

特定の経済現象が、指標のとり方によっては、全く異なった動きを示すことは、決して珍しいことではない。ここで、産業の空洞化だけではなく、国内回帰についても、指標によって異なった動きがみられる背景には、明らかに、製造業における生産性の上昇が存在する。そこで、都道府県別に製造業の付加価値生産性の伸びをみてみると、ほとんどの地域で、労働生産性上昇がみられることがわかる（図8-4）。

こうした動きと同時に顕著であったのは、工業用地の地価の下落

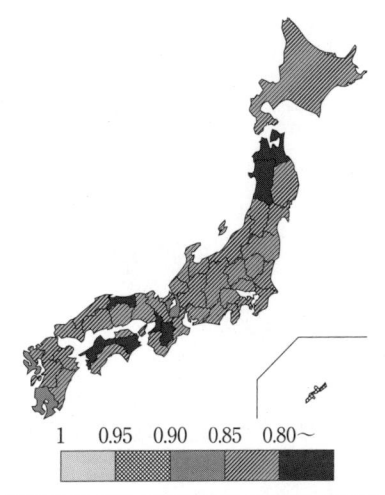

8章 人口減少下の産業再生と地域雇用　207

図 8-1　製造業における事業所数の動向 (2000 〜 05 年)
出所：経済産業省「工業統計表」をもとに筆者推計。

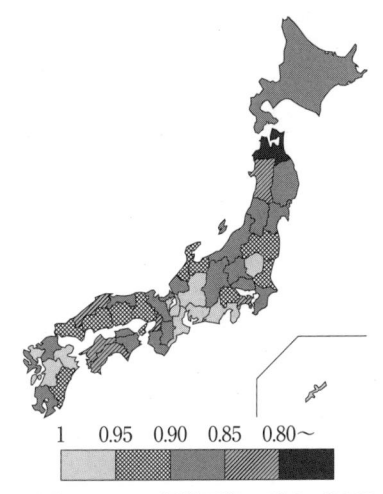

図 8-2　製造業における従業員数の動向 (2000 〜 05 年)
出所：経済産業省「工業統計表」をもとに筆者推計。

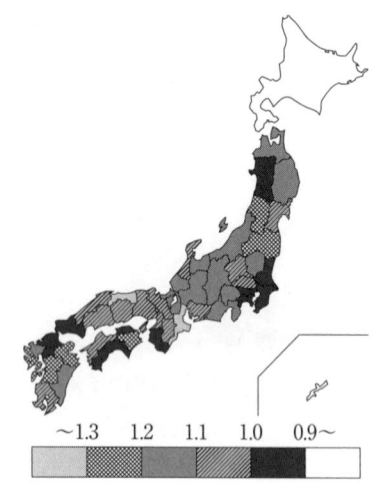

208　第Ⅱ部　格差の拡大と社会統合

図 8-3　GDP に占める製造業の比率の変化（2000〜05 年）
出所：内閣府『県民経済計算』から筆者推計。

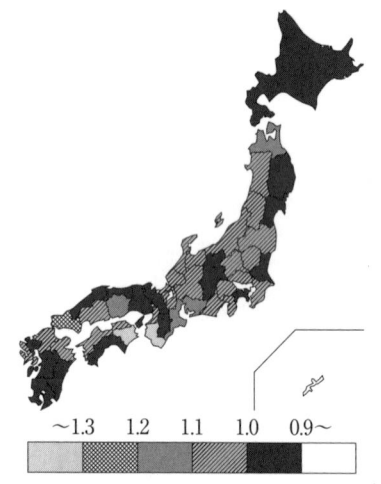

図 8-4　製造業における労働生産性の変化
出所：経済産業省『工業統計表』から筆者試算。

（図8-5）、実質実効為替レートでみた円安傾向の定着（図8-6）、それに、統計数値には表現されない様々な中国リスク増大が、この現象の重要な背景になったと考えられる。さらには、派遣・請負事業で多数

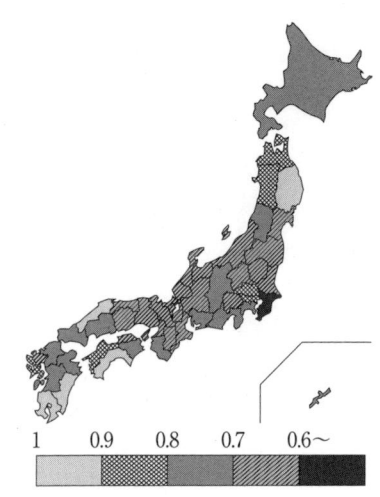

図8-5 工業用地価格の変化

出所：国土交通省。

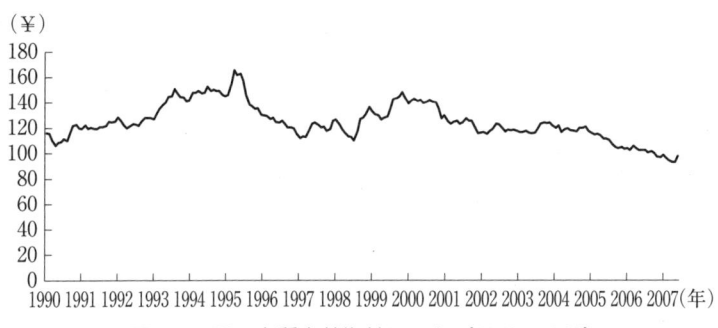

図8-6 円の実質実効為替レート（1973＝100）

出所：日本銀行。

210　第Ⅱ部　格差の拡大と社会統合

①日系ブラジル人

②外国人研修生

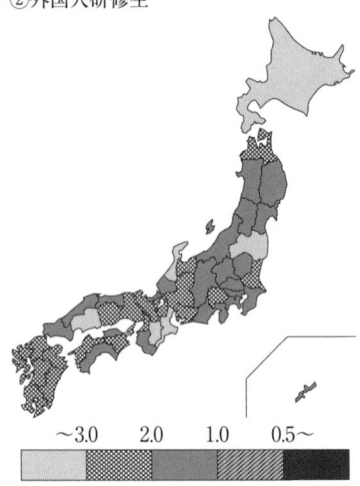

〜3.0　　2.0　　1.0　　0.5〜

図 8-7　日系ブラジル人および外国人研修生の人数の変化
出所：法務省入国管理局。

就労する日系人労働者など柔軟な労働力や、3年間のローテーションで受け入れられ、労働移動が禁止されている外国人研修・技能実習生なども（図8-7）、一定の影響を及ぼしている可能性があるだろう。

3　工程間分業および産業の国内回帰の理論的考察

こうした国内地域の産業と雇用の動きを、東アジア全体の動きのなかで把握するため、国際経済学および空間経済学の文献も検討しつつ、工程間分業と産業の国内回帰に関する経済的なメカニズムを整理してみたい（Kimura 2006、Jones & Kierzkowski 2004、Krugman *et al.* 1999）。

東アジアにおける自由貿易協定の締結など、地域全体の経済統合に向けた動きを背景とし、モノ・サービスのみならず、資本・労働の移動も円滑化するなかで、域内の要素価格比に変化が生じ、比較優位構造が変化すると考える。その結果、域内における工程間分業が進展すると同時に、特定の地域に産業集積が発生する。この動きを牽引するのが、域内における対外直接投資である。

特定の地域の産業集積が持続的に拡大するかどうかは、各国政府や地方自治体の支援策や、国内の人口動態や労働力の確保を含めた社会的側面も重要になる。東アジア域内の工程間分業が、特定の地域において空洞化促進的か、国内回帰促進的かは、これらの効果の総合的な作用の結果によって決まると考えられる。工程間分業が、各産業集積に与える効果は、理論的には様々な可能性を指摘することしかできない。

その意味で、産業の誘致や産業空洞化の抑制など、地域・自治体が自ら産業政策を意識的に転換し、地域経済を活性化させ、地域雇用を発展させることが必要な時代を迎えている。

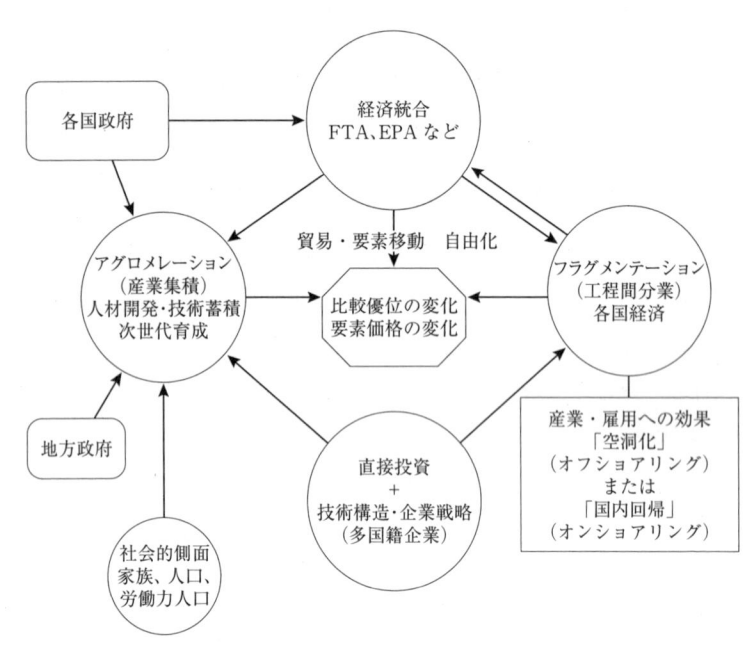

図 8-8 東アジア地域の経済統合のメカニズムと効果
資料出所：筆者作成。

　そこで、工程間分業によって、特定の地域に産業集積が生じるメカニズムを、総合的に検討する（図8-8）。なお、工程間分業の概念を示したのが図8-9である。

　図8-10は、工程間分業と産業集積の発生を説明する図式である。ここで、費用関数1は、ある企業が、単一の生産ブロックを用いた生産を行い、その固定費用が$0A$である場合、生産高と総費用の関係を表している。費用関数2は、いくつかの生産ブロックに分けて工程間分業が実施され、そのための固定費用が$0B$である場合、生産高と総費用の関係を示している。さらに、費用関数3は、さらに

工程間分業の実施される前

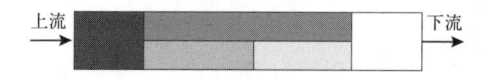

工程間分業の実施後

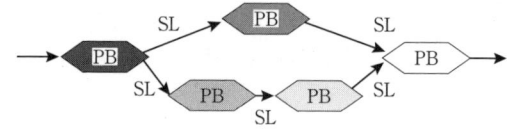

PB：生産ブロック　SL：サービス・リンク

図8-9　工程間分業とサービス・リンク・コスト
資料出所：Kimura (2006)。

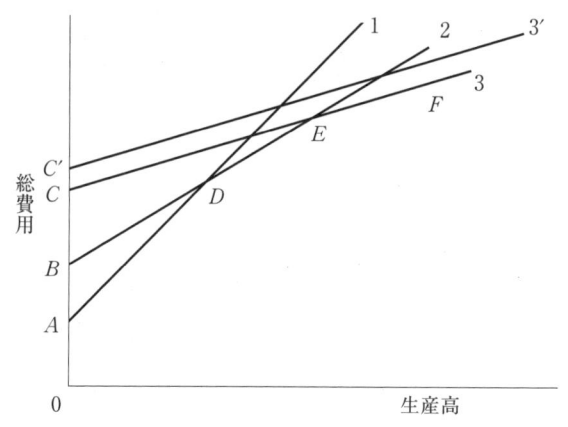

図8-10　工程間分業と産業集積の発生：サービス・リンク・コストが異なるケース

多くの生産ブロックで工程間分業が実施され、そのための固定費用が$0C$である場合の生産高と総費用の関係を示している。

　ここで、東アジア域内で、工程間分業が進むほど、限界費用が低

下するものの、固定費用（この増加分が、サービス・リンク・コストに該当する）が高まることが示される。

また、$0A$、$0B$、$0C$、$0C'$は、異なるパターンの工程間分業の固定費を示しており、限界コストが同じ場合（$0C$と$0C'$）には、固定費用（サービス・リンク・コスト）の低い生産拠点に、産業集積が発生する。こうして、域内における産業立地が決定されると考えることができる。

4　製造業の「国内回帰」に関する計量分析

以上の理論的考察をもとにして、産業の国内回帰現象を説明する計量方程式を推定してみたい。被説明変数には、先にあげた通り、①付加価値生産額に占める製造業の比率、②事業所数や③従業者数の3つを用いる。説明変数および仮説は、概ね以下の通りである。

第1に、労働生産性は、その上昇が、国内における競争力を高め、国内立地にプラスに寄与する。同時に、これが、低生産性の企業の淘汰や雇用削減をもたらす可能性もある。

第2に、賃金水準が高まると、価格競争力が低下して、国内立地にマイナスとなると考えられている。しかし、国内立地において、産業集積効果が働き、規模の経済が作用する場合、むしろ、賃金水準の高い地域に、集中して立地することもあり得よう。

第3に、有効求人倍率の高さは、これが、需給ミスマッチが大幅であることを意味するのであれば、国内立地にマイナスに作用することがあるであろう。

第4に、外国人労働者（労働移動の自由なブラジル人または就労先の企業を変更できない研修・技能実習生）は、それぞれ、柔軟な労働力を意味し、業種や分野をことにするものの、国内立地にプラスに作用す

ると考えられる。

第5に、工業用地価格は、その高い地域は、国内立地としては敬遠されると考えられる。

第6に、中国への対外直接投資の増加は、海外移転の増加につながりやすいため、短期的には別として、国内立地にマイナスの効果を果たすと考えられる。

第7に、円の実質実効為替レートは、これが上昇すると、国内生産のコスト上昇となり、国内立地にマイナスに作用すると考えられる。

これらの仮説を検証するため、次の計量方程式を推計する。

$$Y = a_0 + a_1 X_1 + a_2 X_2 + a_3 X_3 + a_4 X_4 + a_5 X_5 + a_6 X_6 + a_7 X_7 + a_8 X_8 + u$$

ここで、被説明変数 Y は、①GDPに占める製造業比率、②事業所数または③従業者数とする。

説明変数は、以下の通りである。

X_1：労働生産性

X_2：賃金水準

X_3：有効求人倍率

X_4：外国人労働者（日系ブラジル人、労働移動は自由）

X_5：外国人研修生（ローテーションシステム、労働移動は不可）

X_6：工業用地価格

X_7：中国への直接投資（ただし、推計にあたり、国内全地域に同じ数値を適用）

X_8：実質実効為替レート（同上）

u は残差項とする。

そこで、2001年から2006年までの都道府県レベルの集計データまたは国レベルのデータをプールすることとし、最小二乗法により

表8-3 製造業における「国内回帰」の決定要因

被説明変数	GDPに占める製造業の比率 係数	T値	事業所数 係数	T値	従業者数 係数	T値
労働生産性	0.011***	8.651	−4.032***	−4.117	−50.646***	−2.238
平均賃金	0.001***	4.049	0.042***	6.088	0.997***	6.223
有効求人倍率	11.958***	7.734	−0.220***	−4.419	−17346.6***	−6.163
外国人研修生	−0.001*	−1.961	2.005***	4.622	44.577***	4.449
ブラジル人	0.001***	1.376	0.211***	7.375	8.718***	13.185
対中直接投資	−0.001***	−4.214	0.359*	1.793	11.798**	2.550
工業用地価格	−0.001***	−10.313	0.038***	7.178	0.542***	4.383
実質実効為替レート	−0.084*	−1.670	89.710***	2.251	2573.769***	2.798
定数項	9.092	1.312	−18714.529***	−3.410	−485605.4***	−3.830
自由度調整済 R2	0.759		0.705		0.764	
サンプル数	282		282		282	

注：***は1％水準で有意、**は5％水準で有意、*は10％水準で有意であることを示す。
出所：筆者推計。

推定した。その結果は、表8-3の通りである。

労働生産性については、その上昇は、事業所数と従業者数にはマイナスの影響を与えるが、製造業のGDPに占める比率を上昇させる点では、国内回帰にむしろプラスに作用している。

平均賃金は、その高い地域では、GDP比率、事業所数、従業者数いずれにもプラスに作用しており、これは、産業集積度の高まった地域では、賃金水準も高まっていることを示している。

有効求人倍率は、GDP比にはプラスだが、事業所数、従業者数にはマイナスに作用しており、国内回帰については、正負両方の効

果を持ち得ることを示している。

外国人研修生も、GDP 比にはマイナスだが、事業所数、従業者数にはプラスに作用しており、国内回帰については、正負両方の効果を持ち得ることを示している。研修生の多い産業が相対的に低賃金であるなかで、GDP 比でみた製造業の国内回帰に研修生がマイナスに作用している点は注目しなければならない。

ブラジル人については、全ての指標でプラスの効果を発揮しており、国内回帰を促進する重要な要因となっていると考えられる。これは、前章で、ローケーション選択の理論による計量分析から得られた結果とも整合的である。

対中直接投資、工業用地価格、実質実効為替レートともに、GDP 比にはマイナスだが、事業所数および従業者数にはプラスに作用しており、国内回帰に対して、正負両方の効果を持ち得ることを示している。特に、対中投資は、事業所数や従業者数に対して、短期的な効果と長期的な効果が異なると考えることができるし、工業用地価格や実質実効為替レートの低下は、国内回帰を促す要因として無視できないことがわかる。

5 地域産業と地域雇用の活性化に向けて

地域経済統合のもとで、工程間分業が進む結果、特定の国や産地に、産業空洞化（オフショアリング）効果が働くのか、産業集積（オンショアリング）効果が働くのかは、工程間分業の理論の分析だけでは、特定できない。

しかし、実証的には、製造業の立地に寄与する具体的な要因を検出することができる。しかも、日本国内の産業集積は、生産性を高め、高賃金で労働力を惹きつけ、成長のダイナミズムを生み出すこ

とが可能である。

　同時に、地域の産業再生と地域雇用の促進のためには、以下のような環境条件の整備が必要である。これは、地域・自治体や企業の努力の限界を超えており、東アジアにおける経済統合において、国として果たすべきイニシアチブに依存する。

　第1は、東アジア域内の為替相場の安定が、産業集積の形成に大きな影響を及ぼすことである。域内通貨の安定は、東アジア経済統合と域内の工程間分業の持続性を高める上で非常に重要だということである。

　1997年の通貨危機から10年以上が経過した現在、「アセアン+3」域内では、金融・通貨面の協力、自由貿易協定の締結、マラッカ海峡の海賊対策など、機能的協力16分野に加え、2007年に新4分野（女性、貧困の撲滅、災害の管理および鉱物資源問題）が加わった。

　しかし、域内各国の通貨制度はばらばらで、特に問題なのは、中国が事実上の米ドル・ペッグを続けてきた点である。世界経済危機下では、ドルの凋落傾向が、中国通貨など、ドル・ペッグしている通貨を過度に低く誘導する結果を招く。特に、経済危機のなかで、日本をはじめ、ドルに対して切り上がっている通貨を有する諸国・地域は、国内生産拠点が壊滅的な影響を受けかねない。そのことが、東アジア経済全体に悪影響を与える恐れがある。

　問題なのは、対ドル為替レートや対ユーロ為替レートなど、域外諸国との為替変動の調整ではなく、東アジア域内の為替安定なのである。欧米経済が、世界経済危機で大きな打撃を被った現在、円が対ドルや対ユーロで長期的に切り上がること自体を阻止することは市場の実勢に反する。むしろ、域内の通貨安定のためのイニシアチブを、東アジア経済統合の新たなイニシアチブとして提起すべきで

ある。

 第2に、国内の工業用地地価が、産業集積に及ぼす影響である。日本でも、1990年代初頭には、バブルの影響で大都市地価が上昇して、製造業の大都市脱出が生じた。景気回復のために、バブル再来を願望する業界がないとはいえないが、不動産バブルと、工業用地の地価急騰は、産業集積にとって、必ずしもよい影響を与えない。

 東アジア経済全体としても、バブル発生、特に、資産バブルに対しては、十分な警戒を怠るべきでなく、金融自由化が進むにつれて、域内各国の金融監督面の強化も、追加的なイニシアチブの一つとなるであろう。

 第3に、産業集積における労働力の問題がある。移動性と柔軟性の高い労働力の存在が、産業集積の形成を支えてきた。だが、特に少子・高齢化の進む諸国では、次第に移動性や柔軟性が失われていく。

 そこで、外国人労働者の受入れは、柔軟な労働力を提供するという意味では、国内の産業立地の強化に寄与する。しかし、柔軟な労働力の面が強調されて労働者の雇用・生活の不安定性が放置されることがあってはならない。また、技能実習制度のように、労働移動を制限する仕組みでは、低生産性を温存したり、権利侵害が当然視されたりする弊害が大きい。この問題の解決のため、受け入れる地域・自治体が、地域の産業をどう活性化するかについて明白なビジョンを持つとともに、技能実習生の権利保護のために積極的に関与することが求められる。

 以上のように、わが国は、国内の産業立地を長期的に維持できる条件を整備し、地域・自治体レベルで、社会統合政策を進め、経済的ショックにも強い地域経済構造を備えることがまず必要である。

そのことが、東アジア経済統合へのイニシアチブを発揮する上での重要な条件となるであろう。

第 III 部

東アジア経済統合と
そ の社会的側面

9章

東アジア経済統合と労働市場の展望

1 東アジアの労働供給の長期的変化

　本章の目的は、東アジアの経済発展に伴う人口と労働市場の変化、国際労働移動の動向を踏まえ、わが国における労働供給の将来予測について検討することである。

　東アジアで、先進国型の労働市場が確立した地域は、日本、韓国および台湾と、都市国家であるシンガポールや香港に限られる。このことが、域内の労働・社会政策を共通の土台で議論することを困難にしている。

　同時に、東アジア経済発展の成果は、工業化の進んだ沿岸部や大都市などに集中し、国内や域内に様々な社会的不平等を引き起こしている。

　例えば、各国の小規模農業の生産性は低く、貧困水準すれすれの生活を余儀なくされる農民や、子どもの教育のため都市に出稼ぎにいく両親、あるいは、農村で医療を受けられず、借金をして都市の病院にいかなければならない人々もいる。このように、経済的格差は、同時に、社会的な機会の不平等を伴う。

　大都市周辺部では、都市インフォーマル・セクターと呼ばれる分野で、不安定で低所得で生活する人口が増加している。その就労条件は厳しく、衛生状態も悪い。都市で就労する出稼労働者も厳しい

条件に耐えている。近代的な工場生産の拠点においても、低賃金や苛酷な労働条件の改善を求める運動が、各国・各地で広がり、労使関係は次第に不安定化する兆候がある。

これに対し、新興国では、高価なマンションの増設が続き、不動産投資で大きな利益をあげる実業家が出現し、株式投資で巨額の富を手にした富裕層も増加している。政府の強権措置や腐敗への反発が暴動に発展する場合もある。このように、東アジア途上国の貧富の格差の拡大は、社会的な不平等を拡大し、社会的緊張を生み出す可能性がある。

1997年のアジア通貨危機の後に、経済統合の道を選んだのは、日中韓3ケ国を招いて国際会議を開催したアセアンのイニシアチブが大きい。同時に、東アジア各国には、経済発展という共通の目標があり、その根底には、経済ナショナリズムがある。人権、教育、医療、環境衛生、雇用、労働条件など、経済発展の過程で重視すべき社会的側面の課題も、経済発展優先の風潮のなかで、共有された課題とはなっていない。

しかし、東アジアでも、経済発展は人口と労働市場の変化をもたらし、着実に、各国は社会的側面に関心を向けることになるだろう。そうした情勢変化のなかで、日本自身が、現代の課題にどのような理念と行動を持って進んでいるかが改めて問われねばならない。

2 東アジアの人口学的配当と人口転換

少子・高齢化の進展するなかで、東アジア諸国の総人口は、日本で2005年以降に減少に転じ、韓国が15年あとを追い、中国でも2040年代に総人口が減少し、東アジア全体の人口減少が顕著になるとみられている。しかし、2040年を超えても、インドでは人口

増加が予想されている。

2000年時点では1億2700万人を超えていた日本の人口は、2050年には2割減少し、1億人前後になると予想されている。

東アジア経済の成長をめぐる議論においても、人口動態の及ぼす影響には関心が集まっている。人口学者は、アジアが経済発展の過

表9-1 アジア主要国・地域の人口および合計特殊出生率

国・地域		人口(万人)	(年次)	合計特殊出生率	(年次)
東アジア	日本	12,797	2007年	1.32	2006年
	中国	132,863	2007年	1.7	2005年
	韓国	4,822	2007年	1.13	2006年
	北朝鮮	2,379	2007年	2.0	2005年
	モンゴル	263	2007年	2.3	2005年
	(香港)	721	2007年	0.98	2006年
	(台湾)	2,288	2006年	1.12	2006年
東南アジア	インドネシア	23,163	2007年	2.3	2005年
	マレーシア	2,657	2007年	2.8	2005年
	フィリピン	8,796	2007年	3.0	2005年
	シンガポール	444	2007年	1.25	2005年
	タイ	6,388	2007年	1.9	2005年
	ブルネイ	39	2007年	2.4	2005年
	ベトナム	8,738	2007年	2.2	2005年
	ラオス	586	2007年	4.6	2005年
	ミャンマー	4,880	2007年	2.2	2005年
	カンボジア	1,444	2007年	3.9	2005年
南アジア	インド	116,902	2007年	2.9	2005年
	パキスタン	16,390	2007年	4.0	2005年
	バングラデシュ	15,866	2007年	3.1	2005年

資料：人口は、台湾は内政部資料、その他の国・地域は United Nations "World Population Prospects 2006 Revision"。
　　　合計特殊出生率は、日本は厚生労働省「人口動態統計月報（年計）概数」、韓国は韓国統計庁資料、香港は香港統計局資料、台湾は内政部資料、シンガポールはシンガポール統計局資料、その他の国・地域は WHO（世界保健機関）資料。
注：暫定値や推計値を含む。
資料出所：世界銀行および各国資料。

程で享受してきた「人口学的配当 (demographic dividend)」が枯渇しつつあると指摘する。そもそも「人口学的配当」は、東アジアの高度成長を支えた諸要因には、潤沢な若年人口の存在という恵まれた条件（したがって「配当」と称する）が存在し、これら若年層の教育・訓練または人的資源の開発により、高度な経済成長を実現できたと主張する (Asian Development Bank 2009)。

確かに、若年層の方が中高年層に比べ移動率が高いという経験的事実からすれば、その労働力移動が容易であるならば、経済発展に伴って拡大する国内の需給ミスマッチの解消に寄与する効果を発揮するかもしれない。

同時に、経済発展とともに、「多産・少死」から「少産・少死」への人口転換の動きが進み、その結果、長期的な人口維持に必要な合計特殊出生率（人口置換水準：2.07）を大きく下回る国・地域（韓国、日本、シンガポール、台湾など）が出現したことに注目しなければならない。

韓国でも、2050年までに人口は1割強減少し、中国も「一人っ子政策」の影響から、2025年と比べ2050年には約3％減少すると見込まれる。中韓両国では、高学歴化とともに若年労働力の増加率は低下している。これに対し、マレーシア、インドネシア、フィリピン、ベトナム、インドなどで、2050年まで人口は増加し、大量の若年者の労働市場への参入が続くと予想される。

3 東アジアの労働市場の発展：労働市場の転換点

さて、経済発展とともに、労働市場が転換点を迎えるという考え方は、ルイス（＝ラニス・フェイ）の理論（「2部門モデル」、すなわち、伝統的な農業部門と近代的な工業部門）によって説明されてきた (Lewis

1954、Ranis & Fei 1961)。

　経済開発の初期においては、賃金水準は、生存可能賃金 (S：subsistence wage) より若干高い賃金水準にへばりつく。それは、これより高い賃金では労働供給過剰となり、低い賃金では、労働が供給されないためである。この時期は、労働供給が無制限的な場合と呼ばれている (unlimited supply of labor)。ところが、雇用需要が拡大し、一定の雇用規模を超えると、労働供給は、実質賃金が上昇しない限り増加しなくなるというのである。これを、労働供給が制限的な場合という。

　この理論では、労働供給が無制限的な場合から制限的な場合に転換することを、労働市場の転換と名づけている。日本では、有名な転換点論争を経て、転換点は1960年代前半に生じたというのが多数説となっている (南 1970)。

　また、韓国では、1980年代後半に、労働市場は転換点を迎え、中国では、21世紀初頭の現時点において発生しているという説が提起されている。

　こうした農村から都市への労働供給圧力の背景には、農民分解があると考えられてきた。農民分解を引き起こすメカニズムは、バングラデシュなどの実地調査に基づいて、およそ以下のように説明されている。

　近代化の過程で、農村では死亡率が急速に低下し、出生率が低下しないため人口爆発が起きる。この結果、農民一人当たりの土地細分化が生じ、生産性が低下し、生存可能な所得を得ることもできなくなると、土地を売って小作農となるものの絶対的貧困に陥り、土地を離れ、都市へ流入する人々が増加する (渡辺 1986)。

　このように、人口が増加した農村における「絶対的貧困」を減少

させるためには、都市への労働移動を促進するだけでは十分でない。農村における投入財価格の低下をはじめ、農業生産性を上昇させる技術革新が必要になる。現代では、都市と農村の所得格差を是正するためには、内陸部への製造業の投資を促進することも重要な課題と考えられる。内陸部における物流のネットワークの確立は、農村部の開発の重要な鍵となる。中国では、西部大開発を進めるために、内陸部への高速道路の建設を進めている。インドは、黄金の四角形と呼ばれる高速道路網を整備した。

　農村から流出した労働力が都市に到達しても、安定した近代的部門に就労することができる保障がない。それなのに、どうして人々は都市を目指すのか。農村から、都市インフォーマル・セクターという、就業も所得も不安定な分野への移動のメカニズムを説明したのが、トダロの労働移動モデルである。このモデルは、都市のインフォーマル・セクターから、フォーマル・セクターへの移動確率を用いて期待報酬を測定し、これが、農村での期待報酬を上回る場合、都市への流入が発生すると考えた。

　経済発展の初期における労働市場のパフォーマンスは、経済発展戦略の違いによる雇用創出力の違いと密接に関係している。第1グループの諸国は、工業部門の雇用創出が弱い場合であり、農村に絶対的貧困が堆積し、都市には、インフォーマル・セクターが膨れ上がる。第2グループは、工業部門の雇用創出は強いが十分でないため、農工間格差が依然大きく、インフォーマル・セクターが長く残存する。第3グループは、雇用創出が非常に強く、都市インフォーマル・セクターが消滅し、農村と都市の格差が縮小し平準化する場合である。

　日本や韓国などは、すでに第3グループに属し、すでに労働市場

は、先進国型に変化している。しかし、多くの東アジア諸国は、第1または第2グループに属し、労働市場の近代化が遅れている。

4 東アジアの国際移動の活発化

こうしたなかで、東アジアでは、経済発展の格差、人口動態の格差を背景として、国際的な労働力移動が活発化していることに注意すべきである。

その背景として、様々な問題が指摘されている。まず、①労働市場において分断（segmentation）が発生し、外国人が就労する低賃金分野が存在する場合や、②部門、職種、地域間の要素価格（賃金）差が存在し、それが、地域間移動を促している場合、③国内就労よりも、国外就労の場合は人的資本投資の収益率が高まるために、移動が発生しやすい場合、あるいは、④国際移動が商業化（commercialization）され、仲介業者が介在し、人身売買（trafficking）などが増加している場合などである。

こうして、東アジア域内における国際労働力移動が、2001年から2005年までの間、かなり急速に拡大したことが確認できる。例えば、国連人口部が推定している滞在1年以上の外国人人口（ストック）は、過去5年間に急速な増加が生じている。なお、この推定では、永住目的の国際移動が相対的に多い欧州や北米などと比べ、アジアにおける外国人人口は過小に評価されてしまう点に注意が必要である（表9-2）。

5 先進国型の労働供給の理論と将来推計の課題：日本

そこで、日本について、労働供給の将来推計の手法と問題点を明らかにしたい。このために、最近の労働市場の基礎的データを整理

表 9-2 東アジア諸国における外国人人口の推移（単位：1000 人、%）

国・地域	2000 年	2005 年	変化率 2000-05 年
中国	513	596	16.2
香港（中国）	2,701	2,999	11.0
日本	1,620	2,048	26.4
韓国	597	910[注]	52.4[注]
ブルネイ	104	124	19.2
インドネシア	397	160	-59.7
マレーシア	1,392	1,639	17.7
フィリピン	160	374	133.8
シンガポール	1,352	1,843	36.3
タイ	353	1,050	197.5
ベトナム	22	21	-4.5

注：韓国の 2005 年の数値は UN によれば減少しているが、政府統計では増加している。
出所：UN, Population Division (2006)。

しておく。

　2005 年の日本人人口は、戦後初めて前年より 2 万人以上減少した。ただし、2007 年までは、外国人人口の純流入が、日本人人口の減少幅を上回った。生産年齢人口（15 〜 64 歳）は、1995 年からすでに減少過程にはいっている。1947 〜 1949 年生まれの団塊の世代は、630 万人前後で、前後の世代より 30％近く多く、これらの人々が、2007 年から 60 歳に到達した。男性労働力率カーブは、逆 U 字型、女性労働力率カーブは M 字型となっている。ただし、先進国で女性労働力率カーブが M 字型を維持しているのは、現時点では日本のみである。

　過去 10 年ほどの間に、男性の労働力率は、20 〜 24 歳層と 60 歳以上で低下し、女性の労働力率は、20 〜 24 歳層と 65 歳以上層で

低下し、25〜34歳層で上昇幅が大きい。

非正規雇用は、2008年に1737万人に達し、10年前の1.5倍以上になった。非正規雇用比率は、女性で52％となり、男性も16％に達した。フリーターは2009年に178万人と、正規雇用の促進にもかかわらず、あまり大きく減少していない。またニートは62万人で、ほぼ変化していない。

年間実労働時間は、2008年に常用労働者で1791.6時間まで低下した。これはパート比率が上昇した影響が大きい。一般労働者では、2000時間以上となっている。男女計でみると、週当たり実労働時間の35時間未満層が増加しているが、週当たり60時間以上労働する人たちも増加している。特に、30歳代前半層では、その比率が高くなっている。

労働費用に占める教育訓練費の比率は、1990年代に顕著に低下した。成果主義賃金の導入企業は、従業員規模30人以上で5割を超え、3年以内導入企業を含めて8割に達した。人口の高齢化および就業の非正規化の影響をみると、世帯の所得格差を示すジニ係数は上昇傾向にある（厚生労働省 2009a）。

1）労働供給の理論

労働供給の推計を検討するための基礎として、ミクロ経済理論に基づく労働供給の理論の構造を復習しておきたい。

ここでは、縦軸に夫の所得と妻の所得を合計し、横軸に、妻の労働時間をとる。夫が正規雇用者として働いている場合に、妻の労働供給が、夫の所得や、妻の賃金率の変化で、どのように変化するかを議論する。なお、ここでは労働時間を自由に選べるのではなく、所与と考える。

まず、妻が就労するか、就労しないかは無差別となる賃金率 W_r

を「留保賃金」という。この場合、市場賃金率が、留保賃金 W_1 より低い場合、妻は就業すれば、就業しない場合よりも効用が低下するため、不就業を選択する。しかし、市場賃金率が W_1 より高くなる場合、就業を選択する。

このように、家計単位で複数の構成員による労働供給を考えた場合、主たる稼得者の所得が一定の場合、副次的な稼得者に対する労働市場で賃金率が上昇すると、労働供給は増加する（「ダグラス・有沢の法則（第1法則）」）（図9-1）。

次に、主たる稼得者の所得が上昇した場合、副次的な稼得者の就業率が低下する場合、「ダグラス・有沢の法則（第2法則）」が成立

$I = I_h + I_w$
$I_w = W \cdot H_f$

$W_1 \rightarrow W_r \rightarrow W_2$

ただし、$I_h =$ 一定
　　　　$I_w =$ 可変

H_f：妻の（指定）労働時間

（ダグラス・有沢の法則（第1法則）の証明）

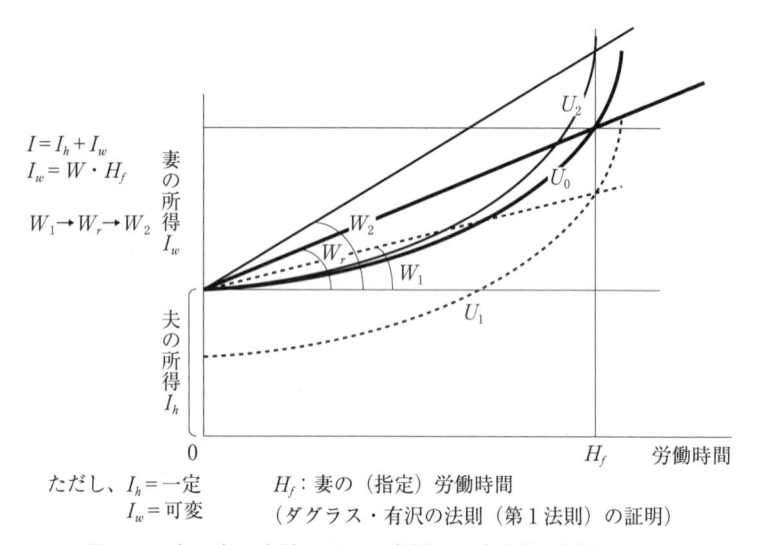

**図9-1　夫と妻の家計における労働と自由時間の選択
（夫の所得が一定で妻の市場賃金が上昇するケース）**

資料出所：筆者作成。

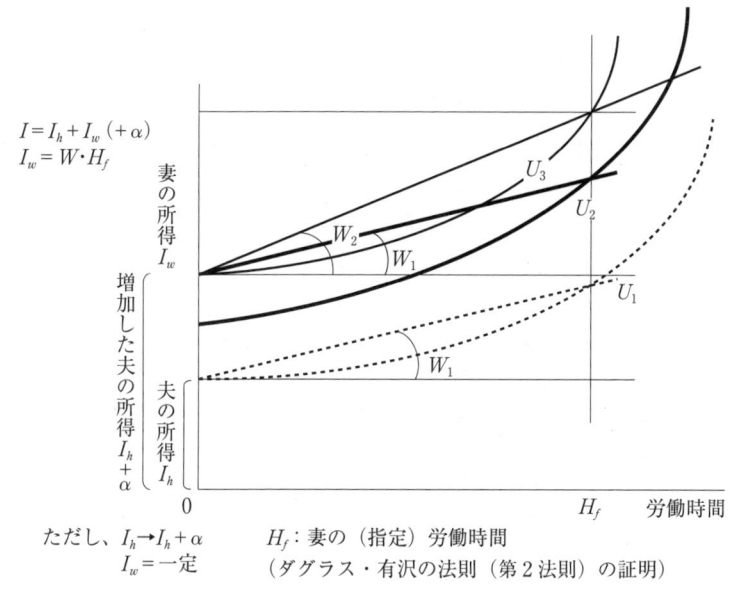

$I = I_h + I_w (+\alpha)$
$I_w = W \cdot H_f$

ただし、$I_h \to I_h + \alpha$　　H_f：妻の（指定）労働時間
　　　　$I_w =$ 一定　　　　（ダグラス・有沢の法則（第2法則）の証明）

**図9-2　夫と妻の家計における労働と自由時間の選択
（夫の所得が増加するケース）**

資料出所：筆者作成。

することになる（図9-2）。

このうち、市場賃金率の上昇とともに、労働市場全体で増加する労働供給は、市場賃金を横軸にとった密度関数で表現することができる。

2）労働力率関数の推計

1）で論じた労働供給に関する理論を踏まえ、将来推計に使用する労働力率関数を推計する。労働力率関数は、労働需要関数や失業率関数などを含め、複数の方程式体系のマクロ・モデルの一部を構成する。

さて、男性の労働力率関数を推計する際には、労働力率を15～24歳層の若年層と、55歳以上の高齢層を分けて推計し、25歳から54歳までフラットな労働力率カーブを想定することが多い。

15～24歳層では、労働力率に影響を与える変数として、賃金率だけでなく、大学進学率や、パート就労率などを加える必要があろう。これは労働力率が大学進学で低下し、パート就労で上昇すると考えられるためである。

また、55歳以上については、60歳前半層の雇用延長実施事業所率、厚生年金と市場賃金の比率などを追加する必要があろう。これは、労働力率が、企業の雇用延長により上昇し、厚生年金と市場賃金の比の上昇で低下すると考えられるためである。

女性については、労働力率を年齢階層別に推計する方法もあるが、年齢階層間の接続に問題があるので、年齢を変数とする4次多項式でM字型カーブを近似して推計する方法を採用することがある。

その場合も、15～24歳層については、労働力率に影響を与える変数として、賃金率だけでなく大学進学率やパート就労率などを加える必要がある。

また、25～44歳層など子育て期間の労働力率の推計には、有配偶率、親との同居率、パート就労率、保育所の設置率などを加えることが必要である。これは、女性の労働市場への参加が、配偶者があると低下し、親と同居することで上昇し、パート就労で上昇し、保育所の設置率で上昇すると考えられるからである。

3）労働供給の将来推計の基本構造

2007年12月の雇用政策研究会推計（厚生労働省 2007a）は同年の国立社会保障・人口問題研究所の人口推計をもとに、若年、高齢、女性について、労働市場への進出が進むケースと進まないケースを

分けて推計している。

そもそも労働力供給の状況は、その背景に人口動態がある。人口動態が労働力に反映するのに、先進諸国では、約20年かかることに注意しておきたい。人口変動から労働供給の変化までに「タイムラグ」が存在することと、労働供給側が、労働需要ほどに、短期的な調整ができないことは、労働市場の需給ミスマッチが持続的に存在することを暗示する。

しかし、労働市場から、人口変動への反作用は考慮されていないので、2030年より後の時期の労働力人口への影響は無視されている。

過去の労働力人口推計から明らかなのは、少子化の影響で、2030年以降の人口減少幅が大きくなり、労働市場への参加率を急速に引き上げても、年当たり50万人程度の減少は甘受しなければならないことである。

しかし政府が、2030年以降の数値はあえて推計せず、2030年までの労働力率を可能な限り引き上げることのみに力点を置いていることには、盲点がある。なぜなら、2030年以前の労働力率上昇に伴い、2030年以降の人口減少が大幅になるリスクを無視しているからである。これは、世代間利害調整の視点からみると、大きな問題といえよう。

4）労働供給の将来推計の問題点

ここで、過去10年間の労働力人口推計を比較しつつ、労働供給の将来推計から、どのような政策的な含意を読み取るべきなのか、また、推計に関する今後の課題は何かを整理してみたい（表9-3）。

第1に、過去の推計から明らかなのは、今世紀初頭に合計特殊出生率が1.3水準まで低下したわが国の場合、人口減少を回避する方法はもはや実現性がないということである。期待できるのは、人口

表 9-3 新旧人口推計（中位推計）をもとにした労働力人口と減少幅の試算（単位：1000人）

年	1997年旧人口推計	労働力人口推計A	年当たり減少幅	2002年旧人口推計	労働力人口推計B	年当たり減少幅	2007年新人口推計	労働力人口推計C	年当たり減少幅
2000	126892	66160	—	126926	66160	—	126926	66160	—
2010	127623	64700	146	127473	64650	249	127176	66280※	120
2020	124133	59920	478	124107	60780	387	122735	65560※	140
2030	117149	55930	399	117580	56530	424	115524	61800	289
2040	108964	50700	523	109338	51060	548	105695	—	—
2050	100496	45850	486	100593	45520	554	95152	—	—

注：2001年から2028年にかけて、厚生年金支給開始年齢を60歳から70歳に引き上げること、十分に高い保育所在所率を実現すること、2020年の女性の高等教育進学率が男性の80％となり以後横ばいとなることなどを仮定している。

推計Aは経済企画庁経済研究所『経済分析』第151号による推計。

推計Bは、女性・高齢者の労働力率を一定の制度的前提（注）で引き上げた場合の年齢別労働力率を用い、2002年推計の性・年齢別人口に乗じて筆者が試算。

推計Cは、2007年12月の厚生労働省・屈州政策研究会の推計。※2010年ではなく2012年、2020年ではなく、2017年の数値が公表されている。

資料出所：著者作成。

減少速度の緩和と、労働力の質的な向上だけであろう。

したがって、2030年以降急減が予想される労働力人口の推計と併せ、労働力人口の減少速度を抑制する観点から政策選択を行う必要がある。

第2に、これら推計からはパートタイム労働比率や非正規労働比率が読み取れない。しかし、雇用に占める非正規雇用の割合の上昇が、若年層の家族形成にも大きな影響を与えると予想される。また、フルタイム就業を希望する失業者と非正規雇用はミスマッチしてし

まい、結果的に失業率を高める可能性がある。さらに、短時間労働者の増加は、フルタイム換算した労働供給量を大きく減少させる可能性がある。したがって、非正規雇用率を明示的に取り込んだ労働力人口の推計を行い、労働投入量の実際の減少幅を推計することが、政策選択を行う上で適当である。

第3に、高齢者や女性の労働力率上昇で、短期的に労働力人口の減少を緩和する効果はある。しかし、若年層の労働力率上昇は、高学歴化の影響で、かなり限界があると考えるべきである。同時に、女性の労働力率上昇は、実施方法によっては、短期的には労働力人口を上昇させるが、長期的には、出生率を低下させて、労働力人口を減少させる可能性がある。したがって、こうした短期的効果と長期的効果の関係を明らかにすることが、政策選択を行う上で適当である。

第4に、国立社会保障・人口問題研究所の人口推計では、外国人人口の流出入や在留外国人数を含めた将来推計を行っている。そこでは、年間7万人から10万人の外国人の純流入を見込んでおり、現在の外国人受入れ範囲を変更することがなくても、外国人人口は、2050年には、現在の倍以上の500万人近くに達することが予測されている。

それに対し、労働力人口の推計では、外国人労働者の数は全く考慮されていない。このように外国人労働力を考慮しない推計の有効性は低い。むしろ、労働力人口に占める外国人の比率を明示して推計を行うことが好ましい。

6　東アジアの移動ビジョン

中長期でみると、東アジア地域では、人口の少子化の進む諸国と、

人口増加の急速な諸国が共存し、域内で労働需給ミスマッチが拡大すると予測される。しかし、人材開発と移動円滑化による域内全体の経済発展の促進を目指す取組みは欠落したままである。

　東アジアにおいても、将来は、自由貿易協定の締結に加え、域内の労働力需給関係を踏まえつつ、人材移動の円滑化のための域内のルールを形成すべきであろう。すでに、ビジネスのネットワークのみならず、留学などによる国際的な人材形成や、観光などによる相互理解の促進は重要な課題である。そもそも東アジアでは、欧州連合と異なり、域内経済格差ははるかに巨大で、域内の人材移動ルールに関する議論が遅れていることは否めない。

　それにもかかわらず、1990年代後半から、多くの東アジア諸国は、MOU（覚書）を基礎とする労働者のローテーション方式の受入れを拡大している。これらは、労働者保護や円滑な移動の実現に効果があるものの、あくまで、受入国の短期的な労働力へのニーズ充足が目的となっている。

　わが国は、インドネシアおよびフィリピンとの経済連携協定（EPA）の枠組みにおいて外国人の看護師および介護福祉士の受入れを認めた。しかし、外国人の国家試験の合格者は2011年時点で極めて少なく、外交問題に発展しかねない。日本政府は、試験問題に使用する日本語の改善や滞在期間の延長による受験機会の確保などの措置を講じた。しかし、これだけでは、各国の熱意や期待は裏切られ、東アジアにおける日本の地位低下に拍車をかける恐れもある。抜本的改善策として、来日前に日本語講習を最低1年間行えるようにし、既に外国の資格を有する者には、看護師臨床修練への参加を認めるほか、介護福祉士の資格水準の引上げに伴い、段階的な資格取得による就労や処遇改善を認めることが考えられる。

中長期的には、今世紀初頭、国連など国際社会で議論が高まった循環移民の具体化が、新たな東アジアの人材移動の戦略となり得るであろう。これは、先進国が、途上国の人材を育成し、先進国内での就労や滞在、家族呼び寄せなどを認めつつ、本人が希望する場合には、自発的に母国に帰還することができ、必要に応じ、両国間の移動を可能とする仕組みをさす。

　つまり、循環移民は、先進国への頭脳流出を緩和し、先進国と途上国の双方に長期的な利益をもたらし、移動する本人の自発的意思により、その職業および人生設計を可能とする。例えば、わが国が東アジア諸国の人材を受け入れて、日本語や技能・技術の習得を支援し、資格を取得させる。その資格をもって、日本国内で就労を認めるとともに、家族呼び寄せを認める。また、本人の母国でも、当該資格を認知または読み替えることにより、両国で、有資格の人材として就労できるようになる。

　その結果、この人材は、両国の間を自分の意思で移動し、いずれの国でも、就労し、家族ともども滞在が認められる。この仕組みによって、東アジア域内で、有資格人材を開発して増やすことが可能になり、送出国と受入国の利益になるということが重要である。同時に、強調されねばならないのは、この移動は、基本的に本人の意思によるもので、強制すべきものでないのが原則だという点である。

　東アジア域内では、欧州連合のような域内自由移動とは異なるが、各国政府が出入国管理の権限を基本的には維持しつつ、域内で円滑な人材移動を実現するための目標またはビジョンを共有することが望ましい。それは、域内の労働力需給ミスマッチを縮小し、持続的な経済成長率を維持する上でも不可欠である。

　現実には、東アジア諸国では、ナショナルな移動が極めて多い。

そこに、リージョナルな域内人材移動を可能にし、東アジア地域全体としての利益を実現することは、長期的に、域内各国の相互理解と協力、それに真の和解を実現するために不可欠と考える。

ただ、東アジアの国際政治や安全保障をとりまく状況は、極めて不透明である。各国の出入国管理制度に循環移民の仕組みを組み込むために、相当に時間がかかると考えざるを得ない（井口 2009b、日本国際フォーラム 2010）。

10章

東アジア経済統合の社会的側面の強化に向けて

1 東アジアの経済統合の現状

　本章の目的は、東アジアの経済統合の現状を検討し、国際経済法や国際経済学の視点から、現状を評価した上で、東アジアにおいて、経済統合の社会的側面を重視するイニシアチブを提起するための方策を検討することである。その上で、本書のまとめとして、こうした東アジア経済統合のもとで、わが国の新たな社会政策の提案を整理したい。

　1997年のアジア通貨危機以来、東アジアでは、経済統合の動きが加速してきた。当時、韓国の金大中大統領のイニシアチブで、東アジア共同体形成に関する研究グループ（EASG）が報告書を作成し、その後の「機能的協力」推進や東アジア・サミット開催の方向を提起したからである。

　1998年には、アセアン（ASEAN）諸国とEUの定期会議（ASEM）に、日中韓3ケ国が参加し、「アセアン＋3」の定期会合が実現した。そこで、東アジア共同体（an East Asia Community）形成を政治目標として宣言したことは、意外とあまり知られていない。

　その後、インド、オーストラリア、ニュージーランドを加えた「アセアン＋6」で「東アジア・サミット」が発足し、東アジア・アセアン研究センター（ERIA）が稼働した。

このように、東アジア共同体形成を、様々な分野における「機能的協力」によって段階的に進めることは、EASG 報告に書かれている通りである。その活動の中心となる機能的協力は、自由貿易協定（FTA）（または経済連携協定〔EPA〕）の締結であり、金融危機に備えた通貨スワップ協定を締結した「チェンマイ・イニシアチブ」である。最近では、エネルギー協力、環境協力などの多様な協力が進展している

2010 年時点で、アセアンが「ハブ」となる形で、東アジアの自由貿易協定が締結され、発効した。しかし、日中、日韓、中韓の間の貿易協定交渉はほとんど進展していない。この 3 ケ国は、相互の補完性よりも、相互の競合性を非常に強く警戒し、交渉を進める政治的意思が強くないと考えられる。

しかし、ウルグアイ・ラウンド妥結（1994 年）によって、GATT（関税と貿易に関する一般協定）＋ GATS（サービス貿易に関する一般協定）の 2 本柱による WTO は発足し（1995 年）、貿易交渉の舞台が、多角的交渉から、二国間を中心とする自由貿易協定交渉に移行している。そうしたなか、日中韓の相互の間で交渉がいつまでも進展しないことは、世界的な自由貿易交渉の進展のなかにあって異常な事態である。

2008 年の世界経済危機のなかで、中国やインドの高度成長がいち早く回復した。そして、欧米市場が成長を牽引する構造から、中国・インドなど新興国市場が牽引する構造に大きく変化しつつある。東アジア全体に中印の経済成長の効果が及ぶようにするためにも、自由貿易協定交渉は重要である。

ところが、現実には日中韓の間には、安全保障問題を含めた東アジアの冷戦構造が影を落としている。経済統合の進展が、次第に、

政治や安全保障面の同盟関係の形成につながるという状況にはなっていない。

さらには、東アジア共同体とは、「中華民族の偉大な復興」を掲げる中国を中心とする大中華圏の形成にすぎないのではないかといった懸念が盛り上がり、共同体形成のムードを冷やす結果となっている（渡辺 2008）。

最近の沖縄の米軍基地をめぐる日本国内の政治的混乱や、アジアへの関与を維持しようとするアメリカの思惑も交錯している。このままでは、東アジア経済統合において、機能的協力を進展させ、さらにリージョナルな制度構築に進めていくイニシアチブは早晩働かなくなるであろう。

これまで、アセアンのイニシアチブがあってこそ、東アジアのFTA形成が進んだ事実をここで確認する必要がある。アセアンは、さらに2015年にはEU型の経済統合を目指すとしてきた。それにもかかわらず、日中韓の政治・安全保障の構造に引きずられて交渉が停滞すると、東アジアに冷戦構造が永久に固定されかねない。また、フィリピン、インドネシアやベトナムと中国が、南沙諸島の領有権をめぐり、軍事衝突を繰り返している点も懸念される。しかし、最終的な東アジア経済統合の目標が、不戦共同体の実現にあることを確認しておかねばならない。

2 経済法および経済理論上の経済統合

国際法上、経済統合は、GATT第24条、GATS第8条に基づき、WTO協定の大原則である「最恵国待遇」の例外を条件つきで認めるものである。これは20世紀初頭から存在したベネルクス諸国の関税同盟や通貨統合を、GATT発足時点で例外として認知するも

のであったが、今日では、最恵国待遇の例外でありながらも、貿易自由化の推進のための新たなツールとなっている。

GATT 第24条は、域外への関税障壁または市場アクセスを高くせず、域内で90％以上の貿易を自由化し、移行期間も10年以下とする加盟国の合意を前提に、広範な自由貿易地域や関税同盟を認めている。

なお、途上国同士の経済統合は、授権条項によって、ゆるい規制でも、経済統合を認めている。

GATS 第8条も、サービス貿易の市場アクセスについて、最恵国待遇の例外として経済統合を認め、第8条の2は、スカンジナビア諸国や、インドとネパールなどを想定し、複数の締約国のなかだけで労働市場を統合する例外規定を置いている。

経済理論上の経済統合においては、もっと多様な区分が行われている。すなわち、①自由貿易地域、②関税同盟、③共同市場、④高度の経済統合（政治統合や通貨統合を含む）である。

自由貿易地域は、二国（複数）の国または経済地域が、関税または市場アクセスの規制を撤廃することをいい、関税同盟は自由貿易地域に加え、これら経済地域が、域外に対して共通の関税を適用することを求める。共同市場は、関税同盟に加え、域内で、資本や労働など要素移動を自由にすることを求めている。高度の経済統合には、域内で経済政策の調整や通貨統合などの高度な経済統合を実現することをさしている。

経済理論上、経済統合は、域外に対して差別的な経済効果を発揮することが指摘されている。特に、貿易転換効果は、従来、域外諸国と実施されていた貿易が、経済統合によって、域内貿易に取って替わられることを意味する。

近年、スパゲッティ・ボウル効果が問題視されている。複数国間で異なる原産地規則を定め、特定の原産地からの輸入について関税撤廃などを行う結果、広範な地域が、多数の経済統合の異なる規定によって分断されるということを意味している。こうして、多角的な貿易自由化と比べると、非常に差別的な地域が形成されてしまう危険が増加する。

　通貨統合に関しては、最適通貨圏の理論を参照する必要がある。ここで通貨圏とは、複数の国が共通通貨を採用する場合だけでなく、固定相場制を採用する場合を含めている。これら諸国が、異なる通貨を有し、為替相場で両国間の不均衡を調整することなく、通貨圏を形成したときに、通貨圏を維持する便益が費用を上回る場合を、最適通貨圏と呼ぶ (Mundel 1968)。

　ある通貨圏が、最適通貨圏であるための必要条件は、これら諸国の「経済政策の選好」が一致することである。これに対し、十分条件としては、これら諸国で、資本や労働の移動が完全に自由であるとか、産業構造が近似しているとか、国際的な財政移転が行われるなどの条件があげられる。

　十分条件は、その一つといえども完全履行は困難なので、これらを組み合わせて効果を高めるほかはない。欧州の通貨統合は、厳密な意味では最適通貨圏ではないが、安定と成長に関する協定により、参加国の経済政策の方向性を一致させ、域内の資本・労働移動の自由や国際的な財政移転も可能なので、維持可能な通貨圏と評価してもいいであろう。

　このような国際法および経済理論の視点で、東アジアの現状を振り返ってみると、確かに急速に自由貿易協定は締結されてきたが、いまだ、GATT 第24条に依拠しておらず、先進国水準の経済統合

といえない。域内で多様な経済協力が進められているが、国による経済発展段階の違いから、経済政策の選好は各国で大きく異なる。したがって、現時点では通貨統合はおろか、関税同盟や共同市場などに進む経済的な必然性は存在しない。さらに強力な国内ナショナリズムと多様な政治体制が、リージョナリズムや共同体意識の発展を制約している。

しかし、域内貿易や直接投資は実質的な経済統合を進展させており、加盟国相互の経済政策面の協調は不可避になっている。これに加え、域内の人の移動の活発化を背景に、二国間または多国間で調整が必要な社会的側面の課題が浮上しつつある。

いずれにせよ、東アジアでは、現時点では、経済発展そのものが共通目標であって、政治統合のみならず、社会的側面の課題を共同で解決しようとする政治的イニシアチブは生じにくい状況にあるといえよう。

しかし、東アジアの経済統合にとって、その社会的側面の課題は、いついつまでも軽視されていい問題なのであろうか。そこで、各国における生活保障のアプローチにどのような類型や共通点があるのかを議論する。

3 先進国の福祉国家の類型と東アジア

欧米先進国では、福祉国家の政策の現状や将来を論じる際に、議論の土台として必ずといっていいほど参照されているのが、G. エスピン=アンダーセンが1990年に提起し、若干の改定を加えた福祉国家類型論である (Esping-Andersen 1990、1999)。

これを簡潔に要約すると、第1に、「リベラル」型の福祉国家（アメリカ、イギリス、オーストラリアなど）では、個人は、第一義的に自

10章　東アジア経済統合の社会的側面の強化に向けて　247

らの福祉的ニーズを自らの所得で充足し、国は最低水準のセーフティネットを提供する。

第2に、「保守主義・コーポラティズム」型の福祉国家（ドイツ、フランス、イタリアなど）では、教会、家族およびこれより広範なコミュニティによって特徴づけられる伝統的な社会構造を、必要な場合には、国のサービスで支援する。社会保険制度は、社会的な地位や階層を保持する機能を果たす。

第3に、「社会民主主義」型の福祉国家（スウェーデン、フィンランドなど）では、福祉サービスは、社会的な地位・階層や就業上の地位、所得水準などによらず、ユニバーサルに提供される。

なお、「ポスト社会主義」型の福祉国家（ポーランド、ハンガリーなど）では、基本的な福祉サービスは家族にゆだねられるが、国によって、中長期的に異なったアプローチが採用される可能性を持っている。

しかし、欧州諸国に限定しても、これらの類型は欧州の小国の制度改革の動向を十分に反映できない。あえて分類すれば、雇用政策について、大きな変革を成し遂げてきたオランダは、むしろ、「保守主義・コーポラティズム」型と「社会民主主義」型の「ハイブリッド」と考えられる。また、デンマークは、「社会民主主義」型と「リベラル」型の「ハイブリッド」と考えられる。さらに、旧社会主義圏では、チェコが、「ポスト社会主義」型と「リベラル」型の「ハイブリッド」ということになる（Eurocities NLAO 2010）。

さらに、東アジア（北東および東南アジア）に目を向けてみると、日本や韓国は、欧州の影響を受けた「保守主義・コーポラティズム」型の要素と、戦後のアメリカの影響を受けた「リベラル」型の「ハイブリッド」になっている。ただし、それ以外の東アジア諸国や南

アジア諸国に関しても、エスピン＝アンダーセンの類型のなかで議論しきれない部分が大きい。

特に重要なことは、東アジアの生活保障において、農村や都市インフォーマル・セクター、それに、都市と農村の間の労働移動の果たす役割を明示的に考慮しなければならない。経済が活況の場合は、多くの場合、農村から都市への移動が活発であるが、都市雇用の増加が鈍くなると、都市インフォーマル・セクターが肥大化していく。

例えば、世界経済危機後の東アジアにおいても、依然として、農村は、重要な生活保障機能を果たした。2008年から2009年にかけて中国では、都市部の雇用減少から、2000万人規模の「民工」（農村戸籍を有し、有期限で都市に出稼ぎが認められた労働者）が農村に戻らねばならなかった。中国では、都市戸籍を有する者には社会保障制度が普及しているが、農村戸籍を有する者は、それら制度に加入できず、農村での制度普及が遅れている。

同様に1997年から1998年にかけてのアジア通貨危機の時期には、その影響を大きく受けたタイやインドネシアで、大規模な都市から農村への労働力移動の逆流が生じたことが知られている。

以上の議論から、東アジアにおける新たな社会政策を考える上で、農村や労働市場の変化、そして、その背後で機能している家族の機能の変化を十分に考慮する必要があるだろう。

そして、東アジア諸国も、労働市場の転換点をすぎると、都市生活者に対し、国や自治体などによる生活保障の比重が高まってくるだろう。その場合、各国の植民地化の歴史的経緯や戦後のアメリカの影響から、各国間で制度の多様性が大きい点にも注意が必要である。

したがって、東アジアの経済統合の推進にあたり、社会的基盤を

強化するため、各国に存在する社会保障機能を組み合わせ、不十分な部分を補完するなどのハイブリッド化を進め、これを補強することが、現実的な方向性であろう。

4 東アジア経済統合の社会的側面強化の必要性

東アジア地域の制度的な意味の経済統合とは、決して、理念的な目標ではない。それは、貿易や直接投資、それに域内の人材移動の活発化によって、現在も日々刻々と進展している経済統合を制度的に促進しつつ、相互依存関係にある域内各国を、域内外からの経済的ショックから守るため、どのような仕組みが必要かを問うことであるはずだ。

第1に、そもそも東アジア経済統合の必要性に関する共通認識は、域内の経済危機に関するリスク管理から始まったことを想起したい。経済的依存関係の高い国・地域のなかで発生した経済ショックは、域内の別の国・地域にまたたく間に伝染する。これを防ぐための域内協力の仕組みの必要性は、現在でも、強く認識されている。

その最大の契機になったのが、1997年のアジア通貨危機である。アセアンが日中韓を国際会議に招待する形で開始された「アセアン＋3」の枠組みは、この点で明確な共通認識を持っており、それ以外の統合の枠組みにない強みを持っている。特に、域内の通貨や資本移動に関するサーベイランスや、チェンマイ・イニシアチブといわれる多国間の通貨スワップ制度が、域内の経済リスクに対応するために真剣に議論されてきた。

第2に、東アジアの経済統合において、域外からの経済ショックに対し、域内への悪影響を可能な限り抑制する視点から、域内協力の仕組みを発展させる必要性が認識されねばならないだろう。

その新たな契機になったのは、2008年のアメリカで発生した世界経済危機である。その影響は、一時的にせよ、東アジア全体の経済成長率を大きく低下させた。それのみならず、域内の国や地域、地域の産業や社会に異なる影響を与え、その結果、域内に大きな格差を生み、様々な傷跡を残したことを忘れるべきでない。

域外からの経済ショックに対抗する東アジア域内協調の重要な成果は、今回の財政出動に関する協調行動に現れている。域内の各国の財政・金融政策の発動による景気浮揚策は、その国だけのためのものではなく相互依存関係にある域内諸国全体に効果が及ぶ。したがって、域内で矛盾した行動をとらずに、いかに協調した行動をとるかで、域外からのリスクへの抵抗力が変わってくる。

さらに、域内諸国間の政府開発援助などを通じた域内の産業および社会的インフラ投資の促進は、短期的には、東アジア域内公共事業の性格を持つ。これらは同時に、中長期的な域内の持続的成長の確保のための事業としての性格を持っている。

ここまでは、これまで、東アジアのなかで、ある程度の成果がみられたことである。しかし、今でも何も成果がみられないのが、経済危機時における域内通貨の安定による域内経済の安定化と活性化である。

第3に、域内通貨相場の安定を実現し、経済取引の安定性を確保し、通貨変動リスクを抑制する必要性について、日本政府も、東アジア諸国も、認識が低いように思われる。

欧米経済に対して、東アジア通貨が、今後、切り上げられていくのは、経済発展の実勢からみて、ある意味で当然である。しかし、同時に、域内通貨の安定は、域内ビジネスネットワークや工程間分業を持続的に成長させるための基盤になる。そのことは、実証研究

の結果からも読み取ることができる。東アジアの域内通貨の安定の課題に今こそ取り組むべき時期にきている。

このためには、基軸通貨であるアメリカ・ドルを IMF（国際通貨基金）の SDR（特別引出権）に徐々におきかえていくなどの提案の可能性が真剣に検討されるべきである。

これに加え、東アジア経済統合において、その社会的側面に関する域内協力の必要性を認識しつつ、日本が率先して自らモデルを示し、協調した行動を促すことが求められる。そのような取組みは、次の第4の内容のものである。

第4に、東アジアにおいて、域内外からの経済的ショックに対し、東アジア経済統合が達成した成果を維持すると同時に、これら成果を社会的進歩に結びつける必要を確認すべきである。

したがって、当面、域内各国は、域内外からの経済的ショックに対して「強靭な (resilient)」社会的基盤を速やかに強化するための取組みに着手する必要がある。それは、基本的には、国内において世代間利害対立を防ぎ、経済ショックの影響により底辺層を拡大させないため、国と地域・自治体が共同して、社会的統合を強化する内容となる。

これは、グローバル化によって繰り返される経済危機に対抗し、東アジア域内各国の共通利益を促進するものである。

このような日本の国内政策の革新は、東アジアの経済統合下においてこそ重大な意味を持つ。日本が経済統合の社会的側面に関し各国の理解を得て、イニシアチブを発揮するためには、どのような改革を自ら推進すべきかを、本書のこれまでの議論を総括しながら、以下において議論したい。

5 世代間利害調整と社会統合を基盤とする社会政策

わが国では、世界経済危機を経た今日、若年層を中心に内向き志向が強まっていると危惧される。こうした国民の意識は、東アジアやアジア太平洋地域における自由貿易協定交渉にも微妙な影を落としてしまう。政治家が将来への強い不安や懸念を抱える国民を無視し、周辺諸国との経済統合の交渉を決断するというような事態を招く可能性があるからである。

同時に、超少子化の進展を背景に、国民のなかで、世代間の利害対立は是正できないという意識が一層強まることが懸念される。すなわち、若年層が不安定な境遇にあるのに、中高年層は雇用が保護されているとか、老後世代は、負担もせずに多くの給付をもらっているという具合である。

確かに、超少子化の動向を全て与件としてしまうと、世代間利害を克服する道は極めて限られたものになる。わが国の労働経済学者は、出生率の回復に懐疑的で、正規雇用と非正規雇用の格差抑制にも悲観的な場合が多いように思われる。

実際、経済学的な研究では、世代間利害対立の深刻さを指摘するものが増加し、世代間利害対立をあおる結果をもたらしかねない。むしろ、世代間利害対立を緩和するにはどうしたらいいかを多角的に探る研究が行われるべきである。

そこで本書は、むしろ、増加する非正規雇用を逆手にとって、これを雇用対策のなかで活用し、非正規雇用で働いていても自立でき、労働法や社会保障による保護が与えられ、家族形成が可能な道を探ってきた。

同時に、価格システム全体のなかに、構成員の多い家族への支援

措置を埋め込み、若年層が自立と家族形成を達成できる支援を拡充して、超少子化を着実に是正していくとの発想からの政策の実施が不可欠であると主張している。

これらの施策は、大幅な財政赤字を抱えた日本政府に、過度の負担をかけずに、実現可能なものでなければならない。

強調すべきことは、グローバル経済の変動のリスクが大きくなるなかで、一生の間に、失業する人たちは例外的だという感覚を捨てることである。誰でもいつか失業するという感覚からスタートし、すみやかに、失業者に対しフレンドリーな制度に改善すべきである。

そこで、①所得保障、②雇用促進、③地域における総合的な支援、すなわち、住宅、福祉、医療、介護、子育てなど様々な支援を組み合わせて実施する体制を築く必要性を強調しなければならない。

すでに、日本でも、ハローワークと自治体やNPOとの協力が緊急雇用対策のなかで実施されたが、法律的根拠を持たないため、情報共有すらおぼつかない。非正規雇用でハローワークの職員を増員したり、NPOに事業を一時的に委託するような対応だけでは、今後、問題に対処できないであろう。

また、現在の社会保険制度では、失業すると厚生年金や健康保険を脱退しなければならず、所得がないのに、失業者が高い国民健康保険料や高い地方税を払わねばならない。これでは、失業者に対して全くフレンドリーといえない。しかも、失業給付が終了すると、家や車を有する多くの者は、生活保護を受給することもできず、ワーキングプアに転落し、資産を擦り減らすことになる。

これに対して、生活保護を受給し始めた人たちは、医療費は無料で住居費は支弁され、就労する場合より所得は高くなり、ますます就労意欲を失っていく。このような貧困の罠ないしモラルハザード

の危険は、われわれの目前で、ますます、大きくなりつつある。

さらにいけないことに、生活保護受給者の急増に対し、貧困ビジネスがはびこり、これを排除する効果的な法的手段を、現行制度が持ち合わせていない。その意味でも、生活保護制度を現在のままにしておいて、雇用政策の改革はあり得ない。就労可能な者に対する生活保護制度を分離して、労働市場への復帰を総合的に支援する仕組みに改革することと、ハローワークと自治体やNPOとの協力体制の確立とは一体でなければならないだろう。そこでは、増加する非正規雇用を厄介もの扱いするばかりではなく、非正規雇用と正規雇用において、共通した就労のルールを確立し、非正規から正規への転換を進める制度の普及を図らねばならない。具体的には、有期雇用契約の更新や途中解約に対する実効ある法的措置の整備や、雇用契約の種類によらず同一の社会保険への加入を確保することが必要なことはいうまでもない。加えて、労働時間の長短による処遇格差に関しては、間接差別禁止の法理を段階的に適用し、職務給のみの非正規雇用の賃金体系に職能給の導入を進めるなどにより、長期的視野から格差是正を進めるべきである。

これらのことを整理し、世代間利害調整と社会統合を基盤とする新たな社会政策の提案をまとめると、以下のようになる。

第1は、東アジアまたはアジア太平洋地域における経済連携協定（または自由貿易協定）をわが国が積極的に推進するにあたって、経済統合の社会的側面を強化する政策が不可欠であることを明確にすべきである。

そこで、経済統合や少子化のもたらす新たなリスクに対応できる新しい社会政策を具体化する必要がある。特に、アセアンや日中韓から形成される東アジア経済統合における社会的側面の強化に関し、

日本がイニシアチブを持つ必要がある。

　東アジア諸国の社会保障制度は極めて多様であり、その機能を強化するために、ハイブリッド化する必要がある。その意味で、域内協力に期待する面は大きい。将来的には、東アジアの「社会憲章」を提案し、これを契機に、域内協力を強化することがあってもおかしくない。

　第2に、複雑化する労働需給ミスマッチに対処し、主として、長期失業者、若年者（高校ドロップアウトを含む）、シングルマザー、外国人および障害者を対象に、①所得保障、②就業促進、③複合的支援を一体として提供できる「ジョブ・センター」（仮称）を、ハローワーク、市町村自治体の共同で設立し情報を共有できるような法制度を確立すべきである。

　労働市場圏の拡大に伴い、ハローワークと雇用保険の全国ネットは堅持し、職業紹介の専門人材の養成システムを確立する。なお、「ジョブ・センター」が採用する専門職は、国家公務員総定員法の適用外として、正規職員として雇用しないと、中長期的な人材確保がさらに困難となる。

　第3に、生活保護制度を2つに分解し、就労の意思と能力のある者については、「再スタート給付（第2失業給付）」（仮称）を設ける。雇用保険の失業給付の切れた失業者または失業給付の対象外で最低1年間の就職活動を行っても就職が困難な若年層などを対象とする。受給のためには、非正規雇用であっても紹介を受けて就労するか、職業訓練を受講するか、紹介を受けている期間も受給でき、生活保護水準と月間所得の差額部分を支給する。資産調査は行うが、高額の資産を持つ場合を除き、住宅や中古自家用車の所有を認める。原則として給付期間は最大3年とする。ただし、雇用保険加入義務の

ある雇用で半年以上就業し、失業給付を受給して期限が切れた場合、再受給を可能とする。「ジョブ・センター」が、雇用促進措置および複合的支援措置と併せて支給を決定する。なお、「貧困ビジネス」の関与を排除する行政権限を法令に明記する必要がある。

第4に、有期雇用契約について、労働契約法を見直し、契約期間中の解雇に対しては、残日数に対する最低所得保障を定めるとともに、契約更新して1年以上に達した場合については、期限の定めのない雇用契約と同じ解雇予告手当の対象とするなど法改正を行う。また、健康保険法および厚生年金保険法を改正し、雇用保険法と同様、月単位の雇用契約については、原則として社会保険への加入を義務づける。週当たりの労働時間については、事業所における通常の従業員の所定労働時間の半分以上の者を加入させることとし、パート労働比率の高い産業の負担上昇に配慮して保険料率を軽減し、10年程度をかけて段階的に引き上げるなど、改革が円滑に進むよう配慮すべきである。

第5に、厚生年金や健康保険に加入していた企業を退職した場合、保険料を支払って加入を継続できるものとし、雇用保険の失業給付を受給する場合は、雇用保険が社会保険料の全額を負担して加入を自動継続し、第2失業給付についても同様とする。なお、地方税の基礎になる所得が前年の所得とされる現行制度を改正し、国税と同様、地方税も所得の発生した年に源泉徴収する方式とし、失業給付や第2失業給付には、現在と同様、所得税および地方税を課すべきでない。

第6に、公的年金制度の改革については、民主党がマニフェストで提案した改革の詳細は不明である。年金制度を一元化して、スウェーデン方式を実施するのであれば、正確な個人年金勘定を作成

し、自営業を含めた所得の完全な捕捉が前提になる。このような改革には時間がかかる。

そうしているうちに、2017年度からは、マクロ自動安定化装置が作動し、保険料を固定したまま、労働力人口の減少が給付額に反映され、年金の置換水準が将来50％を下回る可能性が出てくる。このため、超少子化の是正が年金制度の安定化に不可欠であることを改めて国民に訴え、総合的家族政策の実施を提案する。

その内容は、①子どもを3人以上有する夫婦について、交通機関、教育機関、文化施設、宿泊施設などに「家族パス」を適用して「直接費用」を削減し、②保育所や学童保育などの育児支援による待機児童を10年以内に解消し、育児休業の復帰計画を効果的に実施できる行政の連携を確立し、子どもの機会費用を削減し、③22歳以上の若年者で、両親から自立し、雇用保険・社会保険が適用される非正規雇用に従事した場合、3年を限度に住宅手当を支給し、自立と家族形成を促進することが考えられる。

また、未納率が4割に達するという国民年金について、国庫補助を引き上げるかどうか、どういう財源で行うかを決定することが、政治主導の年金改革の主要課題になっている。しかし、年金制度に税財源を投入すればするほど、給付と負担の関係はあいまいになる。第1に大事なことは、安易な税金投入ではなく、増加する失業者や非正規労働者を、可能な限り、厚生年金に継続加入できる仕組みとすることである。第2に重要なことは、公的年金への加入期間を確保し、老後において、生活保護を受給する者が増加する事態を回避することである。

将来の消費税率引上げによる財源を、国民年金の財政補填にのみに充当すると、老後世代に有利な改革となり、世代間利害は悪化す

る。現役世代が失業し、または非正規雇用者となっても、可能な限り厚生年金に加入継続する制度に改革し、生活保護に依存する高齢者の増加を抑制して、貴重な税財源は、可能な限り若年層の自立や家族支援のために投入すべきである。

なお、公的年金制度の改革において、政府が、再び、保険料引上げや給付切下げ、支給開始年齢の引上げを繰り返すことになれば、制度に対する若年層の不信を増幅し、世代間連帯の芽を摘む結果を生むことを、よもや忘れるべきではない。

第7に、健康保険や介護保険については、75歳以上（65歳以上）の保険事故の発生率の高い層につき、長年の負担と給付の関係を明らかにする。これによって、過去債務の総額を推定し、これを勤労世代のみが負担するのでなく、老後世帯が負担可能な自己負担の額を確定した上で、段階的に自己負担を引き上げる。その意味で、社会保険の分離方式のメリットを活用し、給付と負担の合理的な関係を明らかにすることで、老後世代と現役世代が協力関係を築くことこそが重要である。世代間利害調整を進めるには、高齢者を年齢によって区分すること自体、差別的であるとは、必ずしもいいきれない。

第8は、雇用をめぐる世代間利害調整の問題である。確かに、中高年比率の高い企業は、学卒採用に消極的であるという関係は、マイクロデータの面では非常に安定した事実である。しかし、マクロ的にみた場合、若年人口の減少が全体として、若年採用を減少させている。人口減少を加味すると、高齢層も若年層も、同様に雇用削減の影響を受けたことがわかる。しかも、高齢層の雇用保障を排除すれば若年層の雇用が増えるとはいえない。定年制が機能し、中長期の企業成長が見込まれることが、毎年、学卒需要を発生させる基

本的な背景である。学卒一括採用のシステムの年齢要件の緩和は必要だが、定年制の廃止や整理解雇4要件の廃止または大幅緩和は、世代間利害を対立させる副作用が大きく、若年層の雇用を促進する即効薬とはなり得ない。

長期雇用を前提とする正規雇用と、前提としない非正規雇用の間には、職能給と職務給という賃金制度の大きな相違がある。正社員の賃金が非正社員の賃金に対してあまりに高くなっているため、非正規雇用の多くを占める若年層や女性に対する間接差別を除去する必要がある。正規雇用と非正規雇用の給与体系を改め、職能給および職務給またはいずれかのみからなるようにし、賃金面から格差是正を進めることは、雇用面の世代間利害調整にとって重要である。

第9は、外国人雇用は、労働力不足が原因で生じているのではない。それは、地域で、労働需給ミスマッチが拡大することから必要となったものである。労働移動可能な外国人については、日本人の雇用や賃金に悪影響を与えた証拠はないままである。世界経済の新興国シフトと日本経済の停滞のなか、外国人雇用は、①日本人の雇用創出の観点からも、②若年層が流出する地域経済の持続的発展のためにも、必要となっている。

外国人制度の改革は、地域・自治体のイニシアチブで2006年頃から動き出したが、主要改革項目のうち、過去10年間で、改革項目の3分の1も達成していない。日本の状況は、欧州の1980年代後半の状況に近い。今後、社会的インフラ投資を早めに進めれば、欧州のような社会的費用の発生を抑制できるかもしれない。

第10は、本書で論じ切れなかった労使関係の重要性とその活用についてである。世代間利害調整や社会統合に関して、制度面の改革を進めるには、労使との対話やその協力を進めることが一層必要

となる。近年、個別的労使紛争が増加傾向にあり、その解決のために、行政および司法による対応は進んできた。しかし、働く人の意見や要望を、政策に反映させるための従来のチャンネルは、ますます機能しなくなっている。雇用の非正規化を背景として多くの労働組合は、多数の従業員を代表する存在ではなくなっている。事業所内の従業員代表制も、形骸化している。こうしたなかで、グローバル経済化や少子化などによるリスクを総合的に抑制するための戦略的な労使対話が明らかに不足している。

これらの改革を現実に進めるため、わが国の労働・社会保障に関する基本的な制度は維持しつつ、欠けた機能を認識して、世代間利害調整と社会統合を改革のコンセプトとする制度設計を行う努力こそ不可欠である。

東日本大震災と福島第1原発事故が与えた経済的および社会的な影響は、日本国内にとどまらず、アジアや世界に及ぶ。被災地の多くが高齢化と過疎化のなかにあるだけに、復興には、世代間の協力が不可欠である。

世代間の利害や意見の違いを乗り越え、世代間の連帯を回復させるための社会政策を構想し、復興後の新たな時代を展望するよう強く望む。

主要参照文献

（日本語文献）
阿藤誠（2006）「国際比較からみた日本の少子化と少子化対策」高山憲之・斎藤修編著『少子化の経済学』東洋経済新報社、pp.19-48
阿部彩・國枝繁・鈴木亘・林正義（2008）『生活保護の経済分析』東京大学出版会
江口隆裕（2011）『「子ども手当」と少子化対策』法律文化社
舩橋恵子・宮本みち子（2008）『雇用流動化のなかの家族―企業社会・家族・生活保障システム―』ミネルヴァ書房
外国人集住都市会議（2001）「浜松宣言及び提言」
外国人集住都市会議（2004）「豊田宣言」
外国人集住都市会議（2010）「東京宣言2010」
玄田有史（2010）「2009年の失業」『日本労働研究雑誌』No.598、pp.4-17
玄田有史（2008）『ジョブ・クリエイション』日本経済新聞社
玄田有史（2001）「パラサイト・シングルは本当か？」『エコノミックス』第2号、pp.86-94
権丈善一（2009）「年金騒動の政治経済学」『社会政策』2009年2号、pp.34-48
権丈善一・権丈英子（2009）『年金改革と積極的社会保障政策―再分配政策の政治経済学Ⅱ』（第2版）慶應義塾大学出版会
伍賀一道（2008）「雇用と働き方・働かせ方からみたワーキングプア」『社会政策』pp.29-40
後藤道夫（2008）「ワーキングプアの急増と日本社会の課題」『社会政策』pp.14-28
濱口桂一郎（2009）『新しい労働社会―雇用システムの再構築へ―』岩波新書
浜木綿子（2009）「正社員登用事例にみる雇用の多元化と転換の現状」『日本労働研究雑誌』No.586、pp.49-58
長谷川理映（2011）「地域の新規高卒労働市場における需給ミスマッチの規定要因」関西学院大学産業研究所『産研論集』38号、pp.69-80
長谷川理映（2010）「企業の積極的海外展開に向けた雇用戦略―外国人留学生の視点から―」『関西学院経済学研究』第41巻、pp.129-148
長谷川理映（2009a）「地域データに基づく労働市場の需給ミスマッチの決定要因」『関西学院経済学研究』第40号、2009年12月、pp.163-180
長谷川理映（2009b）「地域労働市場の需給ミスマッチの決定要因―日系ブラジル人の雇用が与える影響―」移民政策学会冬季研究大会、2009年12月12日、関西学院大学
早川智津子（2008）『外国人労働の法政策』信山社出版

東アジア共同体評議会編（2010）『東アジア共同体白書2010』たちばな出版
樋口美雄・八代尚宏（2006）『人事経済学と成果主義』日本評論社
廣井良典（2003）『定常型社会』岩波新書
井口泰（2011）「外国人政策の改革―労働・社会保障から日本語学習まで―」『ジュリスト』No.1414、2011.1.4、pp.204-209
井口泰（2010a）「EU諸国の外国人政策の動向と主要都市の対応」『地方議会人』2010年12月号、pp.21-25
井口泰（2010b）「欧州における域外外国人政策の転換とわが国の言語政策の課題」『自治体国際化フォーラム』2010年9月号、pp.7-10
井口泰（2009a）「改正入管法・住基法と外国人政策の展望」『ジュリスト』No.1386、2009.10.1、pp.79-84
井口泰（2009b）「開かれた日本への制度設計―東アジア経済統合と『循環移民』構想―」『外交フォーラム』No.250、pp.52-57
井口泰（2009c）「東アジア経済統合下における産業活性化に向けた新たなイニシアチブ」関西学院大学経済学部研究会『経済学論究』第63巻第3号、pp.457-472
井口泰（2009d）「日本における労働市場・労働力移動」日本学術会議『学術の動向』2009年12月、pp.31-41
井口泰（2009e）「外国人政策の改革と新たなアジアの経済連携の展望―入管政策と統合政策を基盤として―」『移民政策研究』Vol.1、pp.18-29
井口泰（2007）「動き始めた外国人政策の改革―緊急の対応から世紀の構想へ」『ジュリスト』No.1350、2008.2.15、pp.2-14
井口泰（2006）「ドイツ『大連立政権』の成立と雇用政策のゆくえ」国立社会保障・人口問題研究所『海外社会保障研究』No.155、2006年6月号、pp.45-57
井口泰（2001）『外国人労働者新時代』ちくま新書
井口泰（1999）「諸外国における最近の雇用・失業対策の動向―ドイツ・フランスを中心として―」『日本労働研究雑誌』No.466、1999年5月号、pp.27-40
井口泰（1997）『国際的な人の移動と労働市場』日本労働研究機構
井口泰（1996）「職業紹介事業の規制緩和と労働市場」『日本労働研究雑誌』No.441、1996年9月号、pp.42-52
井口泰・藤野敦子・志甫啓（2010）『経済統合及び人口減少下における雇用戦略と社会保障の連携及び家族政策の可能性に関する国際比較研究：平成21年度総括研究報告書』（厚生労働科研補助金・政策科学総合研究事業）pp.39-71
井口泰・西村智・藤野敦子・志甫啓（2002）「雇用面からみた世代間利害調整」一橋大学経済研究所『経済研究』Vol.53、No.3、pp.204-212
井口泰・長谷川理映（2010）「世界経済危機下における労働市場政策の新たな

展開」関西学院大学経済学研究会『経済学論究』第 64 巻第 2 号、pp.39-70

井口泰・西村智（2002）「国際比較からみた雇用システムと少子化問題」国立社会保障・人口問題研究所編『少子社会の子育て支援』東京大学出版会

飯島裕子・ビッグイシュー基金（2011）『ルポ若者ホームレス』ちくま新書

池田心豪・今田幸子（2006）「出産女性の雇用継続における育児休業制度の効果と両立支援の課題」『日本労働研究雑誌』No.553、2006 年 8 月号、pp.29-49

池田心豪（2010）「ワークライフ・バランスに関する社会学的研究とその課題」『日本労働研究雑誌』No.599、2010 年 6 月号、pp.20-31

岩田正美（2007）『現代の貧困―ワーキングプア・ホームレス・生活保護―』ちくま新書

岩澤美帆・三沢房美（2005）「職縁結婚の盛衰と未婚化の進展」『日本労働研究雑誌』No.535、2005 年 1 月号、pp.16-28

城繁幸（2005）『日本型「成果主義」の可能性』東洋経済新報社

川口章（2008）『ジェンダー経済格差』勁草書房

規制改革・民間開放推進会議（2005）『規制改革・民間開放の推進に関する第二次答申』pp.95-104

國枝茂樹（2008）「公的扶助の経済理論―公的扶助と労働供給―」阿部彩・國枝繁樹・鈴木亘・林正義『生活保護の経済分析』東京大学出版会

厚生労働省（2010a）『平成 21 年版労働経済の分析』

厚生労働省（2010b）「論点等説明資料」（省内事業仕分室作成資料）

厚生労働省（2009a）「新雇用戦略」（2009 年 5 月）

厚生労働省（2009b）『平成 20 年版労働経済の分析』

厚生労働省（2008）「ハローワークの民間開放について」（規制改革会議提出資料）

厚生労働省（2007a）「雇用政策研究会報告　すべての人々が能力を発揮し、安心して働き、安定した生活ができる社会の実現―本格的な人口減少への対応―」

厚生労働省（2007b）「住居喪失不安定就労者の実態に関する調査」

厚生労働省（2006）「ハローワーク・労働保険（労災）関係」（行政改革関係資料 2006 年 4 月 28 日付）

小池和男（2005）『仕事の経済学』（第 3 版）東洋経済新報社

小杉礼子（2003）『フリーターという生き方』勁草書房

駒村康平編（2009）『最低所得保障』岩波書店

駒村康平（2007）「ワーキングプア・ボーダーライン層と生活保護制度改革の動向」『日本労働研究雑誌』No.563、2007 年 6 月号、pp.47-60

近藤潤三（2007）『移民国としてのドイツ』木鐸社

松谷明彦（2004）『「人口減少経済」の新しい公式』日本経済新聞社

松本勝明（2011）『ヨーロッパの介護政策』ミネルヴァ書房

南亮進（1970）『日本経済の転換点―労働の過剰から不足へ―』数量経済学選書　2、創文社
宮島喬（2006）『移民社会フランスの危機』岩波書店
宮本太郎（2009）『生活保障―排除しない社会へ』岩波新書
峯村芳樹（2006）「高齢者介護と障害者福祉の関係に関する視点」国立社会保障・人口問題研究所『海外社会保障研究』No.154、pp.4-15
前田信彦（2000）『仕事と家庭生活の調和―日本・オランダ・アメリカの国際比較―』日本労働研究機構
民主党（2008）「政権交代：民主党の政権政策　Manifesto」
水島弘明（2007）『ネットカフェ難民と貧困』日本テレビ放送網
守島基博（1999）「成果主義の浸透が職場に与える影響」『日本労働研究雑誌』No.474、1999年12月号、pp.2-14
森ます美（2005）『日本の性差別賃金―同一価値労働同一賃金原則の可能性』有斐閣
森田陽子（2006）「少子化が企業行動に与える影響」『日本労働研究雑誌』No.553、2006年8月号、pp.4-18
内閣府（2010）「新成長戦略―元気な日本復活のシナリオ―」（平成22年6月18日）
内閣府（2008）「労働市場改革専門調査会第4次報告」（平成20年9月17日）
内閣府（2006）「規制改革・民間開放の推進に関する第3次答申」（平成18年12月25日）pp.117-125
内閣府（2005）『国民生活白書』
内閣府社会経済総合研究所（2006）「フランスとドイツの家庭生活調査―フランスの出生率はなぜ高いのか―」
内閣府社会経済総合研究所（2004）「スウェーデンの家族と少子化対策への含意」
中村二郎・内藤久裕・神林龍・川口大司・町北朋洋（2009）『日本の外国人労働力』日本経済新聞社
日本国際フォーラム（2010）「外国人受け入れの展望と課題」（第33回政策提言）
小川浩（2006）「少結婚化と雇用・賃金制度」高山憲之・斎藤修編著『少子化の経済分析』東洋経済新報社
奥西好夫（2001）「『成果主義』賃金導入の条件」『組織科学』Vol.34、No.3、pp.6-17
小塩隆士（2010）『再分配の厚生分析』日本評論社
小塩隆士（2006）『社会保障の経済学』（第3版）日本評論社
小塩隆士（2005）『人口減少時代の社会保障改革』日本経済新聞社
大竹文雄（2008）『日本の不平等』日本経済新聞社
小尾惠一郎（2010）『家計労働供給の観測と理論』慶應義塾大学出版会
大森義明（2010）「ワーク・ライフ・バランス研究―経済学的な概念と課題―」『日本労働研究雑誌』No.599、2010年6月号、pp.10-19

大守隆・田坂治・宇野裕・一瀬智弘(1998)『介護の経済学』東洋経済新報社
太田聰一(2010)『若年者就業の経済学』日本経済新聞出版社
太田聰一(2001)「若者の転職志向は高まっているのか」『エコノミックス』2号、pp.84-95
太田聰一・玄田有史・近藤絢子(2007)「溶けない氷河—世代効果の展望—」『日本労働研究雑誌』No.553、2007年12月号、pp.4-16
小川浩(2006)「少結婚化と賃金雇用制度」高山憲之・斎藤修編著『少子化の経済分析』東洋経済新報社、
櫻庭涼子(2008)「雇用差別禁止法制の現状と課題」『日本労働研究雑誌』No.574、2008年5月号、pp.4-17
佐久間孝正(2007)『移民大国イギリスの実験』勁草書房
佐久間孝正(2006)『外国人の子どもの不就学』勁草書房
佐藤寛晃・井口泰(2011)「世界経済危機後の在日インド人のコミュニティの諸相—越境するビジネスネットワークの視点から—」『移民政策研究』Vol.3、pp.54-69
社会政策学会編(1999)『日雇い労働者・ホームレスと現代日本』御茶の水書房
四方理人(2010)「高齢者の最低所得保障」駒村康平編『最低所得保障』岩波書店、pp.51-73
白井利明(2009)「若年者にとっての雇用区分の多様化と転換」『日本労働研究雑誌』No.586、2009年5月号、pp.59-67
酒井正・樋口美雄(2006)「フリーターのその後」『日本労働研究雑誌』No.536、pp.29-41
総務省(2006)『多文化共生の推進に関する研究会報告』(2006年3月)
末廣昭編著(2010)『東アジア福祉システムの展望』ミネルヴァ書房
高山憲之(2010)『年金と子ども手当』一橋大学経済研究叢書57、岩波書店
高山憲之(2002)「最近の年金論争と世界の年金動向」『経済研究』Vol.53、No.3、pp.268-284
高山憲之・小川浩・吉田浩・有田富美子・金子能宏・小島克久(2000)「結婚・育児の経済コストと出生力—少子化の経済学的要因に関する一考察—」『人口問題研究』第56巻4号、pp.1-18
竹信美恵子(2009)『ルポ雇用劣化不況』岩波新書
田近栄治・佐藤主光編(2005)『医療と介護の世間間格差』東洋経済新報社
橘木俊詔(2006)『格差社会』岩波新書
橘木俊詔(1998)『日本の経済格差』岩波新書
橘木俊詔・浦川邦夫(2006)『日本の貧困研究』東京大学出版会
橘木俊詔・木村匡子(2008)「子どもを持つ費用と便益」『家族の経済学』NTT出版、pp.151-168
橘木俊詔・木村匡子(2008)「女性の就業が子育てに与える効果」『家族の経済

学』NTT 出版、pp.169-185
上村敏之（2009）『公的年金と財源の経済学』日本経済新聞社
山口一男（2008）「男女の賃金格差解消への道筋　統計的差別の経済的不合理の理論的・実証的根拠」『日本労働研究雑誌』No.574、2008 年 5 月号、pp.40-68
山田昌弘（2009）『新平等社会』文藝春秋
山田昌弘（1999）『パラサイト・シングルの時代』ちくま新書
山野良一（2008）『子どもの最貧国・日本―学力・心身・社会におよぶ諸影響―』光文社新書
湯浅誠（2008）『反貧困―「すべり台社会」からの脱出―』岩波新書
湯元健治・佐藤吉宗（2010）『スウェーデン・パラドックス』日本経済新聞出版社
吉田浩（2006）「世代間不均衡と財政改革―世代会計アプローチによる 2000 年基準推計結果―」高山憲之・斎藤修編著『少子化の経済分析』東洋経済新報社、pp.166-189
渡辺利夫（2008）『新脱亜論』文春新書
渡辺利夫（1986）『開発経済学』日本評論社
全国知事会・全国市長会（2006）「新たなセーフティネットの提案―『保護する制度』から『再チャレンジする人に手を差し伸べる制度』へ―」

(外国語文献)

Arrow, K. (1973) "The Theory of Discrimination", in Ashenfelter, O. & Rees, A. eds. *Discrimination in Labor Markets*. pp.3-33. Princeton University Press.

Asian Development Bank (2009) *Asian Development Outlook, Updated*.

Andress, H.-J. & Lohmann, H. (2008) *The Working Poor in Europe*, Edward Elgar.

Barbier, J.-C. (2006) "Analyse comparative de l'activation, de la protection sociale en France, Grande Bretagne, Allemagne et Denemark", in *Raport de Reschreche*, Centre D'Etudes de L'Emploi.

Becker, G. S. (1965) "A Theory of Allocation of Time", *Economic Journal*, Vol.75, No.299, pp.493-517

Becker, G. S. (1964) Human Capital: Theoretical and Empirical Analysis, with special reference to education NBER（佐野陽子訳〔1976〕『人的資本―教育を中心とした理論的・経験的分析―』東洋経済新報社）

Becker, G. S. (1960) "An Economic Analysis on Fertility", in Coal A. (ed.) Demographic and Economic Change in Developed Countries, Princeton University Press

Bellman, L. & Jackmann, R. (1996) "The Impact of Labor Market Policy and

Evaluation", in Schmid, G., O'Reilly, Schoeman,K., *Internatinal Handbook of Labour Market Policy and Evaluation,* Edward Elgar. pp.725-746

Bender, S., Koch, S., Mosthaf, A. und Walwei, U. (2009) Aktivierung ist auch in der Krise sinnvoll, *IAB Kurzbericht* 19/2009, Nuernberg

Bergstrom, T. C. & Bagnoli, M. (1993) "Courtship as a Waiting Game", *Journal of Political Economy,* Vol.101, No.1, pp.185-202

Bundesregierung (2008) Nationales Reformprogramm Deutschland 2008 ― 2010 Auf den Erfolgen aufbauen ―

Cigno, A. (1994) *Economics of the Family,* Clarendon Press. (田中敬文・駒村康平訳〔1999〕『家族の経済学』多賀出版)

Commission of European Communities (2007) *Modernizing social protection for greater social justice and economic cohesion: taking forward the active inclusion of people furthest from the labour market,* Communication from the Commission to the Council, the European Parliament and the European Economic and Social Committees of the Regions, Brussels, 17.10.2007; COM (2007) 620 final

Council of Europe (2008) "Council Decision on guidelines for the employment policies of the Member States", Brussels, 7 July 2008

Doringer, P. B. & Piore, M. J. (1971) *Internal labor Markets and Manpower Analysis,* D. C. Heath and Company (白木三秀監訳〔2007〕『内部労働市場とマンパワー分析』早稲田大学出版部)

Easterin, R. A. (1966) "On the Relation of Economic Factors to Recent and Projected Fertility Change", *Demography,* Vol.3, No1, pp.131-151

Eurocities NLAO (2010) "Social ServicesSupportinng Active Inclusion", Brussels

European Commisssion (2011) *Demograpy Report 2010*

European Commission (2010) *Employment in Europe 2010*

European Commission (2009a) *Employment in Europe 2009*

European Commission (2009b) "Approaches of Public Employment Services to Long Term Unemployment"

European Commission (2008) *Employment in Europe 2008*

Eichhorst, W., Kaufman, O., Konne-Seidle, R. & Reinhard, H.-J. (2009) *Bringing Jobless into Work,* Springer

Ermish, J. F. (2003) *An Economic Analysis of the Family,* Princeton University Press

Esping-Andersen, G. (1999) *Social Foundations of Postindustrial Economies,* Oxford University Press

Esping-Andersen, G. (1990) *The Three Worlds of Welfare Capitalism,* Polity Press. (岡沢憲芙・宮本太郎監訳〔2001〕『福祉資本主義の三つの世界―比較

福祉国家の理論と動態―』ミネルヴァ書房）

Gouvernement Francais (2008) Programme National de Réforme Français 2008-2010, Octobre 2008

Iguchi, Y. (2009a) "Impact of Financial Crisis on Migration from the Perspectives of destination for Asian migrant workers in Japan and other OECD countries", Policy Dialogue on the Impact of Global Economic Crisis on International Migration: Follow-up to the Asia Pacific High-Level Meeting on International Migration and Development by Economic and Social Commission for the Asia and Pacific, United Nations, Bangkok May 27 and 28, 2009

Iguchi, Y. (2009b) Global financial crisis, employment adjustment and their influences on workingand family lives of foreigners in Japan: a new challenge for developing "multicultural coexistence", Inter-Asia Cultural typhoon in Tokyo 2009, Tokyo Univrsity of Foreign Studies, Tokyo (Fuchu), July 4, 2009

Iguchi, Y. (2009c) "Effects of global economic crisis and strategies to revitalize Japanese and Asian economies, Effects of global economic crisis and tasks for China-Japan cooperation" Session 1, International seminar by People's University of China and Kwansei Gakuin University, Beijing, 12 October, 2009

Koltikoff, L. & Morris, J. (1990) "Why don't the elderly live with their children?" in D. Wise (ed.), *Issues in the Economics of Aging*. University of Chicago Press. pp.149-172

Jones, R. & Kierzkowski, H. (2004) "International Trade and Agglomeration: An Alternative Framework" *IHEID Working Paper*, No.10.

Kimura, F. (2006) "International production and distribution networks in East Asia", *Asian Economic Policy Review*, Vol.1, (2), pp.326-344

Krugman, P., Fujita, M. & Venables, A. J. (1999) *The Spatial Economy: Cities, Regions, and International Trade*, MIT Press（小出博之訳〔2000〕『空間経済学　都市・地域・国際貿易の新しい分析』）

Lazear, E. P. (1995) *Personnel Economics for Managers*, J. Wiley（樋口美雄・清家篤訳〔1998〕『人事と組織の経済学』日本経済新聞社）

Layard, R. & Nikkel, S. J. (1986) "Unemployment in Britain", *Economica, Suppl.* 53, pp.121-170

Leibenstein, H. (1957) *Economic backwardness and Economic Growth: Studies in the Theory of Economic development*, John Wiley and Sons.（三沢嶽郎監修、矢野勇訳〔1960〕『経済的後発性と経済成長』紀伊國屋書店）

Lesthaege, R. (1995) "The Second Demographic Transition in Western Countries: An Interpretation", in Mason, K. O. & Jensen, A. M. (eds.) *Gender and Family Change in Industrialized Countrties,* Oxford University Press, pp.17-62

Lewis, W. A. (1954) "Economic Development with Unlimited Supplies of Labour" *The Manchester School,* Vol.22, Issue 2, pp.139-191

McDonald, P. (2006) "Gender Equality Theory of Fertility", in Peirson, C. & Castles, F. G. (eds.) *The Welfare State Reader,* pp.333-346

Mincer, J. (1963) "Market Prices, Opportunity Costs, and Income Effects," in Chirist, C. *et al.* (eds.) *Measurement in Economics: Economic Studies in Mathematical Economics in Honor of Yehuda Grunfeld,* Stanford University Press

Mundel, R. (1968) *International Economics,* Macmillan.

OECD (2010) *Employment Outlook 2010*

OECD (2009) *Employment Outlook 2009*

OECD (2008) *Employment Outlook 2008*

OECD (2006) *Economic Survey of Japan 2006*

OECD (2005) *Employment Outlook 2005*

OECD (1993) *Jobs Study*

OECD (1989) *Labor Market Flexibility: Trewnds and Prospects*

(独) 労働政策研究・研修機構 (2010a)『失業構造の理論的・実証的研究』資料シリーズ No.78

(独) 労働政策研究・研修機構 (2010b)『ドイツ・フランス・イギリスの失業扶助制度に関する調査』資料シリーズ No.70

(独) 労働政策研究・研修機構 (2006)『失業率の理論的・実証的研究』労働政策研究報告書 No.95

(独) 労働政策研究・研修機構 (2004)『構造的・摩擦的失業の増加に関する研究』労働政策研究報告書 No.L-8

Ranis, G. & Fei, J. C. H. (1961) "A Theory of Economic Development", *American Economic Review,* September 1961.

Samuelson, P. (1958) "An Exact Consumption-Loan Model of Interest with or without Social Contrivance of Money", *Journal of Political Economy,* Vol.66, No.6, December, pp.467-482

UN, Population Division (2006) *World Population Prospects: The 2006 Revision*

UN, Population Division (2000) Replacement Migration: Is It a Solution to Declining and Ageing Populations?

Van de Kaa, D. J., (1987) "Europe's Second Demographic Transition" *Population Bulletin,* Vol.42, No. 1, Population Reference Bureau

Walwei, U. (1996) "Improving Job-matching through placement Services" in Schumid, G., O'Reilly, J., Schöman, K., *International Handbook of Labour*

Market Policy and Evaluation, Edward Elgar, pp.420-429

Willis, R. A. (1973) "A New Approach to the Economic Theory of Fertility Behaviour", *Journal of Political Economy,* Vol.81, No.2, Part 2, pp.14-64

Yavas, A. (1994) "Middlemen in Bilateral Search Markets", *Journal of Labor Economics,* University of Chicago Press, Vol.12 (3), pp.406-429

索　引

◆ア　行

ILO 第 96 号条約　36
ILO 第 88 号条約　36
ILO 第 181 号条約　37
アセアン　224
アメリカ型　116,120
アングロ・サクソン型　192,194
安全保障　10,240
安定と成長に関する協定　245
域内の為替変動　8
域内通貨の安定　250
移行費用　82
維持可能な通貨圏　245
逸失利益　111
一般的熟練　51
移動確率　228
医療保険　91
インフレを加速しない失業率　32
請負・派遣労働　26
ウルグアイ・ラウンド　242
SDR　251
エスピン＝アンダーセン（Esping-Andersen, G.）　246
NPO　19,253-4
MOU（覚書）　238
M 字型　230
　――カーブ　234
LGWAN（総合行政ネットワーク）　193
エンゼルプラン　122
黄金の四角形　228
大竹文雄　136
太田聰一　57
小塩隆士　73
オフショアリング　217
オランダ型　116
オンショアリング　217

◆カ　行

外国人学校　189
外国人集住都市　181,190-1
外国人集住都市会議　190-1
外国人政策　179
外国人庁　191
外国人登録法　194
外国人登録制度　189
外国人ワンストップ・サービス　154
介護保険　91
外生変数　42,44
階層間移動　133
外部労働市場　51
格差社会　134
学卒一括採用　259
家計就業モデル　5,110,115
家計生産関数　108,111
　――の理論　107
家計生産物　107
過去債務　5,87,258
家事時間　107
家事労働　111
家族政策　15,95,178
GATT（関税と貿易に関する一般協定）　242-3
GATS（サービス貿易に関する一般協定）　242-3
間接差別　171,177-8,259
完全失業率　49
機会費用　107,111,122,125,257
企業特殊的熟練　51
企業内労働市場　51
規制改革会議　193
規制緩和　162
期待報酬　228
技能実習生　181-2,186
機能的協力　218,241
機能的柔軟性　35

希望格差　133
規模の経済　5,89,114
義務教育　189
求職者　149
求職者給付　37,150
求職者登録　149
共通ルール　169
業務請負　59
緊急経済対策　60
空洞化　211,212,217
グローバル経済化　1
景気循環的失業　20
経済統合　3,7,10,14,34
経済連携協定　197,254
県外就職率　201
現金給付　122
現物給付　123
玄田有史　57
小池和男　53
後期高齢者医療制度　92
公共財　28
合計特殊出生率　99-102
構造的失業　20
工程間分業　7,203-4,212,213
公的職業紹介機関　19,36
公的職業紹介システム　36,149
高度人材　186
高年齢者雇用安定法　173
効用・不効用仮説　107
高齢化　137
国内回帰　59,206,211,214
国内回帰効果　205
個人主義的価値観　115
子ども手当　122
雇用安定資金　33
雇用可能曲線　32
雇用需要曲線　31
雇用・人材戦略　41
雇用政策　8
雇用戦略　35,40-1
雇用促進法　33
雇用対策法　171
雇用の非正規化　2
雇用保険法　33
雇用労働　111

◆サ　行

サーチ行動　22-3
サーチ市場　22,50
サーチ・モデル　113
サービス・リンク・コスト　213
最恵国待遇　243
最低住宅給付　126
最低所得保障制度　150
最低保障所得　143,145,152
最低保障年金　88
最適通貨圏の理論　245
差別禁止政策　159
サミュエルソン（Samuelson, P.）　82
サンボ　103
産業空洞化　217
産業空洞化効果　205
産業集積　7,217,219
GDPデフレータ　45
ジェンダーバイアス　177
時間外労働の割増率　164
仕事への復帰　37-8
仕事をしながら行う訓練（OJT）　52
仕事を離れて行う訓練（Off-JT）　52
資産格差　137
事実婚　103
市場財　107
市場の失敗　90
次世代健全育成対策　122
失業給付　23
失業率　48
実質実効為替レート　215
実務研修　182
ジニ係数　135
社会政策　1,241
社会的入院　93
社会的排除の是正　39
社会統合　179,260
社会統合政策　2,190

社会保障協定　198
若年失業　49
若年フリーター　151
ジャスト・イン・タイム　59
就業率　48
終日学校　119
住宅扶助　146,156
自由貿易協定　8,238
需給ミスマッチ　4,23,25
需給ミスマッチ関数　47
熟練偏向的技術進歩　132
出生率　99,118
　——の回復　95
出生力の動学理論　113
出入国管理政策　8
循環移民　239
純雇用変動率　61
障害年金　141
上級財　115
少子化　100,110,115
少子化対策　15,122-3
消費効用　107
情報の非対称性　28,89
情報の不完全性　56
職業紹介カウンセラー　149-50
職能給　71,160,177
職能資格制度　55,71
職務給　71,177
ジョブ・センター　6,255-6
ジョブ・センター・プラス　37
所得格差　137
所得効果　103,115-6
所得効用　107
所得比例年金　81,85-6,88
自立支援　143
シングルマザー　5,24,104
新工業都市　205
人口減少経済論　105
人口転換　7,97,226
人口変動　62
人材獲得競争　197
新自由主義　131

人身売買　229
新成長戦略　41
人的資本　20
人的資本投資　52,229
スウェーデン型　116
スウェーデン方式　85,88,256
数量的な柔軟性　35,39
スパゲッティ・ボウル効果　245
滑り台社会　134
スモール・パート　120
生活保護　38
生活保護制度　6
正規雇用　26,159,161
政策変数　42,44
正社員　160
成績連動型賃金　170
生存可能賃金　227
制度的インフラ整備　7,197
成年後見制度　93-4
西部大開発　228
性別の役割分業意識　101
性別平等度に関する出生力理論
　102,107
整理解雇4要件　259
セーフティネット　141
世界銀行　80-1
世界経済危機　181
世代会計　95
世代間利害対立　15,122,251
世代間利害調整　1,3,127,260
世代効果　25
積極的労働市場政策　33-4,42-3,45
説明変数　44
専門職　27
総合的家族政策　124,127,257
相対所得仮説　113
相対的貧困率　5

◆タ　行

大学進学率　201
代替効果　34,103,115
大中華圏　243

第2の人口転換仮説　106
大陸欧州型　192
高山憲之　79
ダグラス・有沢の法則　232
橘木俊詔　136
脱伝統主義的価値観　115
WTO（世界貿易機関）　201
WTO協定　243
多文化共生　179,190
多変量解析　48
団塊の世代　91,230
短時間正社員　167
男女雇用機会均等法　172
チェンマイ・イニシアチブ　242,249
置換効果　34
知的熟練仮説　53
チャレンジ校　25
中国リスク　209
長期雇用慣行　55
長期失業者　150,198
超少子化　100-1,252
直接費用　123,125,257
賃金の柔軟性　35
積立方式　80-2,84
ディンクス　118
デカセギ　183,187
出先機関改革　154
転換点論争　227
伝統的価値観　115
デンマーク・モデル　39
ドイツ型　116,118
同一（価値）労働同一賃金　177
同居理論　5
同等定理　85
都市インフォーマル・セクター　223,248

◆ナ　行

内生変数　42,44
南米日系人労働者　181
ニート　24,50
二国間協定　10

二国間労働協定　198
二重の負担　81,85
日本型　116,121
ニューディール　37
ネット・カフェ　135
ネット・カフェ難民　151
年金効用　107

◆ハ　行

パート雇用　26
パートタイム　118
ハイブリッド化　249
派遣・請負労働者　7,151
派遣労働　59
パラサイト・シングル仮説　106
パレート最適　114
ハローワーク　19,23
範囲の経済　22
東アジア共同体　241
東アジア経済統合　203,249
東日本大震災　260
非正規雇用　52,146,159,161,163
非正規雇用者　162
非正規労働　131
非正規労働者　166
非賃金労働費用　35,87,164-6
ビッグ・パート　120
一人っ子政策　226
廣井良典　105
日雇派遣　171
貧困の罠　140,143,146,148,253
貧困ビジネス　254
フィードバック仮説　177
不確実性　22
不均衡モデル　31
賦課方式　80,82,84
福祉国家　152
福祉国家類型論　246
不戦共同体　243
復帰計画　125
プライバシー　114
フランス型　116

フリーター　　24, 49-50, 63
フレキシブルな受給開始年齢　　85
flexicurity　　39
プロフェッショナル　　28
分断　　229
分離方式　　258
米ドル・ペッグ　　218
ベッカー（Becker, G. S.）　　51, 111
ベバリッジ・カーブ　　21, 30-1
保育ママ　　125
貿易自由化　　131
貿易転換効果　　244
法律婚　　103
ホームレス　　151
ホームレス対策　　154
保険者機能　　91
保護主義　　9
ポジティブ・アクション　　177
補充移民　　98
補足性の原理　　140

◆マ　行

マクロ自動安定化装置　　85, 257
摩擦的失業　　20
摩擦的・構造的失業　　20, 37
マニュアル化　　52
未婚率　　100
ミスマッチ　　236
ミスマッチ失業　　20-1
みなし掛け金建て方式　　84
民営紹介事業者　　22
無業者　　151
持逃げ効果　　34
モラルハザード　　23, 253

◆ヤ　行

雇止め　　167
山田昌弘　　133
有期雇用契約　　20
UVカーブ　　30

養育休暇法　　119
養育手当　　119
要素価格均等化定理　　132

◆ラ　行

ラジアー（Lazear, E. P.）　　53
ラベリング　　20
利害関係者　　161
留保賃金　　232
ルイス（＝ラニス・フェイ）の理論　　226
レイアール・ニッケル　　31
老人医療費無料化　　92
老人保健制度　　92
労働移動　　211
労働基準法　　172
労働供給が制限的な場合　　227
労働供給が無制限的な場合　　227
労働供給曲線　　32
労働時間の柔軟性　　35
労働時間不等式　　164
労働市場改革に関する専門調査会　　167
労働市場政策　　12, 14
労働市場の柔軟性　　35
労働市場の転換　　227
労働市場の転換点　　248
労働需給ミスマッチ　　14, 189
労働需給ミスマッチ関数　　42
労働力自由移動　　106
労働力率関数　　234
老年人口比率　　97
ローケーション選択の理論　　185

◆ワ　行

ワーキングプア　　132-3, 146-8
ワークシェアリング　　120
ワークライフ・バランス　　5, 175
ワッセナー合意　　120
ワンストップ・サービス　　181

◇著者紹介◇

井口　泰（いぐち・やすし）

一橋大学経済学部卒業後、労働省に入省。外国人雇用問題に関わり、ウルグアイ・ラウンドのサービス貿易交渉に労働の専門家として参加。1995年から関西学院大学助教授、現在、同大学経済学部・大学院経済学研究科教授、少子経済研究センター長。博士（経済学）。内閣府規制改革会議専門委員（海外人材担当）（2005-10年）、同労働市場改革に関する専門調査会専門委員（2006-08年）などを務め、現在も外国人集住都市会議アドバイザーとして活動。主著に『外国人労働者新時代』（ちくま新書）、『国際的な人の移動と労働市場』（日本労働研究機構）など。

世代間利害の経済学

2011年7月15日　第1版1刷発行

著　者——井　口　　　泰
発行者——大　野　俊　郎
印刷所——新　灯　印　刷
製本所——グ　リ　ー　ン
発行所——八千代出版株式会社

〒101-0061　東京都千代田区三崎町2-2-13

TEL　03-3262-0420
FAX　03-3237-0723
振替　00190-4-168060

＊定価はカバーに表示してあります。
＊落丁・乱丁本はお取替えいたします。

Ⓒ 2011 Printed in Japan　　ISBN978-4-8429-1556-2